中国黎学文库
ZHONGGUOLIXUEWENKU

王学萍 主编

第三届黎族文化论坛文集

王建成 主编

民族出版社

图书在版编目(CIP)数据

第三届黎族文化论坛文集 / 王建成主编. —北京：民族出版社，2020.12
（中国黎学文库）
ISBN 978-7-105-16272-7

Ⅰ.①第… Ⅱ.①王… Ⅲ.①黎族－民族文化－中国－文集 Ⅳ.①K288.1-53

中国版本图书馆CIP数据核字（2021）第007809号

第三届黎族文化论坛文集

策划编辑	彭素娥
责任编辑	张海燕
封面设计	刘海伦
出版发行	民族出版社
地　　址	北京市和平里北街14号
邮　　编	100013
网　　址	http://www.mzpub.com
印　　刷	北京市艺辉印刷有限公司
经　　销	各地新华书店
版　　次	2021年3月第1版　2021年3月北京第1次印刷
开　　本	787毫米×1092毫米　1/32
字　　数	300千字
印　　张	10.875
定　　价	56.00元
书　　号	ISBN 978-7-105-16272-7 / K·2841（汉1629）

该书若有印装质量问题，请与本社发行部联系退换
编辑室电话：010-64228001　发行部电话：010-64224782

总　序

　　黎族主要聚居于海南岛中南部地区，人口130余万人。黎族自称为"赛"，"黎"是他称。黎语属汉藏语系壮侗语族黎语支，与壮族和侗族语言较为接近。黎族内部有"哈""杞""润""赛"和"美孚"等不同方言。黎族没有本民族文字，通用汉文。在历史上黎族与汉族关系密切，黎语受汉语影响较大。

　　黎族有着悠久的历史。我国学者普遍认为黎族是从古越族一支骆越发展演化而来。早在3000多年前，黎族先民披荆斩棘开发祖国南疆。西汉武帝时期，中央王朝正式在黎区设置郡县。隋唐时期，环岛行政建置完成，黎区开发渐趋深入。宋元时期，黎族先进的棉纺织技术经黄道婆改进并传入内地，极大地推动了中国棉纺织业的发展。明清时期，黎族大部分地区确立封建制度，只有五指山腹地还保留着原始社会的残余。

　　黎族人民有着光荣的革命传统。在长期的历史进程中，黎族与其他民族一道为反抗统治阶级的残酷压迫进行了顽强斗争。特别是在中国共产党领导下，黎族人民为创建海南岛第一个县级红色政权——陵水县苏维埃政府及建立五指山革命根据地、解放海南岛立下了不可磨灭的业绩。

　　黎族有着独特的文化传统。黎族文化包含物态文化、制度文化、符号文化和观念文化。第一类属于物质文化，后三种基本属于精神文化的范畴。

物态文化主要包括住宅、服饰、文身、饮食及生产生活交通用具等。船形屋是黎族代表性的住宅，属竹木结构的干栏式建筑，是一种古老的住宅建筑。黎锦是驰名于世的纺织工艺品，其中双面绣和龙被至为华美，是黎锦中的精品。黎族文身历经数千年，是黎族宝贵的文化遗产，这些刻在血肉之躯上的由不同纹素构成的图案，包含着对生命的祈求，对幸福的期盼，对灾难的回避，对青春美丽的展示。黎族善于用原木雕凿、刳制各种独木用具，达数十种之多。独木器功能多样，造型古朴，装饰自然，集立体雕刻与平面雕刻于一身。此外，钻木取火、制陶、黎药、农耕、交通等各有其精妙之处，它们具有实物属性，表现了黎族特定的生产方式和生活方式。

制度文化主要内容有社会组织"峒"和"合亩制"。峒是20世纪50年代前部分黎族地区存在的社会组织，黎语原意是人们共同居住的一定地域，由有血缘关系的若干家庭组成村落，由若干村落组合成峒。合亩制主要分布在今五指山市一带，是黎族特有的生产和社会组织。合亩制属于原始社会末期的一种生产方式，"合亩"是进行农业生产的基本单位，由若干户有血缘关系的父系小家庭组成，有些还接受非血缘的外来户参加，"亩头"由父系长辈担任。生产资料归全亩统一使用。合亩共享收获的产品，扣除留作公共开支和亩头提取少量稻谷外，其余平均分配。

符号文化包括故事歌谣、音乐舞蹈、礼仪风俗等，如古老神奇的传说故事，激越优美的音乐舞蹈，节日、出生、结婚、死亡、生病仪式规则，它通过象征意义，反映黎族淳朴乐观和坚强刚毅的民族精神。三月三是黎族最重要的传统节日，是展示黎族文化的重要窗口。

总 序

　　观念文化是通过伦理道德、哲学思想、宗教信仰等表现出来的，它渗透到黎族文化的各个方面，反映黎族文化中最深层次的东西。黎族人民诚实守信、勤劳俭朴、敬老爱幼、团结互助、热情好客的传统，对内是一种振奋民族精神的动力，对外是一种保持良好形象、与其他民族友好相处的品质，是黎族具有永久生命力的宝贵精神文化财富。

　　为弘扬和传承黎族的历史文化，做好中国黎学研究，海南省民族学会经与民族出版社友好协商，双方协作出版大型丛书"中国黎学文库"。中国黎学文库作为黎学研究平台，将系列出版研究黎族历史、语言、社会生产、社会组织、生活习俗、文学艺术、哲学思想、伦理道德、宗教信仰等内容的著作。丛书体裁不拘一格，包括专著、编著、译著、文集、报告等。

王学萍

二〇〇七年十二月

目　录

不忘初心　践行承诺　贡献海南力量
——黎族传统纺染织绣技艺保护工作十周年回顾（2009—2019 年）
刘实葵 / 1

黎族原始综版织造技艺再探
——与黎族腰机织造技艺之比较
邓景华 / 12

生态黎锦的精髓
——植物染色
冯建章 / 23

浅谈黎族骨簪技艺
容炜俊 / 29

关于黎族传统服饰文化中的主体色及其文化意义
高泽强 / 38

全域旅游背景下黎锦纹样在文化创意产业中的开发与利用
林毅红 / 46

浅议黎锦和黎族文化
陆青映 / 60

试论黎锦植物染色的原料和药用价值
王秀蓉 / 68

黎族织锦图案配色技艺及多重文化内涵
韦慎 / 76

时代差的体现：论内外交流对黎族服饰多样性的影响
于晓华 / 84

探秘海南岛史前人类的踪迹及黎族文化
李超荣 / 102

明清时期海南岛的三差黎和四差黎
谢国先 / 116

台湾本"琼黎图"
——《黎人风俗图说》考释
王献军 / 131

目 录

浅谈黎族与土地崇拜相关的岁时节日及禁忌
——基于黎族地区的田野调查
林日举 王启芬 / 146

黎族传统村落的符号化与文化重构
——以槟榔谷景区建筑为例
彭修银 熊清华 / 155

黎族农村妇女生育健康保障的变迁
——以海南邢村为例
童玉英 李吉和 / 167

海南黎族农村女性劳动分工变迁研究
陈林 / 176

美孚方言黎族民居建筑变迁
——基于西方村的田野考察
张鹏 / 195

探析海南岛中部山区黎族居住地共享农庄的发展路径
杨春淮 / 209

乡村振兴战略视域下海南黎族美丽乡村建设研究
李安辉 张俊 / 226

海南黎族地区旅游收入效应及提升策略研究
陈祖海　罗君名　梁世夫 / 241

黎族音乐乡村旅游开发的考察与研究
刘厚宇 / 256

加强海南黎族优秀传统文化教育的几点思考
张俊　李资源 / 267

刍议海南黎族竹木器乐的生态人文
张巨斌　丁岩 / 276

海南黎族鼻笛文化探求
徐升 / 288

黎族传统手工艺的隐性知识与传承
张君 / 295

论海南黎族谚语的语言特色
冯广艺　贺逍遥 / 306

罗香林黎族研究的问题、方法、材料与理念
郑力乔 / 324

后记 / 338

不忘初心　践行承诺　贡献海南力量
——黎族传统纺染织绣技艺保护工作十周年回顾
（2009—2019年）

刘实葵

按语：2004年12月，经全国人大常委会批准，我国成为第六个加入联合国教科文组织《保护非物质文化遗产公约》（以下简称《公约》）的国家。2019年是我国加入《公约》15周年，同时也是粤剧、端午节、黎族传统纺染织绣技艺（以下简称"黎锦技艺"）等25个项目列入联合国教科文组织人类非物质文化遗产代表作名录和急需保护名录十周年。2019年6月"文化和自然遗产日"期间，中国40项列入联合国教科文组织人类非物质文化遗产名录（名册）项目汇集广州，在这里举办了主题为"非遗保护 中国实践"的展览展示和论坛等活动。黎族传统纺染织绣技艺作为首批列入联合国教科文组织急需保护非物质文化遗产名录的项目，借十周年纪念之际，全省各民族市县、项目保护单位及有文化情怀的人士举办了近30项系列活动，回顾、总结黎锦技艺十年保护工作历程，探索今后发展方向和途径，以便加快前行步伐，意义深刻！2019年9月6—12日，由海南省人民政府主导、海南省旅游和文化广电体育厅主办的"黎族经纬记：守护与传承——黎族传统纺染织绣技艺与传统游戏、方言走进联合国教科文组织总部展"在法国巴黎开幕。这是中国第一个、世界第二个进入联合国教科文组织展演的"非遗"项目，可以说是走过了一段辉煌的历程。在此，用"评价、希望、过程、未来"四个词对十年来的工作作简要总结。

一、评价

阿布扎比会议

2009年9月28日—10月2日，联合国教科文组织保护非物质文化遗产政府间委员会在阿联酋首都阿布扎比召开。10月1日，宣布了首批来自8个国家的12项人类急需保护的非物质文化遗产名录，其中中国有3项：羌年、中国传统木拱桥营造技艺和黎族传统纺染织绣技艺。同时，中国有端午节、中国篆刻等22个项目入选人类非物质文化遗产代表作名录。

当天，教科文组织英文网站和中文网站发布的编号为106号的新闻稿以及《联合国新闻》对"黎锦技艺"是这样描述的："黎锦，中国海南省黎族妇女创造的一种纺织技艺，集纺、染、织、绣于一体，用棉线、麻线和其他纤维等材料做衣服和其他日常用品。黎族妇女从小就从母亲那里学习扎染经纱布、双面绣、单面提花织等纺织技艺。母亲们通过言传身教，传授技能。黎族妇女仅凭自己的丰富想象力和对传统样式的了解来设计纺织图案。在没有书面语言的情况下，这些图案便成了黎族历史、文化传奇、宗教仪式、禁忌、信仰、传统和民俗的记录者。这些图案还对海南岛的五大方言进行了区分。黎锦是黎族重要的社交、文化场合中不可或缺的一部分，如一些宗教仪式和各种节日，特别是婚嫁场合。每逢这些重要日子，黎族妇女都会为自己设计服装。作为黎族文化的载体，黎锦的传统纺织技艺是黎族文化遗产中必不可少的一部分。然而，近几十年来,掌握织、绣技艺的妇女人数急剧减少,黎锦的传统纺织技艺正濒临灭绝,急需给予保护。"

二、希望

济州岛会议

2017年12月4日—9日在韩国济州岛举行的联合国教科文组织第十二届政府间委员会上,对我国递交的"黎族传统纺染织绣技艺"等7个急需保护项目2010—2015年的周期报告进行审议,充分肯定了我国政府的保护工作及所做出的持续努力成果,并对每个项目提出了希望:请缔约国继续努力保护该项目,支持持有者的传承活动,确保提供妇女培训学习的所有课程;请将黎锦文化传播到学校教育;与相关社区合作,提高传播需要的原材料的种植,提高该项目可见性及公众对其重要性的认识;鼓励缔约国继续努力保护该项目,探索其他资金提供、来源的可能性,以便进一步采取保障措施,增加其生存能力等。

三、过程

2009年在申报联合国教科文组织急需保护名录时,我们郑重承诺,在2010—2013年第一个四年履约期间,完成十个方面的建设任务:建立5处黎族传统纺染织绣传习馆,由当地政府出资25万元;相关五市县每年举行一次该技艺普及活动,当地政府4年出资合计20万元;学校开设黎锦技艺课程,省政府总计出资80万元;补助传承人工作经费和生活费用,省政府总计出资10万元;建立纺染原料基地,当地政府和民间共同出资150万元;建立黎锦技艺研究机构，设立展览机构，省政府出资 100 万元；基本建立海南省非物质文化保护的地方性法规体系；建立黎族传统纺染织绣技艺档案和数据库，设立网站，省政府出资 120 万元；建立 5 个黎锦技艺传承村，相关市县出资合计 40 万元；举行国际学术研讨会，省政府出资 25 万元，社会筹资 25 万元。

围绕以上承诺，2009 年、2010 年黎锦技艺保护工作被列入海南省政府工作报告内容。为推进黎锦技艺保护工作，我们以加强保护管理机构和专业队伍建设、建立社会公众参与保护的有效机制、加强对黎锦技艺的监督指导为抓手，从组织领导、经费投入、人才培养、宣传展示、设施建设等方面采取有效措施，发动社会力量积极参与黎锦技艺的保护工作。虽然有些许遗憾，但我们还是结合海南实际，逐步建立起了结构相对合理、精干高效、适应黎锦技艺保护工作需要的工作机制，较好地履行了相关了承诺，先后三次在文化部的相关会议上作经验介绍。2019 年 9 月走进了联合国教科文组织总部大楼进行展演。

（一）加大领导力度，成立组织领导机构

为加大保障力度，2008 年 5 月成立黎族传统纺染织绣技艺申报人类口头与非物质文化遗产代表作领导小组，同时成立专家组。

由当时的全国人大常委会委员王学萍、海南省人大常委会副主任符桂花、分管文化的副省长任组长，省政府副秘书长、文化广电出版体育厅厅长任副组长。省发改委、旅游委、财政厅、教育厅、文化广电出版体育厅、民族宗教事务委员会、公安厅、住房和城乡建设厅 8 个厅局和五指山市、东方市、保亭黎族苗族自治县、白沙黎族自治县、乐东黎族自治县五个相关市县领导组成领导小组，领导小组下设办公室（设在省文化广电出版体育厅），对申报工作的政策把握、计划、步骤、时间安排，申报材料的编撰制作、审查等作了详细部署。针对申报文本和视频拍摄部署，召开3次领导小组会议、8次专家会议。

2009年10月被列入联合国教科文组织非物质文化遗产急需保护名录后，2010年8月，成立黎族传统纺染织绣技艺保护领导小组，组成人员和成员单位不变；2011年6月，为扩大保护范围，更好地推动工作，调整和充实了领导小组成员，增加三亚、陵水、琼中、昌江四个民族市县为成员单位，明确各成员单位的工作职责和任务；2011年8月，出台《黎锦技艺五年保护规划（2011—2015）》。

2012年，海南省人民政府公布第四批海南省省级非物质文化遗产代表性项目名录，增加三亚、陵水、琼中、昌江四个民族市县为黎锦传统纺染织绣技艺扩展项目保护单位。至此，黎锦技艺保护覆盖了海南所有民族市县。

（二）经费投入迅速增长

自黎锦技艺列入联合国教科文组织急需保护名录后，各级政府和相关部门领导提高了对非物质文化遗产的认识，加大了财政投入力度。2010年非遗保护列入省财政预算287万，2011年增加到987万元，2012年达1020万，2013—2018年保持在1130万元，其中大部分用于黎锦技艺的相关保护工作。

2010—2018年，全省共计投入黎锦技艺保护经费7874万元（其中中央资金2980万元、省财政资金4894万元，不含市县和企业投入）。在五个民族市县建成5个300平方米的黎锦技艺传习馆，保持148公顷的原材料生产基地供传承人传习所需，对11个传承村进行运营管理，有62所中小学开展黎锦技艺实践课，拍摄数字资料片，出版专著2本，开办传承人研修研习班，补助代表性传承人，举办培训、传承及宣传活动，进行项目资料整理、建档、开展数据库建设及国家级传承人抢救性记录工作、实物征集，扶持教学、传承等活动。

（三）社会公众积极参与

图书馆、博物馆等公共文化机构，根据各自业务范围，开展黎锦技艺的整理、研究、学术交流和非物质文化遗产代表性项目的宣传、展示。如省图书馆、省广播电视台、海口市广播电视台分别组织拍摄了黎锦技艺专题宣传片；2010年中央电视台拍摄5集纪录片《黎之锦》，天津电视台、安徽电视台等单位相继来我省拍摄相关宣传片。省博物馆、省民族博物馆、省民族研究所黎族服饰陈列室、保亭等五个相关市县的黎锦传习馆，海南锦绣织贝有限公司的黎锦坊，三亚槟榔河国际乡村文化旅游区，保亭黎族苗族自治县槟榔谷黎苗文化展示基地，乐东黎族自治县"白沙河谷"等民间博物馆相继建成，并对外开放。教育部支持省民族技工学校建立黎锦实训基地，海南师范大学、海南热带海洋学院分别设立了专门的黎锦技艺研究机构。海口香格里拉酒店于2013年在国兴中学设立"黎族织锦奖学金"，近年来新成立的合作社、小微企业参与黎锦传承、创新的单位如雨后春笋般生长。现有海南锦绣织贝实业有限公司等省级黎锦技艺生产性保护示范基地4个，公司+农户、传承人+合作社等方式建立的合作社有40多个。

民营资本投资2.3亿元人民币在白沙黎族自治县建成海南省黎锦艺术博物馆，项目列入2019年海南省重点项目之一，用地面积25964.49平方米，总建筑面积58000平方米，项目资金均由企业自筹，建成后将是我省第一个黎锦博物馆。

（四）宣传形式多样，氛围浓厚

黎锦已是海南的一张重要名片，十年来传承人走出中国，到亚洲、欧洲等洲的十几个国家进行展演，宣传海南、宣传黎锦，展示技艺。

一是参与国际活动。如参加意大利世博会、韩国海洋博览会，参加日本中国文化年及蒙古国、迪拜、尼日利亚、德国职业技能大赛等，参加博鳌亚洲论坛2014年、2015年、2019年海南"非遗"风物展，2018年外交部蓝厅海南全球推介会文化遗产展等。

2013年10月14—18日，由中国非物质文化遗产保护中心、海南省非物质文化遗产保护中心联合在三亚召开"黎族传统纺染织绣技艺保护与传承国际学术研讨会"，来自美国、日本及我国台湾等国家和地区的50多名专家学者和20多名代表性传承人与会，提交论文30多篇。与英国、肯尼亚、圭亚那、日本、蒙古、塞舌尔以及东南亚诸国开展学术交流和展示活动。

二是频频参与国内展示。参与上海世博会中国故事展海南活动周，参与两年一届的"中国成都国际非物质文化遗产节""中国非物质文化遗产博览会"，参与一年一次的"中国（深圳）国际文化产业博览交易会""中国（黄山）'非遗'传统技艺大展"及"2013中国少数民族'非遗'展示周"等国家级大型展示会，应邀参与"春雨工程"到西藏、新疆、内蒙古、云南、广西、黑龙江及广州、杭州等省（区）市和港澳台地区进行展示交流活动。

三是省内活动不断出新。2014年第一个四年履约周期，在省博物馆举办成果汇报展；2019年举办"文化和自然遗产日十年成果展"。传承人每年代表当地参与公益宣传展示、文化产业博览会、农产品交易会、文博会、体博会、传承人对话等。举办七届全省黎族织锦大赛，各市县举办学生组、成年组等黎锦比赛25次。东方市2013年、2017年两次举办千人织黎锦展示；2017年3月28日，东方市的千人织黎锦获吉尼斯世界纪录"最多人同时织布"（Most People Weaving Cloth Simultaneously）。2011年6月开通海南省非物质文化遗产网站。

四是搬上银幕舞台。省歌舞团排演的舞剧《黄道婆》获第三届全国少数民族文艺汇演大奖，广东排演的粤剧《黄道婆》在北京西城区推出。2010年保亭黎族苗族自治县、省民宗委、省文体厅联合举办"黎风古韵，锦绣海南"是至目前规模较大、展示服饰较多的一次表演盛会。以黎锦为题材排演的舞蹈、小戏小品多次获全国群星奖。

五是走进联合国教科文组织总部展演。2019年9月6—12日，由海南省人民政府主导、海南省旅游和文化广电体育厅主办的"黎族经纬记：守护与传承——黎族传统纺染织绣技艺与传统游戏、方言走进联合国教科文组织总部"。海南省代表团向联合国教科文组织赠送精美黎锦织品《黎族风俗图》，七位传承人代表的现场技艺展示和民歌演唱深深地吸引了人们。

（五）培训工作效率持续提高

2012年出台《黎族传统纺染织绣技艺传承人保护培养暂行办法》；2014年起实行代表性传承人考核，激发了代表性传承人的传承活力和动力。目前有黎锦技艺市（县）代表性传承人223人、省级23人，其中国家级3人。2019年年底将认定第四批省级代表性传承人。传统活动补助经费，国家级代表性传承人2016年增加至每人每年2万元；省级代表性传承人从2017年起增加至每人每年7000元。大部分市县级代表性传承人有其传承活动补助经费。

9个市县均建立了黎锦技艺传习馆，有东方市东河镇西方村、琼中黎族苗族自治县什运乡番道村等16个黎锦技艺传承村，为该遗产项目技艺的传习和实践提供了便捷的文化场所。

几年来，全省各相关单位举办了200多次黎锦技艺分类培训班，参加培训人数超过10000人次。如今全省从事织锦的妇女近20000人，目前正在进行第二轮摸底调查统计。

（六）进校园工作成效显著

2013年与省教育厅联合开展了黎锦技艺进校园实践课工作，组织编写校本教材，培训师资力量，首先在9个市县的18所中小学开展试点，对中小学生进行兴趣培养与基本技能训练，各级代表性传承人是指导老师。2015年共同表彰了一批进校园工作先进集体和先进个人，目前有62所学校开展黎锦技艺课，且成为学校特色教育内容，受到教育部门的充分肯定，参与学习过的学生人数超过10000人。有小到6岁的一年级小学生，也有男生参与学习。省民族技工学校于2009年即设置黎锦技艺中专学历教育，参与学习人数有5235人，其中校内80人、校外农村班5155人，培养了一批有专业知识和文化知识的新型黎锦技艺持有者，他们是黎锦技艺传承人的新生力量，并曾有男生代表全国职业院校去德国展演并获奖。

通过母女传承、师徒传承、群体传承、教育传承、普及传承等多方式培育，黎锦技艺织女数量快速增长，老、中、青、少阶梯形成，且打破了"家族传承""传女不传男"等传统习俗，民族文化自信高涨。

（七）遗憾

法规建设还有待加强。尽管保亭黎族苗族自治县、白沙黎族自治县、陵水黎族自治县等民族市县相继出台了本地的《非物质文化遗产保护条例》，但省级层面的还在起步阶段。《海南省非物质文化遗产保护条例》2017年启动，目前完成第三稿的修改和第二次征求意见，在全国处于落后状态。

工业化和现代生活的快节奏以及市场化利益的推进，使得大部分实践者更注重技艺流程的末端——织造工艺和产品的产出，而忽视技艺流程的前端——纺染工艺，这在一定程度上影响了整体性保护；城镇化进程加快、生活方式改变、职业转变对遗产的生存及生态环境造成威胁，穿传统服饰的人少了。而文化传承者需要有一种特殊的情怀，昨日的努力是为了今天的振兴，今日的振兴是明日的繁荣。

四、未来

（一）保护措施的更新

继续扩大代表性传承人队伍，开展各种形式的传习活动，使传承人的技艺、知识更加全面；继续推进普及教育和正规教育，使技艺实践者数量持续增长；注重中青年传承人的专业技术和理论水平培养，努力提高其传承能力，使传承持续发展；提高黎锦技艺产品的设计、制作水平和整体品质，鼓励成立更多的产销合作组织和企业参与，拓宽产品销售渠道；加强相关学科建设和技术理论研究，开展广泛的国际国内宣传和交流；制定和完善保护相关技艺的法规、政策和规划；加强行业组织建设管理和质量管理；加强生态的整体保护。

（二）关于转换名录的问题

《公约》设立了"急需保护的非物质文化遗产名录"和"人类非物质文化遗产名录"。这两个名录的主要区别在于前者较之后者处于更严重的生存危险状况。在《公约》指南的第38条规定：一个遗产项目不可同时列入"急需保护的非物质文化遗产名录"和"人类非物质文化遗产代表作名录"。缔约国可申请将一个遗产项目从一个名录转入另一名录。2017年12月4日—9日在韩国济州岛举行的保护非物质文化遗产政府间委员会会议决定，首次将越南国家申请的传统音乐《越南富寿省春唱》从"急需保护的非物质文化遗产名录"（2011年列入）转至"人类非物质文化遗产代表作名录"。

笔者认为，经近十年的努力，黎锦技艺的保护可以从急需保护状态转入常规保护状态，即可以将其从"急需保护的非物质文化遗产名录"转至"人类非物质文化遗产代表作名录"。这需要有申报过程，需要遵循《公约》操作指南的有关规定，但目前还没有相关的细则。

作为黎锦技艺保护工作的实践者和参与者，我们以能参与全过程而感到自豪，但也深感今后的责任和压力。十年，是承上启下的时刻，在倡导创新性转化、创造性发展的国际化环境时期，黎锦技艺需要全社会的参与、需要专家们的智慧、需要企业有情怀者的支持、热爱和拥抱。

2019年9月18日于海口
（作者单位：海南省旅游和文化广电体育厅）

黎族原始综版织造技艺再探
——与黎族腰机织造技艺之比较

邓景华

黎族的综版织机织造技艺基本保持了新石器时代的原始状态，除了可以使用工业纱线外，基本没有变化，所以也可称其为"黎族原始综版织造技艺"。该技艺包括综版织机、整经、图案和织造等，其英文检索词可以用"card weaving""tablet weaving""hand weaving""card loom"等。

笔者曾在2014年前后发表了《黎族综版织机织造技艺初探》[①]一文，介绍了黎族综版技艺大致情况，也曾发表了《藏族综版织机织造技艺考察手记——兼谈与黎族综版织机的初步比较》[②]，介绍了赴藏考察藏族综版技艺情况。在《黎族综版织机织造技艺初探》结尾，提出关于综版织机织造技艺的学术意义的几点思考和建议：

一是发端于新石器时代的综版织机的历史学意义。何以在西藏和海南都有遗存，其漫长的流传及传承过程中的联系、变化和对纺织学发展的贡献。

二是与腰机的机械工作大不相同的科学机理。虽然它们都属

[①] 邓景华. 黎族综版织机织造技艺初探 // 杨武，刘实葵. 海南省非物质文化遗产研究优秀论文集：2014年度. 海口：南方出版社，2016.

[②] 邓景华. 藏族综版织机织造技艺考察手记——兼谈与黎族综版织机的初步比较. 海南群众文化，海南省内部资料出版物，2015夏季刊.

水平织机，但二者形制、整经、装机、开综、织造、作品等均有不同；综版织机原理简单但反映了人们的科学创造、逻辑思维、概括总结归纳的能力。

三是综版织机织造技艺的研究。特别是由不同颜色的经线和不同数量综版相互排列组合，以经线显花为主而非腰机以纬线显花为主的各种提花图案作品。

四是这数千年前产生的非物质文化遗产，几近灭绝，抢救刻不容缓。还需继续追踪溯源、深入考察研究。

五是笔者在网上检索时发现，西方现代手工编织艺术对综版织造的研究和运用以及普及发展到相当高的水平，这种与在东方几近消失所形成巨大反差的文化现象，也许能为我们提供对有效保护的经验借鉴。

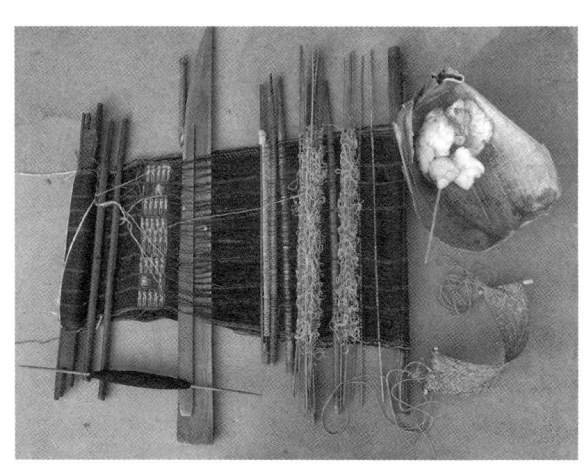

图1　黎族的提花腰机

为进一步了解黎族综版织造技艺,本文将其与黎族腰机织造技艺做一些粗略比较,以为再探。

一、机具部件与织品

腰机稍要复杂些,基本机件有经轴、卷布轴、分经棍、提综杆、打纬刀和纡子等,主要为竹木制成,提花腰机则需要更多的提花综。腰机可以织造幅宽达30厘米以上的织品,用于服装面料。

综版织机非常简单,基本部件可仅为若干片综版和纡子,或有打纬刀。综版为每个角有穿孔的四方或多角形薄版,用竹、木、皮革及其他长3～10厘米的硬质薄片材料皆可制成。综版织机幅宽由其版数决定,太多不易翻转,所以其织品幅宽从1厘米至10多厘米,呈带状,可以用作捆绑带或衣物边饰,当然也可连缀起来做大幅面料。

图2 黎族的综版织机

二、开口的机械原理

腰机是将经线按单双数分为上下层,利用分经棍形成的自然梭口和提综杆提起下层经线形成的梭口引入纬线,使经纬线反复交织而形成布帛。由于使用综杆提综,其开口的机械动作仅为上下运动,开口形成的是平行梭口。

图3　腰机的提综开口

綜版织机最重要,也是最巧妙之处就是利用综版起开口的作用。它利用了综版的转动,使经线通过综版每个角的综眼之间的空间,形成梭口,引入纬线,实现经纬线反复交织,形成织物。由于使用综版转综,其开口的机械动作为圆周运动,而且这个圆周运动的逆顺旋转可令图案发生变化。

这两种不同的开口原理分别体现了转动和平行机械运动这两种基本形式,它标志着我们的祖先不仅能够对客观事物作一般的分析,而且能够用综合归纳的方法来认识客观事物,从而使原始编织技术得到重大改进。如果说腰机提综的平行开口原理源于"手经指挂"

15

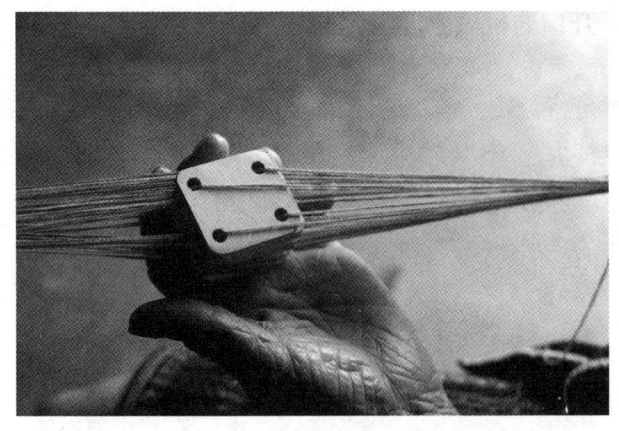

图 4 综版织机的转版开口

的编织动作,特别是使用了分别联系单、双数经纱的线综,这一织机组件实际上是织机演进的关键,它把所有的单数经线和所有的双数经线分别联系到一起,那么综版的转动开口原理又是从何处得到启发? 不得而知,但笔者隐约感到,这个综版转动开口的发明,其原理较腰机或许来自于更高水平的经验总结。

三、整经与穿综

整经,在织前准备中对二者都是最重要的环节,它决定着织物的经显色彩、纹样和宽度、长度,具有较强的技术和艺术性。

腰机整经和穿综分别进行。腰机整经首先需要按照预设的图案,将不同色彩的经线在绕线时按顺序打绞,使经线按单、双数分为上下层、即面经和底经两个系统,以备上腰机后分经提综,然后整经上机。穿综时,需用提综杆将综线与底经联系起来。色织物整经时,也可将每种色线采用分段式整经,再上机合并。

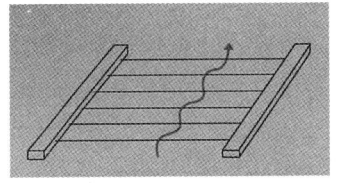

a. 分经棍穿入单、双经线之间

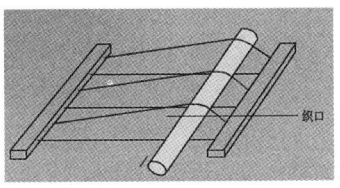

b. 分经棍形成的梭口（织口）

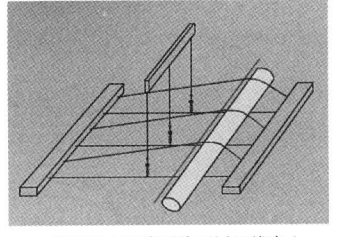

c. 提综杆上的线圈将下层经线套入

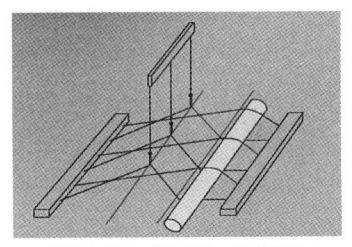

d. 提综杆提起下层经线，形成新梭口

图 5　腰机穿综示意图

综版织机整经和穿综同时进行。综版织机经线系统数量与综版的综眼数量相同。换言之，如果是四孔综版，其每块综版的经线则有四条（组）经线系统。需要按照图案纹样预先设计好每根（或多根）不同颜色的经线在每片综版的综眼的排布位置和每片综版的排列顺序，穿综时，只需将每根经线按这个设计穿过每块综版的相应位置的孔（综眼），就完成整经和穿综。但需要特别注意的是，要根据花纹图案纹样或经线绞转的方向要求决定每块综版的正或反面穿综方式，即"S"旋或"Z"旋。

图 6　综版穿综的 S 向和 Z 向

四、显花工艺

黎族腰机织造多为平纹素织或平纹纬显提花，但黎族妇女用腰机提花的技艺非常精湛，一般用提花综或挑花来使纬线浮出显花。由于腰机在整经时已将底经和面经分为固定的上下两个系统，织造时，面经下沉，底经上浮，与纬线交织成平纹组织。并为平纹配置各种花纹，一般由纬浮长线（相对来说）构成。构成平纹的纬浮纹显花组织，也是二重组织。当然，黎族妇女也可用腰机作经浮显花，但不如纬显表现力那样丰富。

综版织机主要是经显，通过反转综版使经线浮出显花，属底经浮纹显花，即经起花组织。其经线没有像腰机那样分别固定为底经和面经上下两层，而是按照综版的综眼数量分别为数个独立系统，通过翻转综版，使穿过综眼的每个系统的经线轮番浮出，与纬线交织，得以显花。理论上综眼的数量有多少个，就可以有多少层经线轮番浮出。因此，综版翻转的不同方向可产生不同的色彩和纹样图案。若将综版分组并按不同方向翻转，将使图案更加丰富。如果幅宽的综版织造作品运用上腰机挑花技术，使综版既能经显还能纬显，值得尝试。

图 7　现代综版织造品纹样

五、综版织物：奇特的纱罗结构

腰机织品的组织结构一般为经纬纱垂直交叉的平纹，但综版织物却为纱罗。凡经线起绞、纬线平行交织的织物均可称为纱罗织物，其组织即为纱罗组织。① 江苏吴县草鞋山发现的考古实物也证明，距今 6000 年的新石器时代先民已经将绞经技术用在葛织物上，这是中国纺织技术的童年。专家认为，纱罗组织是我国先民最初使用的织物组织之一，原始的综板式织机（或称卡片式织机）应是使经纱绞转的最好工具。②

综版织造中，绞经是这样实现的。综版有几个孔，经线就有几个独立系统，当综版每做一次翻转，穿过综眼的每个系统（如四孔综版则有四个系统）的经线便与相邻系统的经线发生绞转，

---

① 赵丰. 古代纱罗织物及其对现行组织学的启示. 浙江丝绸工学院学报，1986（4）.
② 屠恒贤. 重现纱罗的辉煌. 流行色，2007（07）：70.

原来的面经和底经交换位置，形成新的开口，然后引纬、交织，再翻转，依此往复。这个经线绞转和纬线交织的特征，符合上述纱罗织物的说法，但又与我们现在所看到的有明显网眼的纱罗组织有差别。后者在分地、绞纱系统的情况下制织时，地经位置不动，绞经有时在地经的右方、有时在地经的左方与纬纱进行交织。当绞经从地经的一方转到另一方时，绞、地两经纱相互扭绞一次，使扭绞处经纱及纬纱间的空隙增大，在织物上形成纱孔。综版没有分绞经和地经，其经线为相互均匀地绞转，由于经纱及纬纱间的交织致密，故不能在织物上形成纱孔。并且综版上所有的经线系统（四孔综版起码有四个系统）都参加每一次绞转（一般为180°），形成较粗的合股，这样的织品厚实，与我们常说的轻、薄、透气的纱罗还是不一样的。但如果每次绞转度再多一些的话，比如绞转360°或更多，则可在织物上形成明显的纱孔。依此，综版也可以织造明显网眼的纱罗。①

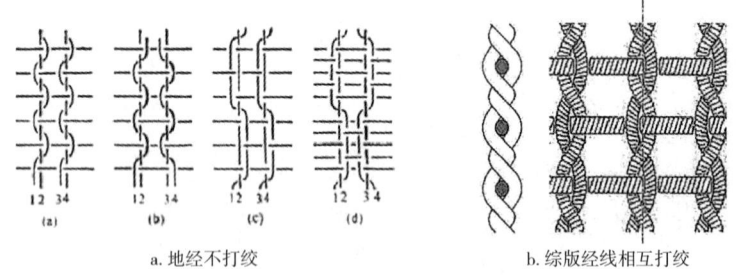

a. 地经不打绞　　　　b. 综版经线相互打绞

图8　一般纱罗结构

---

① 王鸿博，高卫东，黄晓梅.机织工程：下册.北京：中国纺织出版社，2014.

另外，综版织品还有斜纹的外观，由于每块综版上所有的经线都同时为相互均匀绞转，经绞转形成较粗的"S"或"Z"向的合股，其纹理看起来有斜纹的感觉。

关于综版织造技艺的话题还有许多，如整经布线、提花和图案变化、织造技巧等技艺方面和作为文化遗产在国内外的流布及发展等，还需要继续深入讨论。但眼下最重要的是，先将黎族综版织造技艺这一极其濒危的文化遗存传承下去，再发扬光大。有意思的是，最近偶然发现海南苗族也有人在使用综版织造头饰饰带，其具体情形待继续探究。

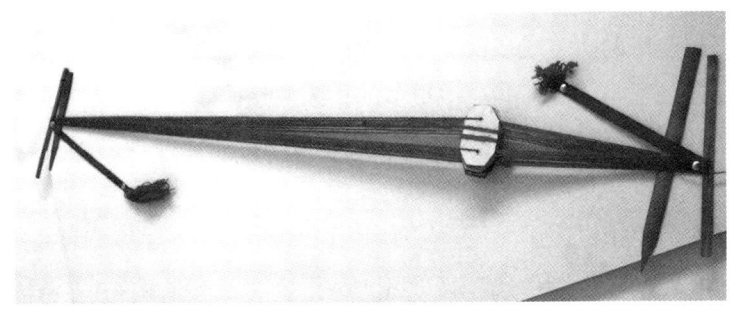

图9　苗族的二孔综版织机

原始织机不仅反映了古代人类对织造的认识及发展过程，也为后世形形色色的织机的出现奠定了基础。在本世纪初，德国亚琛工业大学纺织研究所开发了一个用以制造纱罗织物的新系统，它是在无梭织机用纱罗组织织造边组织原理的基础上，首次在一台织机上安装有两个或更多个圆盘的纱罗成形装置。[1] 用作纱罗边的两根经线穿入圆盘的相对排列的眼孔里，通过圆盘的旋转将两根纱线相绞

---

[1] 李军, 顾平. 纱罗的新发展. 国外丝绸, 2006（2）:12-14.

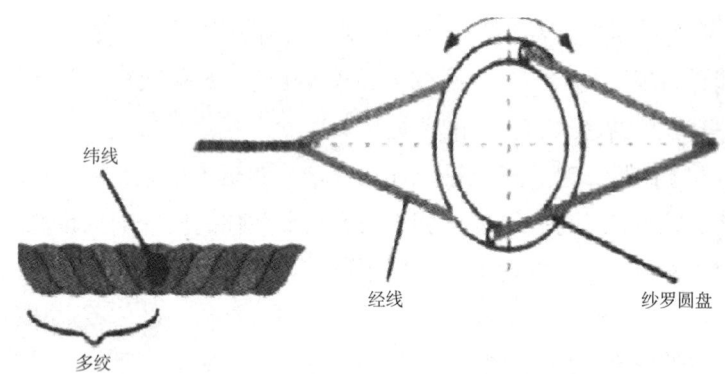

图 10　德国圆盘综绞制织纱罗组织示意图

在一起。每两次（或多次）相绞之后引入一根纬线，这一成形装置可使经线在两纬线之间产生更多的相绞。这个装置与原始综版织机的原理极其相似。

　　随着社会生产力的日益发展，新颖的织造技术层出不穷，各式各样的新型织机应运而生。原始织机所奠定的一些基本原理可能被打破，如经纬纱垂直交叉成布这一基本原理，可能被新的编结织造法所代替。人们采用新法，生产出各色新型织物，成布速度则比老法织布快若干倍，从而为社会创造更多的财富。但是，原始织机在人类纺织技术发展的漫长历程中，是一座永远的丰碑。

（作者单位：海南省非物质文化遗产保护中心）

生态黎锦的精髓
——植物染色

冯建章

黎族女性以自己的智慧开创了独具特色、异彩纷呈的黎族服饰文化。精致优美的服饰，同时传承着独特奇妙的纺、染、织、绣技艺。

黎锦从布料到制作成服饰、装饰用品，每一道工序繁琐不说，还是个体力活。例如一条黎锦围巾，完成纺、染、织、绣四大工艺过程，需耗费一位熟练织娘将近一个月的时间。由于织锦要长时间坐着，有时候从腰织机上下来，织娘的腰都直不起来，可想而知每一套不带重样的黎族服饰承载着多少黎族妇女的心血与汗水。

长期从事非遗保护工作的王秀蓉提出了笔者一直以来思考的一个问题："为什么黎锦能被评为世界级的非物质文化遗产，它的精华在何处？"这不禁让笔者想起，曾有一位专家总结过黎族织锦的三大特征，即"原生态""原真性"和"原生地"。的确，在当前快速发展的工业社会，市面上的黎锦产品铺天盖地，当前很大一部分的黎锦产品是用化工染料制成的化工线织制而成，"原生态"越来越可贵。黎族服饰的制作技艺具有丰富的历史、文化、艺术价值，王秀蓉觉得，要想通过保护的方式将这一传统技艺传承下去，就得落到实处、变为实用，而"生态"就是能将其"保鲜"的办法，"要做好原生态服装"。

此处的"服装"也包括黎锦；黎锦是黎族服饰的重要组成部分。"生态黎锦"的内涵主要包括两个方面：一是木本棉与草本棉掺和作为纺织原料；一是采用"古法"织造技术，更主要的是指"植物染色"。"生态黎锦"的提出，一是当下人们对绿色、环保、生态的追求，二是黎锦作为海南唯一世界级的非遗保护与开发代表作的必然逻辑。海南各市县中，对生态黎锦研发最好的是东方市文化馆。笔者有幸去东方市文化馆进行了调研，对王秀蓉进行了采访。

生态黎锦的第一道工序是采摘、脱籽和弹花。海南黎人一般不直接用木本棉来纺线，因为其纤维太短，而是用草本棉（吉贝）脱籽、弹花后进行纺线，或木本棉与草本棉掺和着用。

生态黎锦的第二道工序是纺和绣。纺线水平的高低决定了线的粗细程度，纺线水平越高，纺线越细、越均匀，就越结实。黎族从古至今，织机主要分为脚踏织机和（踞）腰织机两种，现在一般织娘用的（踞）腰织机十分古老。这种织机很古朴，甚至有些简陋，织娘随意找块空地，往草席上一坐，一待就是几个小时。十几根功能不同、长短各异的竹针上缠绕着不同颜色的棉线，让外人看上去眼花缭乱，但在织娘的心里和手中都是有规有矩的。织锦之难在于，织娘没有草图，全凭感觉，根据内心的构想和设计织出各式的花样，既要边角整齐，可以对折，还要两端刚好可以拼接。初学者一般会反复拆拆织织，而优秀的织娘织工越好，返工的可能性就越小。"绣"是黎锦的四大工艺之一，但因为黎锦跟其他织锦如云锦、鲁锦等不一样，黎锦在织的阶段就完成了其他锦需要的"绣"，也就是说，黎锦织出来已经很华美，所以"绣"的工艺，在黎锦织造中一般不使用，许多织娘也擅长。

生态黎锦的第三道工序是染色，这是生态黎锦的核心所在。染色的前戏是复杂的，重头戏更是繁琐。王秀蓉介绍，染色之前，一是要泡煮，二是要晒干。先将棉线在水中浸泡一天一夜，然后把线煮熟捞出放凉，再将一种叫做"鸭脚"（黎族方言）的小米撒在棉线上，继续煮线，直煮到小米软了烂了，大约得等上三个小时，然后把线捞出，抖掉小米，拧干，放在竹竿上晒干。晒干需要在阳光充足的时候，否则，染出的棉线色泽会不好看。要一直等到棉线干透，才可正式染色。如此算来，单单棉线过小米浆就要花上一整天时间，可见做工之琐碎。

黎族社会很早就掌握了染色技艺。妇女们把这项技术充分运用到服饰制作工艺中，秦汉以前岛上出现的"卉服"便印证了当时的黎族妇女已具备高超的染色技艺。由于海南岛缺少矿物染料，千百年来，黎族妇女采用植物染料进行染色。"（我们）去山上砍，找黄金刺木，有各种染料，也有在地里种染料的"，东方市文化馆的一位织娘如是说。

如她所说，传统的染料植物有两大类。一类是根据季节和染料植物生长成熟情况，采集野生的染料植物的叶、干、皮、根茎等加工，制成染料。野生的染料植物主要有苏木、角木、乌墨树等。另一类是人工种植的染料植物，加工制成染料，这类染料植物主要有假蓝靛、毛蓝丁、谷木、黄姜等。将这些植物配以草木灰、螺灰、泥巴等，加工成红、黄、蓝、黑、绿、褐等染料，浸染棉麻等纱线，然后纺织成衣物、被褥等用品。黎族民间娴熟的染色技术是黎族社会传统服饰绚丽多彩的颜色的保障。

美孚方言区的黎人喜欢用苏木和另一种黄色木头染棉线。将木头切成小块，泡水三天三夜后，再煮三天三夜，才能出颜色。放棉线入染，拧干，再曝晒干透，然后复染几次，甚至十几次。植物染色最重要一点是固色效果。如果单用植物染色，太阳一晒就褪色。染后再煮就不褪色。以前，人们除了织锦，还要上山采摘染料，有些染料不太好找，颜色就配不齐。现在东方市为了发展"生态黎锦"，有了自己专用的黎锦染料种植基地，并有专人负责看管，这为传承人使用染料提供了便利。在展馆内，王秀蓉指着布料上不同的颜色告诉笔者：蓝色是假蓝靛染制的，咖啡色是野板栗树皮染制的，绿色是谷木叶子染制的，红色是生长了七八年以上的苏木蕊染制的。据说还有一种埋在地下的"古木叶子"，要在它有鲜活生命的时候才能染色，若是不新鲜了，就不能染了。据说古时候，一般都要把染料切成小块，像煮中药一样来煮，"你们仔细闻一下，布料上还散发着浓浓清香，让人闻了还想闻"，王秀蓉说着。一套生态黎锦服饰，几乎就是一套被熏染过的"香服"，但生态黎锦的香味更持久。王秀蓉说，植物染色的黎锦将来会是世界上最好的纺织面料。

原生态的植物染色是生态黎锦的精华部分。纯植物染色制成的黎锦织品颜色不仅多样，着色牢固，色泽饱满沉郁。而且，纯植物染料具有植物药效的功能。王秀蓉说那些植物染料中大概有七八种是有很好的药效作用，如野板栗树皮，此染料在药理学上有清热解毒、凉血的功效，是皮肤容易过敏之人的理想织物。而谷木树长的果实可以食用，药理学上说它的树叶用之煮水喝或洗澡，具有清热解毒的功能。另外，苏木有活血化瘀的作用。具有植物药性的服饰能够有效预防热带湿气的侵扰，具有保健功效，这无疑是前面提到"实用"的关键点，也是传承与推广的亮点。

值得一提的是，海南黎族还有一种独特的染线技艺，同时也是我国古老的印染方法，即绊染，史书亦称"缬染"。在东方市的黎族美孚方言区，绊染的筒裙是定亲彩礼的首选，可见其价值之高。用作彩礼的绊染筒裙，在黎族男女结婚后，如若生男孩，就用大方格图案的裙子折成枕头大小给孩子垫头；若是女孩，就用细格图案的裙子当枕头。虽然其他民族也有绊染,但通常是先织布后绊染,而黎族绊染技艺的特殊之处在于,先绊染后织布,不仅丰富了图案的层次,还有朦胧美的艺术效果,具有很高的艺术欣赏价值。

绊染的工具极其简单,只有几个木架与一些待织的棉线。但这看似简单的背后竟是黎锦织造中最复杂的工序,绊染对织娘技艺水平要求极高,甚至是衡量一位织娘黎锦技艺的一项重要指标。绊染也称为扎染,是绊染技艺的重中之重。

具体来说,绊染是将理好的纺线做经线,紧缚在绊染架上,然后用青色或棕色的棉线在经线上扎结出所需的花纹图案,随后从木架上取下来,放入染缸里着色,染后晾干。晾干后,拆去所结的棉线,显现出别具一格的朦胧晕色经线,之后在经线上织上彩色的纬线,便成为一件精美绝伦的黎锦作品。扎结时,线结要扎牢,以免入染时脱落。在东方文化馆里有六位织锦传承人,有的不仅绊染技艺高超,还有匠心独运的创举——将其他少数民族织锦中的色调与图案融入黎族传统图案之中。

综观黎族妇女的匠心佳作,经传统的工序完成后所呈现出来的效果,各个方言区有所差别,但图案都丰富精美。黎锦图案虽有150多种,但从内容到形式,这些图案都离不开现实生活。比如,有反映大自然的太阳纹、月亮纹、星辰纹、云纹、山水纹等,人形纹的织锦图案中有母子纹、大力神纹等;还有反映民间神话故事传说的纹样,如鹿回头图、甘工鸟图、大力神图、月宫嫦娥图等。如果把几个图案放到具体的黎锦里面,这些图案集合往往是具有记事和叙事功能的,但是具体代表什么含义、什么意义,有的图案至今没有人能解读出来。王秀蓉说,其实传承人许多时候也不知道是什么,只是在传统图案和生活积累的基础上凭着自己的想象和感觉去创作。

王秀蓉说:"我认为古老的东西不要去颠覆它。"她认为生态黎锦的创新一定要基于传统,通过保护传统技艺,再利用现代科学技术或者其他方式去改造。听闻目前有人希望将生态黎锦设计成旗袍,这是令她欣喜的事情,将传统技艺结合现代服饰,把"实用"落到"实处",确实值得发扬。

听了王秀蓉馆长的一番介绍后,笔者深刻感受到了黎锦传统技艺的精彩,更加懂得了这个纺织史上"活化石"的意义与价值。而日趋成熟的生态黎族的研发,将为黎族服饰文化进一步走向世界奠定坚实的基础。

(作者单位:三亚学院)

浅谈黎族骨簪技艺

容炜俊

发簪是指用来固定和装饰头发的一种首饰。《辞海》里有这样的解释：簪，古人用来插定发髻或连冠于发的一种长针，后来专指妇女插髻的首饰。《史记·滑稽列传》里说："前有坠珥，后有遗簪"。杜甫《春望》中也有"白头搔更短，浑欲不胜簪"之句。很多民族有用簪来固发、美发之俗，其发簪种类繁多。黎族发簪尤以骨簪历史悠久、工艺突出，具有浓郁的民族特色，蕴含着丰富的文化内涵。

黎族自古就有加工使用兽骨的传统。到明清时期，骨雕工艺达到较高的水平，广泛运用于炊具、猎具、纺织工具和首饰等。黎族润方言的骨簪、骨钗、骨梳工艺，可谓黎族骨雕工艺之最。清初屈大均《广东新语》卷七"黎人"条，提到黎族润方言使用骨簪情况，"当额作髻，髻有金银钯或牛骨簪。其纵插者生黎，横插者熟黎，以此为别"。黎族润方言对骨簪有传世习俗，因此，中华人民共和国成立后文博部门及个人仍可收藏到明清时代骨簪作品。黎族润方言骨簪用兽腿骨或肋骨制作，形制为一尊戴高帽首领头像，白地黑纹，纹样有几何、三角圆圈等，有些精致的骨簪头部或高帽处系有珠链、串珠或长红穗子。

黎族民间雕刻工艺历史悠久。早在新石器时代，黎族先民就已制作简单的首饰，在石器、骨角器、陶器上雕刻简单的花纹，注入了审美的理念。随着黎族社会和黎族传统文化的不断发展,民间雕刻在各方面得到广泛运用,很有特色的骨雕还曾成为古代贡品。

黎族除了骨雕工艺之外,角雕的技艺也独具特色。角雕装饰工艺多用于制作狩猎用具上,用兽角直接制成兽角火药筒。一些地区以鹿角为材,雕制成两寸见方的引信筒,外表雕刻有精美图案,再系上几串琉璃珠串为带,颇有特色。

一、黎族骨簪的种类及作用

骨料是史前时代最重要的制作工具和原料。骨器在社会生产和生活中起过重要的作用,与石器、木器的作用不相上下。海南岛黎族地区保留着较为古老的制骨工艺。在所有的骨雕中,骨簪最为精美,雕刻技术最为高超,所含的文化密码最为丰富。

黎族骨簪是润方言妇女盛装时喜欢佩戴的首饰之一,它分单人头像骨簪和双人头像骨簪两种。白沙黎族自治县润方言妇女除了戴耳环、项圈、腰链、手镯、脚环、木梳等外,最有特色的是佩戴人形骨簪。润方言妇女挽髻于脑后,插入骨簪起固定作用,防止发髻散开。同时作为装饰美的象征,骨簪是社会对妇女美与否的评判标准之一。妇女在走访亲戚、出嫁、节假日等重大活动时都插戴骨簪,这已成为白沙黎族自治县润方言黎族妇女服饰的一个重要标志。

二、黎族骨簪的特点及社会意义

对于现代人来说,簪饰已经是一个历史悠久的名词,但在千百年前,簪饰却是东方女性梳理各种发髻必不可少的饰物。在琳琅满目的古代簪饰大观园中,黎族簪饰以其生态材质、独特纹饰和精湛工艺，演绎出发髻上的一道亮丽风景。

黎族插戴人形骨簪的习俗源于对祖先的崇拜。据传说，骨簪上部头戴官帽的头像是一位名叫贡嘎的部落头人，他英勇善战，为百姓排忧解难，是古时候黎族民间崇拜的一位首领，也是黎族宗族权力的象征。为了使子孙后代永不忘世代相传的部落头人，民间老艺人就把贡嘎的形象精心刻制在头簪上，以示对其时时膜拜和纪念。过去，黎族润方言男子留长发挽髻，以人形骨簪为发饰，后来，随着男子发型的改变，人形骨簪以其独特的造型、精美的图案和细致的做工，逐渐成为深受黎族润方言妇女喜爱的头饰之一。

黎族装饰品中的骨簪与黎族的人形纹、洞锹、蛙锣并称为黎族文化四大谜。洁白光滑的鹿骨、牛骨上，展开了一幅幅青黛色的图案：上端为帽饰，形似人佩戴的高帽或缠在头上高高的包头、或盘得高高的发髻，象征着权力，最顶端打几个小孔，系上流苏或琉璃；中段为两个侧面人头像；下段相当于人的腿部，根据曲线的变化分成不同的格子，每格所雕的花纹都不一样，有各种动植物纹、水波纹、弦纹、几何纹、圈点纹等。有趣的是，它的正反面、侧面均有图饰，形成对称的集合图案，又体现了一种均衡的美感。整个簪犹如剑形，分为单柄、双柄两种，簪身为人形。在黎族神话《贡嘎》中，黎族英雄贡嘎善使长剑，统率全军护佑百姓。这样精美的构图并非黎锦独有，它同样出现在海南省白沙黎族自治县润方言黎族的鹿骨和牛骨簪上，可见润方言群众对黎族英雄的怀念赞颂之情。

黎族人形骨簪是黎族妇女的头饰之一，既是雕刻精美的民间工艺品，又是黎族珍贵的民俗文物。骨簪的花纹图案丰富多彩、风格各异，花纹图案不预先画模，而是雕刻者根据自己对图案的构思和理解直接刻上去的。一枚小小的兽骨，能雕刻成花纹精美、蕴含丰富文化密码的发簪，不愧为黎族骨雕艺术之佼佼者。

三、黎族骨簪的制作工艺

制骨工艺在我国北方狩猎民族中已经基本消失,为海南黎族社会中仅有。黎族社会的制骨工艺在全国来说,更显弥足珍贵,也是研究黎族历史文化的重要实物资料。

黎族各方言区动物骨骼雕刻工艺历史悠久,其中黎族润方言的骨雕首饰工艺水平最高。黎族润方言的骨雕首饰以兽腿骨、肋骨为材料,主要作品有人首骨簪和骨梳等,雕刻工艺复杂。人首骨簪多呈扁平状,类似独柄剑或双柄剑,器宽1.5厘米,高20—50厘米不等。上部雕刻戴高帽的首领形象,下部以层层递增排列的阴刻组成外衣及相关佩饰,并涂黑色,形成白底黑纹效果。骨梳是用兽肋骨组合雕制而成,是黎族骨雕工艺中最复杂的一项雕刻。骨料组合而成梳身、梳齿和梳柄。雕刻技法采用阴刻、钻孔、镂空雕等。黎族美孚方言的男子兽骨雕发簪也很有特色,用兽骨磨制成20厘米长、形似方头尖尾的筷子状,并刻上简单花纹,涂以黑色。

黎族民间雕刻工具主要有火炭、砍刀、尖刀、刻刀、铁锥、斧、锛、锯、凿等。原始的雕刻主要靠刀斧,辅以火炭蚀烧来完成,效率低,近现代先进的金属雕刻工具使效率大幅提高。制作黎族人形骨簪的材料,一般选用牛腿骨,有时也用其他的兽骨,如鹿腿骨。骨簪制作分以下几个步骤:

第一道工序是把选好的骨头放入水中浸泡,使骨髓、残存的肉丝、油脂脱掉,并用清水反复冲洗干净、去味,晒干后用齿形石片或利器(现代人用小钢锯或利凿)按规格将之割成长条形状,接着放在砺石上磨平、磨光滑。

第二道工序是用锋利的凿子或刻刀把人头像及各种花纹图案镂刻在骨条上,这些花纹图案不用预先画模,而是雕刻者根据自己对图案的构思和理解直接刻上去，刻完后涂上一层黑烟或深蓝色的植物（大青叶）浆液，使之浸入刻痕中，再打上蜂蜡固色。

最后一道工序是用摩擦法（抛光）将骨条表面上多余的涂料和蜂蜡磨掉，显露出黑白或蓝白相间的花纹图案，一支精美的骨簪就制成了。

刻制一支骨簪需要5—12天的时间，主要看雕刻者的熟练程度。雕刻是一种技艺含量很高的活，雕刻者要具备一定的艺术造诣和雕刻技艺，同时要细心和有毅力。这也是如今骨簪雕刻难以传承的一个原因。

四、黎族骨簪的文化密码

黎族骨簪是黎族妇女常用的珍贵头饰之一。骨簪造型别致，雕刻精巧，纹样绝美，骨簪所雕刻的花纹不但精美，里面还含有许多文化密码。

黎族骨簪有单人头像和双人头像两种，整簪犹如剑形。一般通长18—25厘米，宽1.5—2.1厘米，厚0.5—0.8厘米。整体造型是由人的头部、身部和脚三部分组成，头部是由人头像和帽（头冠）组成。双人头像骨簪以脖子为界，两侧面人头像与两顶高帽共用一个身部，下段相当于人的脚部，根据曲线的变化分成不同的格，每格雕刻不同的花纹图案。

躯干和四肢分别刻有各种动植物图案和几何纹、水波纹等多种精美的装饰花纹。

骨簪的花纹图案丰富多彩、风格各异，没有两支一模一样的骨簪，这是由于雕刻艺人根据自己的喜好和审美理念来雕刻图案，同时受手工制作的影响，所以不能刻成统一或规范化的图案。骨簪的头冠或身部钻有 3—5 个小孔,穿上小银链和红色的丝穗;小银链上挂有小铃铛和彩色草珠,使骨簪多姿多彩、美观亮丽。

在海南黎族五大方言中,骨簪技艺现今为白沙黎族自治县润方言妇女独有,它是海南黎族传统文化中的特殊现象。黎族青年成婚时,新娘除佩戴耳环、项圈、手镯、脚环等,头上还会排列插戴着十几根发簪,显得古朴典雅、美观大方。

人形骨簪不仅体现了润方言群众浓厚的祖先崇拜意识,是对古代黎族英雄的纪念和崇敬;同时,骨簪中所刻的各种动植物图案,也体现了黎族社会自然崇拜、图腾崇拜等观念。另外,黎族骨簪制成剑形,是对黎族社会曾经存在刀剑器物的一种记忆。所以,一支人形骨簪,不仅仅只是一件装饰品,它还透露出黎族传统文化的一些奥秘,通过对它的深入研究,能很好地探讨黎族社会存在的一些谜团。

黎族骨簪是海南最具代表性的簪饰文化,骨簪中体现的智慧和原生态手工艺,为研究黎族宗教、工艺等历史文化提供了难得的实物素材,特别对于海南国际旅游岛建设中民族文化旅游的探研具有重大意义。

五、黎族骨簪技艺传承

在当今海南省白沙黎族自治县的骨簪技艺传承人队伍中,由于老一代骨簪制作艺人的相继离世,骨簪制作人所剩无几。王启敏是当今唯一的黎族骨簪技艺传承人。

长年从事白沙地区黎族文物普查工作,对润方言传统文化了如指掌,被当地人戏称为海南省白沙黎族自治县民族文化的"活化石"。1998 年 9 月被海南省文化广播体育厅评为"海南省文化工作先进个人";2005年11月被白沙黎族自治县人民政府评为"先进文化工作者";2010年被海南省文化广电出版体育厅评为"海南省第三次全国文物普查先进个人"、第一批海南省级非物质文化遗产民间手工技艺"海南省骨雕技艺"项目艺人、第二批海南省级非物质文化遗产"黎族渡水腰舟制作"传承人;2010年6月被确定为白沙黎族自治县非物质文化遗产项目"黎族骨器制作技艺"和"黎族渡水腰舟制作技艺"代表性传承人。其骨雕作品有:单人骨簪、双人骨簪、骨梳、四叉骨簪、单针形骨簪等。

王启敏的家在白沙黎族自治县城一隅,房子有些老旧,屋子有些昏暗,二楼的一间小屋子便是他的工作室。屋子墙壁上挂着一些动物的骨头,桌子上摆放着一些骨簪成品和半成品,还有雕刻刀具等。

王启敏在白沙黎族自治县博物馆工作,多年来一直从事文物普查工作,正是这份工作让他和骨簪结缘。

1993年的一天,王启敏随国家博物馆工作人员在白沙黎族自治县南开等地开展民族文物普查,他感觉到,白沙南开地区原先制作骨簪制作的民间艺人很多,没曾想才过去几年,南开地区的骨簪制作民间艺人大幅减少。面对黎族骨簪技艺流失的现状,他很是担忧,决心要向老艺人学习制作骨雕的技艺,将其传承下来。

学习骨雕并不是件容易的事,由于骨簪的花纹图案丰富多样、风格各异,花纹图案不能预先画模,而是根据雕刻者对图案的构思和理解直接刻上去,这也是老艺人相继去世、年轻人不能传承这一技艺的重要原因之一。

可贵的是,王启敏从小就喜欢画画和雕刻,在课余他喜欢用铅笔和钢笔在纸上绘画素描,在木板和竹片上用小尖刀雕刻简单的动植物和花草图案,这为他学习骨雕打下了基础。

从 1993 年起，王启敏开始跟 73 岁黎族骨簪老艺人符亚国学习骨雕。在老艺人的精心指导下，他渐渐学会和掌握骨器制作和骨雕技艺。就在王启敏学会这门技艺并开始着迷时，符亚国离开了人世。从此，王启敏靠自己的努力和刻苦，学成了骨簪制作技艺，成为白沙黎族自治县乃至全省唯一掌握骨簪雕刻技艺的人。

人形骨簪是黎族文物中的精品，被定为一级民族文物。当世人渐渐了解黎锦、龙被等珍贵黎族文物时，人形骨簪却仍披着神秘的面纱，世人知之甚少。

黎族骨簪的雕刻技艺通常是父传子，代代相传延续至今。骨簪一般是自制自用的，如供自家的妻子、女儿、媳妇使用，有时也赠送给亲戚好友；有时也作为商品，以物易物，如用来换取生产工具、衣服、耕牛等。此外男青年把骨簪送给心上人作为定情物或纪念物，妇女则将其视为爱情、婚姻的象征，骨簪在白沙润方言群众中有深厚的社会基础。无论是自用或是作为商品，骨簪始终没有改变其作为头饰品的功用。妇女去世后要将骨簪砸碎作为随葬品，这样才能与死者相伴相随，这种丧葬行为使骨簪实物不断减少。

由于骨簪技艺传承多以父子相传为主，极易造成骨簪制作技艺的流失。尤其在当今黎族社会，年轻人不愿学习此门技艺，传承链条发生了断裂。随着一批骨雕老艺人的相继去世，掌握骨簪制作技艺的人日渐稀少。

王启敏凭借自己的聪明才智，勤学苦练、刻苦钻研，逐渐参透了骨簪的文化内涵，雕刻技艺也愈发成熟。他制作的人形骨簪秉承了黎族骨簪的古老性、传统性，已拥有很高的艺术性、观赏性、实用性，社会价值、经济价值、学术研究价值都很高。

六、小结

黎族骨簪是海南省黎族传统又珍贵的头饰品，主要存在于海南黎族润方言、美孚方言和哈方言之中。作为黎族的艺术精品，骨簪不仅造型别致、雕刻精美，更蕴含了丰富的黎族文化密码。它不仅呈现出自身的历史面目和地域性特征，还反映出黎族的审美理想和心理愿望，表现出黎族人独有的个性化审美特征和鲜明的民族文化。

以骨簪为代表的黎族骨雕艺术品是黎族装饰艺术中比较精彩的，其雕刻非常精致，细节完美，是黎族文化内涵丰富的一种表现。骨簪原始工艺和纹样见证了黎族从原始走向现代的过程，它极具艺术价值和文化价值。2005 年，黎族骨簪技艺被列入第一批海南省非物质文化遗产名录，黎族骨簪逐渐被世人所认识。

黎族骨簪艺术作为一种非物质文化遗产，蕴含了黎族人无穷的智慧。通过对黎族骨簪纹样的了解和研究，可从中了解黎族人对生命的认知、对生活的感受以及对自由精神境界的追求。文化需要传承，具备原始艺术的黎族骨簪有着最独特的吸引力。

黎族骨簪以其独特材质、别具一格的纹样以及精湛的工艺闻名于世。骨簪作为海南黎族最具代表性的簪饰文化，有着丰富的文化内涵，给研究黎族宗教、工艺等历史文化的研究者提供了难得的素材，对于探讨海南国际旅游岛建设、建设自由贸易试验区、探索中国特色自由贸易港、建设民族文化旅游有着重大意义。

（作者单位：海南省民族研究所）

关于黎族传统服饰文化中的主体色及其文化意义

高泽强

黎族传统服饰的主体色，也是底色，主要为深蓝色和黑色。而基本色则是包含了主体色本身和红、黄、褐、白等色彩。近年来，随着黎族传统服饰的传承和开发利用，黎族服饰的主体色、基本色的运用越来越受到重视。黎族传统服饰的主体色、基本色及这些色彩的文化意义是什么，现在多数人一知半解，年轻人更不太了解。人们往往把当代具有大红大紫特点的色彩当作黎族传统服饰主体色、基本色，这是对黎族传统服饰的色彩文化知识缺失的缘故。在黎族服饰发展中，可以运用大红大紫，但它们只是属于当代色，而不能说是传统色，更不能把这样的服饰当成黎族的传统服饰。

一、人类对色彩的认识

色彩即颜色，分为无彩色系和有彩色系两大类。无彩色系是指白色、黑色和由白色、黑色调和形成的各种深浅程度的灰色，即所谓的黑白系列。有彩色是指红、橙、黄、绿、青、蓝、紫等颜色。色调指的是色彩的总体倾向，如不同颜色的物体上笼罩着某一种色彩，使不同颜色的物体都带有同一色彩倾向，这样的色彩现象就是色调。

远古时期，在人类学会运用麻布等纤维材料缝制衣物以及用兽皮、羽毛制作衣服后，自然便把所穿的麻衣麻裤和兽皮羽毛衣服加以对比，发现麻衣麻裤舒服很多，但是麻布的色彩只是灰白色，比较单调，没有兽皮羽毛那样漂亮。人类对色彩的认识、对色彩的需求，应该是这样开始的。

我国古代对染料的认识，流传着这样一则民间故事：

在古代，有一对青年夫妻，因受哥嫂的欺负逃出家乡，在一个芦苇荡里搭起草房遮风避雨，并就近种粮糊口，日子过得很艰苦。一天他俩在田里干活，忽然走来两个衣裳破旧的人，一个眉粗眼大，持着个破口袋，一个面目清秀，腰里挂着个宝葫芦，开口就要讨饭吃。这对夫妻二话没说把准备自己吃的两只黄面笼糕给了他们，自己只好饿着肚子。这两人高兴地边吃边唱："我有一棵草，染衣蓝如宝，穿得化化烂，颜色依然好。"边走边撒下许多小草。

冬去春来，这里长满了许多草，锄也锄不掉，夫妻俩觉得奇怪，丈夫忽然想起这草是去年那两个人撒下的，当时听他们唱着说可以染色。于是夫妻俩割下草，沤在两只大缸里。第二天，缸中水变蓝了，但染不上色，心想这下可上了当。没过几天，晚上刮起了大风，刚睡下，门外有人敲门，说要借一宿。这对夫妻便起床开门，点上油灯一看，正是去年讨饭的，看他们可怜就把他们留下来，安排他们睡在大缸上，并铺了玉米秕子和稻草，用刷墙多余的一袋石灰粉垫在草下做枕头。小夫妻安排好，准备去睡觉。这时一个客人说今天他讨了点菜，另一个说他葫芦里还有点酒，说着他们就一起吃喝起来。说来也怪，葫芦里有倒不尽的酒，一会儿他们喝醉了。半夜里他们酒兴发作，把吃的酒菜都吐进缸里，当枕头的石灰袋也滑到缸中。早晨，两个人用木棍一搅，夹起破袋和葫芦就跑了。

夫妻俩起来后发现一缸水变黄了，觉得奇怪，便把白布浸在缸里试染，拿出后，布很快由黄变成蓝色。丈夫便追上那两个人，想问个明白。他们说这种草名叫蓝草，加上适量的石灰和酒就能染色。从此夫妻俩就开起了染坊，生意越做越大。事后他们才知道原来那两个人是染仙——梅福和葛洪①，他们专教穷人染色，使各地的老百姓穿上色牢、美丽的青蓝布衣。

这是我国的一个与染色技术发明相关的传说。

二、黎族常用的传统染料和染色方法

几千年前，黎族祖先在海南岛上采集、渔猎，生活和劳动。当时先民为了迷惑猎物和捕获猎物，用火炭等在躯体上涂绘各种颜色，这大概算是黎族先民对色彩最初的认识。后来随着黎锦的发展，黎族人对色彩的认识就更加深入、更加具体，对色彩的运用也更加娴熟了。"黎锦光辉艳若云"②这样简练又贴切的语句，正是对黎锦色彩，最形象、最到位的注解。

早在新石器时代，黎族先民就已经懂得使用多种植物染料染色。山野里生长的绿叶、绽放的红花以及草条草根等，都是黎族先民选用的染料对象。起初人们只知道把红花、黄花、紫花以及绿叶搓成浆状物用来涂绘，后来逐渐认识到，用水煮、浸渍的办法来提取植

---

① 据史料记载：梅福是西汉末年人，他曾任南昌尉（旧称洪都），祭祀牌位上称"汉洪都尉"。他是安徽寿春人，后弃官求仙，也称"寿春真人"。葛洪是晋时人，因有战功，被封为"关内侯"，所以祭祀牌位上称"晋关内侯葛"，他是有名的道士和炼丹家。这两位被后人奉为染布作坊的"染布缸神"。明清以来，江苏南通、苏州等地染坊同业公所，在梅、葛诞辰日祭祀膜拜。梅、葛二仙的故事虽然只是传说，但也揭示出靛蓝染色化学反应的科学规律。梅、葛二仙发明的用石灰、酒发酵使蓝靛染色的方法，在各地广为传播，后人便将梅、葛二位师傅尊为染布的祖师爷。
② 1890年，晚清安徽绩溪进士程秉钊在其刊行的《琼州杂事诗》中有这样一句。

物染料更加有效果。

　　黎族生活在热带雨林地区，植物染料资源十分丰富。随着染色技术和工艺的提高，人们对植物染料选用的对象从植物的叶、花、果扩大到枝、皮、根块、茎块和籽核等。植物染料除了靛蓝类为人工栽培外，其他大都是野生的。黎族妇女使用的植物染料不仅品种很多，不同地区的人们喜好、习惯也不尽相同，因而对染料的运用有所差别。但有个共同点，即使用的染料多是植物类染料，较少使用矿物类染料。

　　纱线纺好之后，妇女即在腰部系上腰篓，腰篓里装一把柴刀，然后顺着村边的小路朝村外或山上走去。当走到一片蓝草或一棵树前，她会停下脚步，并根据染色的需要摘下几十片叶子，或拿柴刀砍下一两根小树枝，或从一棵大树上劈下一块树皮，或在山涧挖几块黄姜，然后放进腰篓带回家。到家后，把所带回的植物染料捣烂或砍碎，放进陶锅中，加入少量的水，放到土灶上，点起柴火煮。为了加重颜色，可煮久些。然后将纱线放入陶锅中一起煮，并不时地用木棒翻动，直到棉线均匀上色。为增加色度，可多次投入锅中浸染，时间越久，颜色越深，直到自己满意的颜色出现。取出，放在竹竿上晾晒。

　　靛蓝，海南民间多称之为蓝靛、蓝草等，是多种能够制作蓝靛的植物的总称，大概有四五种。这是我国最早被利用的植物染料，也是黎族最常使用的染料。靛蓝染出的织物，色泽以蓝为主，随着染色次数的增加，颜色逐渐加深，呈深蓝色，且色泽饱满、牢固、耐洗，不易脱色。

　　造靛是染色的关键。先采摘蓝草的嫩茎和叶子，后置于缸盆之中，放水浸没，曝晒。几天后蓝草腐烂发酵，当蓝草浸泡液由黄绿色变为蓝黑色时，剔除杂质，兑入一定量的石灰水，沉淀以后，底层留下深蓝色的泥状沉淀物，这便是靛蓝，造靛便完成。然后将水倒出，加入草木灰水和米酒，放置 2—6 天，视其发酵程度来决定时间长短。然后将染物投入缸盆的染液中，浸泡染色，叫作"入染"。后取出，经过拧、拍、揉、扯等，再放入缸盆内，使其浸透，再次取出，挤去水分，晾晒，在常温常压条件下使其进行氧化还原反应。如此经过几次甚至十几次反复浸染、晾晒，直至数日后达到需要的深蓝色效果。最后将被染物放入清水中漂洗，若还不理想，可再次复染，直到满意为止。

黎族常用一种黎语叫作"坑盼"的树皮提取红色。其制作方法是：将树皮剥下晒干，用刀将其切成小块，放进锅里煮 1—2 个小时，再放入少量的石灰，用小木棍搅拌均匀，然后把白纱线或者布料放进锅里搅拌翻染，可反复染色多次，直到纱线和布料变成自己所需的红色为止。

黑色是用一种黎语叫"志奋"的树皮制成。其制作方法是：将树皮剥下晒干，用刀将其切成小块，放入陶锅里煮，水开后再放入 1—2 个芒果核混在一起煮约 1 个小时，黑色染料即可制成。还有一种染法叫"泥埋法"，即将纱线拿到村边的稻田里用泥巴埋 1 个小时左右，边埋边用手揉搓，使其充分上色，后取出清洗、晾晒，这时原来的白色纱线、褐色纱线就神奇地变成乌黑色的纱线了。

黄色一般是用黄姜（人工种植）和黄土混合，捣成浆状，由此制成黄色染料。

绿色是用一种黎语叫"波秋"树的绿色树叶制成。将"波秋"叶采回，捣烂成浆状，放入纱线浸染，就可成为绿色纱线了。

蓝色是用蓝色草制作。蓝色草在黎族地区种类比较多，至少有四五种，其中有一种蓝草黎语叫作"香"，是黎族妇女常用来制作蓝色染料的草。制作方法是：将采摘来的蓝草放进陶罐里，加入一定数量的清水,浸泡3天后,将蓝草取出,放入草木灰和酒,让它发酵2—5天后,放进白棉纱线浸泡2个小时,拿出来反复地拧、拍、揉、扯,反复浸染,直到满意为止,取出来晒干,最后拿到河水中冲洗,蓝色的纱线就出来了。

黎族妇女不仅知道什么植物染什么颜色,而且还能熟练地使用染媒进行染色。使用染媒是染色技术的一大进步,它可扩大色彩的品种,提高色彩的鲜艳程度,复合色大大增多,使染料和织物更加融为一体,不易褪色。

常用来做染媒的染料有芒果核、贝壳灰、草木灰、酒等,起固定颜色、使颜色鲜亮的作用。

几千年来,心灵手巧的黎族妇女在踞腰织机上创造了黎族的织锦文化,同时成为最优秀的天然植物染料"调色师"。

三、黎族传统服饰主体色(基本色)的形成及文化意义

(一)形成

从传统的意义上看,黎族的主体色主要是黑色或深蓝色。这两种色彩之所以成为黎族服饰的主体色和底色,是基于海南岛的自然环境和黎族社会的历史发展所形成的。

第一,在海南岛产生黑色或深蓝色的植物比较多,如"志奋"树、泥土、蓝草等,这些植物都在村旁田边,非常容易找到。

第二,黑色在大自然界中普遍存在,人类的生产生活中容易出现黑色的产物,如火炭、锅底等。

基于以上两个原因,这两种色彩便成为人们日常生活当中常见到、用到的色彩,天长日久,约定俗成,便成了人们普遍认可的主体色、大众色,黎族社会的色彩审美意识应该由此形成。

后来，在黎族服装服饰的发展过程中，黑色和深蓝色便成为主体色、底色，成为黎族最为原生态的朴素的装饰色彩，并且与红、黄、褐、白等色一起，构成黎族色彩文化当中最主要的颜色。但是这些基本色还是与人们一般所理解的色调有点不同，蓝色是指深蓝，不是天蓝、湛蓝，红色是指暗红，不是大红、艳红，白色是指灰白，不是纯白、雪白，如此等等。

（二）文化意义

黎族服饰的多姿多彩，是与千百年来黎族人民对色彩的娴熟运用和精湛的纺织技艺相关的。黎族服饰的传统主体色或底色是黑色和深蓝色，纺织时人们所见的经线色彩就是主体色、底色，若再搭配上各种色彩的纬线，便形成了黎族服饰上所见到的花纹图案。这些色彩和图案，一定程度上承载着黎族历史文化的某些内容、事项，还可以部分替代文字缺失的功能。

在黎族社会中，色彩的含义往往与某种信仰联系在一起，如喜爱、尊崇、敬畏、惧怕等都可以通过颜色来体现。黎族服饰中的各种色彩，往往被人们赋予驱邪祛秽、人畜平安等寓意。

黑色为保护色，是黎族人最为崇尚的颜色。人们身着深色的衣服，就如同得到父母的保护和大地的庇护一样，可让恐惧和不安的心平静下来。所以无论在平日、节日还是在婚丧活动时，黎族妇女都穿着以黑色或深蓝色为底色的上衣、筒裙，人们认为只有如此，才能取得祖宗的认可、获得祖宗保佑。

红色代表血液，血流不止，生命就不会消亡。婴儿也伴随着母亲的鲜血而降临人间。红色也是生命的象征以及种群、部落、民族得以延续的象征，还体现着血缘关系和婚姻制度，凡具有同一个父系血缘关系的人，不论相隔多少代都不能恋爱结婚。另外，也可以体现黎族先民的抗争精神。

黑色、褐色在黎族人眼中与泥土、石头、木头和动物皮毛的颜色最为接近，代表着泥土和田地。任何自然物都是由大地孕育而生，大地为人类提供了一切生产生活的资料来源，因此大地就是黎族人休养生息的家园。

青色、蓝色象征着泥土中生长的禾苗和树木，禾苗越深绿，长势就越旺盛，就越能获得大丰收。黎族妇女通常将底色为蓝色或黑色的长筒裙，用绳子穿过一边，拴上，然后在绳子的另一端绑上挂钩，吊挂在屋子里，当作安放婴儿的摇篮。人们认为这样可以得到黑色的保护，并保佑婴儿能够像青青的禾苗一样茁壮成长。

橙色、黄色是太阳的颜色，表示充足的阳光促进人和万物的生长。成熟的稻穗也是黄色的，因此黄色也象征丰收。黄色和红色相结合能够表现愉悦的情感和勇于追求的力量，反映出黎族人热情活泼、适应环境、勇于开拓的精神。此外，象征着丰收、生命和力量的还有黑色、青色和褐色等。

从上述的分析中，人们是可以从黎族传统服饰色彩图案中读出其中所蕴含的信息密码的，并窥见其在黎族社会中的特殊含义。

色彩和图案作为无声语言和表意具象，其文化含义是随着社会历史的发展和外来文化的影响而增添新的内容的。比如当今的黎族，人们对色彩的认识已经有了新的理解、新的意义，与当今社会的普遍认识基本一致。

（作者单位：海南热带海洋学院）

全域旅游背景下黎锦纹样在文化创意产业中的开发与利用

林毅红

文化创意产业的概念起源于英国。在西方国家,文化创意产业主要包括版权产业、文化产业、休闲产业、体验经济、注意力经济等。世界主要国家和地区对创意产业的理解分为三种:以美国为代表的"版权型",以英国为代表的"创意型",以中、韩为代表的"文化型"。由于信息化与全球化的快速发展,世界经济一体化和区域经济集团化的趋势日益明显。文化创意产业作为一种双赢的战略模式,已经成为企业开展创新合作、整合资源、形成核心凝聚力、提高自身竞争力的重要手段和非常有效的创新组织形式。竞争战略之父迈克尔·波特认为:"基于文化的优势是最根本的、最难以替代和模仿的、最持久的和最核心的竞争优势。"所以,文化是"竞争的最大不动产",文化创意产业成为一个地区的核心竞争力。一个区域要实现又好又快的发展,就必须找准比较优势、打造竞争优势、构筑产业优势,扬长避短、趋利避害。文化创意产业就是这样一种新兴产业、朝阳产业。

海南具有独特的区位优势、自然资源优势,具有国际旅游岛建设以及自贸试验区等政策优势,特别海南提出全域旅游的概念,既能整合旅游资源,又能发挥区域优势,能更好地发展海南旅游业。同时,海南也是一个民族文化浓厚的省份,黎族、苗族传统文化保存完好，民族特色鲜明，是文化创意产业的主要素材来源。

黎族织锦是黎族人经过几千年的不断延续，代代相传且中途没有断层的民族文化精品，既是中华民族优秀文化的代表之一，也是海南文化的象征与文化符号。黎锦具有原始的工艺美、材料美、色彩美以及纹样古朴等特点。黎锦中的纹样造型经过几千年的传承，文化符号保存完整，文化象征意义不断延续，具有神秘、原始和古朴的特点，是进行文创衍生品、旅游纪念品等文化创意产业开发与利用的重要素材来源。黎锦不同类型的纹样代表不同的文化特征和文化内涵，恰当运用黎锦的纹样，不仅能体现海南的特色，还能更好地传承黎锦具有的文化信息和艺术价值，同时使许多传统产业和传统产品焕发新的生机。在进行文化创意设计时，应对黎锦纹样的特点及内涵进行深入挖掘与解读，这样才不至于在文化创意设计中走偏。

一、黎锦纹样特点

（一）黎锦纹样的造型特点

黎锦纹样的造型既神秘、粗犷、质朴、夸张、稚拙、简洁，又表现出成熟、细腻、写实、繁复和庄重之美。在黎锦纹样的审美造型中，常出现相对立的两极审美状态，这种审美的两极既互相对立，又互相依存，形成审美的统一体。

1. 兼具抽象与具象

黎锦纹样大多采用简洁的直线勾勒人物或者动植物的轮廓，较少有写实的曲线造型及细节刻画。同时这些简洁的轮廓具有会意性，能充分表达出人物、动物的动作特点，或叉腰、或舞蹈、或坐或卧，都非常形象生动。抽象的造型并不影响纹样内容的表达，这是黎锦纹样造型最大的特点。抽象艺术与具象艺术是相对而言的，抽象艺术也可称为非具象艺术。抽象是从众多的事物中抽取出共同的、本质性的特征，而舍弃其非本质的特征。要抽象，就必须进行比较，没有比较就无法找到在本质上共同的部分。朱光潜在《形象思维在文艺中的作用和思想性》一文中提到："抽象就是'提炼'，而具象是尽可能忠实于原物，如西方的写实油画都是具象写实的代表。"[1]

图案造型的抽象性在少数民族艺术中比较普遍，许多民族的刺绣、挑花、织锦等，都大量运用抽象几何图案。而黎族织锦图案的抽象性与其他民族相比，则更明显。这可能跟黎族织锦工具有关，黎族织锦工具是最古老的踞腰织机，采取经纬编织法中的通经回纬法，所以大多是用直线、折线表现各种纹样，而刺绣不同，可以随意变换，因此，刺绣有较多弧线造型，黎族织锦中出现的弧线多半是后来添加的刺绣工艺所成。黎锦中也大量出现用刺绣方式来表现抽象的几何纹样，这与苗族等其他民族刺绣有较大区别。黎族的甘工鸟纹就是用抽象的几何图形表现甘工鸟的外形特点，仔细观察，并非采用通经回纬织出来的，而是后来绣上去的。可见，黎族织锦艺术的几何抽象图形并没有完全受工具的限制。抽象几何的规律是一种艺术定律，这样的纹样以抽象几何方式造型，在我国原始彩陶艺术中已大量出现。[2]发端于原始彩陶艺术的几何抽象的艺术特征在后世的民间美术中大量保留下来。民间美术与原始艺术抽象纹样是一脉相承的，它是原始心态与造型观念在民间美术形式中的消化与潜存。

黎锦图案，尤其是妇女的衣裙图案，大多是将生活中各种现象

---

[1] 朱光潜.形象思维在文艺中的作用和思想性.中国社会科学，1980（2）.
[2] 参见左汉中.民间美术造型.长沙：湖南美术出版社，1998：293.

进行抽象化的艺术再创作，而不是完全的写实。现实生活中的劳作、歌舞等形态，经过妇女们的想象和艺术处理后，以直线、折线、点、圆等几何图案得以呈现。

2. 兼具夸张、变形与写实的特点

黎锦纹样大多具有夸张之感，将动物、人物的形态进行夸大，如人形纹强健有力的舞蹈动作，同时在夸大某些局部动作时，又兼具写实，是来源于生活的提炼，使夸大的动作有据可依。夸张与写实是造型艺术最基本也是最常用的手法，二者是一对矛盾共同体。夸张与变形几乎囊括在黎族织锦纹样的各种图案中，是黎锦纹样中运用最多的艺术表现手法。夸张的纹样是有意识地通过超自然的对物体形态的奇特造型来赋予它以神性和灵性，是黎族万物有灵观念的物化。虽然夸张造型起源于原始造型思维，但体现了创作者以表意的目的而创作形象，将有利于表意的局部夸张、强化，把表意不需要的部分弱化或剔除，强调象征与隐喻，如人形纹造型，强调其健硕的四肢变形，形成夸张之美；蛙纹夸张其局部特征，省略次要部位，使其神满力足、灵气活现。

图案的变形夸张处理体现了黎锦在人与自然关系上，具有明显的中国传统文化关于人与自然和谐相处、天人合一的特点。受这种哲学观念的影响，黎锦图案的抽象性显示了黎族人民非凡的艺术创造力和想象力，其所产生的艺术感染力证明其有较高的艺术审美价值。

在没有文字记录的情况下，黎锦纹样成为黎族记录本民族文化的方式之一。黎族人民将生活中所见的人、动植物、生产工具、社会活动等形象地编织在经纬线之中，并用多样的色彩丰富其形象。因此，在夸张的集合图案中，反映出的却是极其写实的内容，如"婚礼图""丰收图""牧归图""狩猎图""人勤牧兴图"等，积累了浓厚的社会文化因素，忠实地记录了独特的民族风貌。

除纹样内容写实外，纹样中也不乏造型写实，如龙被中的蛟龙造型，张牙舞爪，腾空而起，活灵活现，十分写实，与汉族的龙纹无二。但这不是黎锦纹样的主流，只是单独存在于龙被造型中，五大方言区的服饰纹样中的龙纹很少出现这样的造型。

3. 兼具简洁与繁复

黎族织锦纹样的简洁不是简单、单调；造型中的繁复，也不是繁缛和庞杂。纹样造型的繁复是对复杂的生活现象加以提炼，并简化处理；是从五彩缤纷的世界中揭示事物的本质，是审美主体对客观世界的领悟，渗透着创作者对现实的审美判断。如鹿纹、鸟纹等主体纹样，均采用简洁的造型，生动刻画动物的形态，在主体图案周围则是繁复的植物、几何纹样造型，形成鲜明的多与少、满与空、疏与密的对比，使简洁与繁复有机糅合，水乳交融，相映成趣，达到高超的视觉艺术效果。

（二）黎锦纹样色彩的特点

1. 色彩单纯饱和

黎锦的艺术魅力主要体现在各种织物对图案及色彩的艺术处理上。在色彩的搭配上，因受色料采撷制作的局限，黎锦的色调较为单纯，但并不呆板。织造者通过别出心裁的设计，采用黑、红、黄、白等原色，而很少使用灰色，这样使得色彩饱和度极高，对比鲜明，体现出强烈的民族艺术特色。这种独特设计和单纯饱和色彩的运用，符合人们审美中对简约之美的视觉要求。

黎锦色彩之所以单纯饱和，是因为其染料是纯天然的，染色工艺是纯手工的，很少经过化合配色。染，是织锦上色工艺的重要步骤。黎族织锦所用的色线，大多是将麻、棉纱线等放入野生或人工种植的植物制成的颜料之中染制而成。这些染料色彩鲜艳而且不易褪色，所制成的黎锦精细、轻软、耐用。

2. 色彩具有象征与隐喻性

黎族织锦的色彩既鲜艳华丽，又不失质朴浑厚的美感。其基本色调为红、黄、绿、黑、白。黑色是黎族织锦众多色彩中最常用的颜色。黑色有丰富的寓意，象征着庄重、吉祥，并且能够驱邪除妖。红色在黎族人的观念中被称为仙人之色，代表着尊严、权贵，也能驱魔挡鬼。黎族人很喜欢红色，黎族大多数的织花筒裙和彩绣都采用了红色。黄色是山栏稻的颜色，也是丰收的颜色，同时也是财富的标志。另外，黎族认为龙是祥和的象征，而龙的颜色也是黄色，理所当然黄色也被认为是吉祥、富贵的标志。因此，黄色是妇女织绣筒裙的主色之一。

3. 色彩对比与调和之美

黎锦用色讲究色彩的浓淡对比，和谐大方，富有高层次的审美趣味。

色彩对比与调和之美主要体现在色彩搭配上。首先，纹样色彩搭配均遵循民间约定俗成的习惯。黎族妇女有自己崇尚和喜爱的色调，在纺织时将各种颜色的纺线按照民间约定俗成的标准进行搭配，形成对比。黎族织锦通常以深蓝和黑色为主色调，习惯在黑色和深蓝色的布面上搭配红、白、黄等色彩，形成冷色与暖色的对比、深色与浅色的对比。如织造单面龙被时，她们习惯在白色布面上搭配深蓝和黑色。而大被、"瓦皖"裙等以及和宗教、丧葬活动有关的织物的色彩则以棕色为主色调，间或配以金黄色和白色作边饰。据说只有这类织物才能搭配这种色调，因为这种色调具有庄严、权威的效力。从配色的技巧看，黎族织锦讲究在对比中寻求色彩的调和。黎族妇女在纺织时，其图纹配色通常早已胸有成竹，绝不在纺织前先画底稿,而是根据图纹色调需要,通过经纬线形成的对角线,用各种颜色的纬线横向穿插经线,上下交替形成织口,经过多次穿插,搭配多种颜色进行过度,弱化主色调的高纯度对比,以达到色彩斑斓的效果。

其次,在纹样的选择与色彩的搭配上,严格遵守统一对称的原则。黎锦纹样种类繁多而复杂,但不同的织锦种类,在图案和色彩的搭配上都采用了严格的对称原则,必须做到什么种类的织锦选择什么类型的纹样和色彩,其纹样和色彩都必须是统一对称的。如四联幅的单面龙被,其每一联幅的纹样和色彩都是统一对称的,不能掺杂其他纹样和色彩。而对于筒裙上的纹样和色彩的搭配要求则更为严格。一条四幅段缀合而成的筒裙,其每一幅段的纹样和色彩是统一对称的,在每一幅段所制造的纹样,布局虽然大同小异,但构思十分精巧,各种纹样的组合、纹样之间的装饰、每组纹样的衔接均严格遵守统一对称原则。

黎族织锦纹样其色彩的搭配效果独到,具有黎族独特的审美意识和审美情趣,体现了黎族妇女对艺术法则的理解,她们不仅能根据视觉和审美习惯来处理颜色的选择与搭配,并能恰当地处理繁复与简约的关系,表现了黎族妇女的聪明才智。

二、黎锦纹样在文化创意产业中的开发与利用途径

(一)黎锦在休闲旅游文化中的开发与利用

"国际旅游岛"的定位让海南成为世人瞩目的度假、休闲胜地,海南乡村旅游、森林旅游、邮轮旅游等旅游新业态,使海南的旅游更加丰富多彩。海南岛作为中国唯一的热带滨海地区,有着其他地方无法比拟的自然环境。目前,海南旅游过于注重自然环境和房地

产的开发利用，而自然资源旅游的发展日趋饱和，需要创新、需要多方位发展，加大对民族文化的旅游开发正当时。

要在休闲旅游中植入黎锦文化元素，可以从旅游景点文化创意衍生品的开发、旅游目的地品牌文化、旅游地商业购物空间以及互动体验项目这四个方面体现黎锦文化元素。创意性的旅游衍生品，能提升旅游购物的体验，增加所在地旅游收入。黎锦创意衍生品具有民族特色鲜明、文化内涵深厚、易于携带、价格适中的特点，是旅游者青睐的旅游纪念品。根据笔者在槟榔谷旅游景区的调查，海南黎锦创意产品开发目前存在两种情况：一种是走高端路子，利用黎锦工艺开发出的黎锦围巾、黎锦服饰，价格昂贵，但日常使用价值低、销售情况不佳；另一种是开发的价格低廉的小纪念品，如黎锦手提包、手机袋、小钱包、帽子等产品，做工粗糙、设计缺乏创意，同质化严重，即使价格低廉，游客购买兴致也不高。笔者曾在日本旅游景点考察，发现日本的旅游创意产品不仅种类丰富、制作精良，还依据民族特点进行二次创意设计，且有一定实用价值，小巧玲珑，易于游客携带，如富士山冰箱贴、浮世绘扇子、武士扇、歌舞伎十八番、战国武将等工艺品。旅游景点的文化品牌主要通过文创产品的销售来推广，实现零成本推广，输出黎锦文化。将黎锦纹样造型与色彩设计在旅游购物中心的商业空间进行展示，营造民族文化氛围，为游客提供有吸引力的特色购物空间，也是文化创意的一个方面。互动体验项目在旅游景点运用已经比较普遍了，如将少数民族非遗项目植入景区，通过游客观看、体验、欣赏，达到经济效益与文化传承的双重目的。槟榔谷在这个方面做得比较突出，会织锦的老年阿婆定时定点来景区上班，和游客拍照合影，解答游客对织锦的提问。

（二）黎锦在特色小镇建设中的开发与利用

特色小镇，2014年在杭州云栖小镇首次被提及，是在块状经济和县域经济基础上发展而来的创新经济模式，主要是为了彰显小镇的产业特色、人文底蕴，引领区域创新发展。黎锦是黎族文化的代表和符号，布局黎锦小镇可以成为海南休闲文化的重要特色，特别是在房地产泛滥和过度开发的情况下，文化内涵的挖掘越来越重要。特色小镇并不是传统意义上的行政区域与行政单元，它是以特色产业与特色文化为核心点、以创新为发展因子、多种其他经济元素并存、相互共生发展的一种新的经济形态。特色小镇不是一个似是而非的大杂烩，而是一个在特色点、产业链、消费模式、生态环境、功能价值等多方面有着清晰定位的产业集合范畴。

海南特色小镇应遵循文化保护为先，以生态保护为底线，依托支柱产业和特色产业。黎锦文化可以作为特色产业来支撑特色小镇的建设，因为特色小镇建设不能没有魂，文化就是特色小镇建设的魂。历史积淀、民间文化是丰富的可挖掘资源，开发利用乡土资源，让特色小镇散发出独特的魅力。以文化为魂，让文化内涵成为特色小镇的落脚点和归宿点。

黎锦在原产地生产、加工、销售、展示，是一个很好的产业，但需要一定的扶持。借鉴我国东部沿海特色小镇的经验，应从以下几个方面着手。首先，以黎锦为产业的支撑，建立一批黎锦小镇，进一步展示其民族文化特色，使文化旅游进一步完善，形成新的旅游业态。织锦小镇的布局应遵循原产地的原则，禁止移植和迁移，防止水土不服和随意嫁接，使黎锦文化变味。如五指山主要是杞黎文化区，可以开发杞黎织锦小镇；开发乐东千家镇哈黎织锦小镇、白沙双面绣小镇、昌江七叉绲染小镇等特色小镇。织锦小镇通过项目开发和产业的发展，带动黎锦的开发利用。特色小镇的建设和民族文化艺术乡有一定的区别。设立民族艺术乡的目的和初衷是为了保护和传承该地的少数民族文化，对经济利益并不看重，而特色小镇需要以产业支撑发展，经济效益成为特色小镇发展的动力。

（三）黎锦在博物馆文创产品中的开发与利用

文化企业和文物机构开发文化创意产品是国际趋势。发达国家博物馆、美术馆等文化文物单位开发文化创意产品有上百年历史，有较为成熟的经验可供借鉴；我国故宫博物院等文化文物单位也有成功的探索。博物馆文化创意产品的开发一般采取多种方式，有自主开发，也有与社会力量合作的形式。文化文物单位与社会力量深度合作，建立优势互补、互利共赢的合作机制是目前的趋势。博物馆文创产品的开发和旅游景点开发的主体以及受众不同，博物馆的主体是文物保护机构，文创产品主要针对到博物馆参观的游客和观众，而旅游景点的主体是企业，纪念品主要针对游客。博物馆文创产品开发的资金灵活多样，可以是众创、众包、众扶、众筹，也可以是自筹。目前博物馆文创产品以创新创意为动力，以文化创意设计企业为主体开发文化创意产品。博物馆文创的核心是挖掘博物馆馆藏文化资源来开发文化创意产品。

黎锦文创产品在海南虽然经历了很长时间，但开发水平和规模仍有待提升，如海南省博物馆、海南省民族博物馆均有一定的文创产品开发，社会企业机构如黎锦坊、达达艺术工作室也开发了黎锦旅游纪念品。但总体来说，仍处于文创产品开发的初级阶段，需要从创意设计、产品制作、销售渠道、市场等方面下工夫，在信息化时代，借助互联网＋传统文化，可以通过创新与创意，生产出适合现代人喜欢的文创产品。

黎锦纹样具有符号化特征，其造型、色彩具有浓厚的海岛特色，将黎锦纹样符号直接运用于博物馆文创产品，是目前文创产品开发最直接、最简单的运用方式。它是将符号贴牌、印、刻、描在文创产品中，如书签、杯子、直尺等日常生活产品。但这种方式简单直接，缺乏二次创意设计，也缺乏对纹样的理解与挖掘，因此这种直接运用是文创产品的初级运用。

博物馆文创产品的深度开发包括借形、借意的二次设计，以及脱离本体的深度创造，这种创意方法是较为高级的文化创意开发，是文创产品深度运用文化符号的方式之一，需要对所提取的纹样的特点与内涵有透彻的研究和理解。

脱离本体的深度创造是文化创意的高级阶段，如故宫的萌化和幽默化创意设计，是目前博物馆文创的方向与趋势。萌化的衍生产品基本脱离了原有纹样的基本形态，是在保留原有文化符号内涵的前提下，将原纹样进行二次转化，以契合现代人的生活情趣和审美需求的一种方式，是博物馆文创衍生品的创造力和生命力所在。这里，并不是忽略或抛弃原有文化元素的价值，而是对原有元素进行改造和转化，是对原有文化元素的利用与创新，使传统文化与现代生活相结合，是文化发展与文化产业的需要，与文化的保护并不矛盾。同时，萌化系列要把握一个度，即不能过度娱乐化和低俗化，需要经过精心选择和提取，选择的形象或者内涵需具有一定的反差，才能制造出萌化的奇特反差效果，否则就是东施效颦、得不偿失。

传统黎锦是海南省博物馆和海南省民族博物馆主要藏品之一，采取授权与企业合作的方式，即博物馆授权企业使用博物馆馆藏黎锦文物纹样进行开发设计，在商业销售中合理分成。在设计文创产品的过程中，企业的设计者应学习故宫的文创产品开发，将黎锦纹样进行创新性转化，不一定照搬、照抄故宫的"萌化""幽默化"转化，要有自己的设计特点，以适合现代人的生活需求。运用现代技术为产品提供全新的形态，从而加深人们对商品的兴趣程度，达到促进消费的目的。比如可利用黎锦图案和纹样生产眼罩、靠枕、颈枕、胶带、文具等价格实惠、实用性强、易于携带的博物馆文创产品。

三、关于黎锦在文化创意产业中开发与利用的思考

（一）黎锦应找准产业定位，有序有度地发展

黎锦作为文化创意的重要创作素材，并不具有万能性，也就是说，黎锦并不一定在所有文化产业中都能发挥作用，需要找准自身定位和适合发展的产业，才能激发黎锦真正的文化原生力量。黎锦属于传统手工艺品，可以在旅游纪念品、旅游购物空间、博物馆文创产品以及特色小镇的特色民族工艺产业方面具有一定的优势，在演艺业、出版业、动漫产业领域，只能作为附加元素植入，无论是产业链、产业群都难以形成支撑产业。此外，黎锦作为海南原生文化产品，应有序、合理、有限度地开发利用，滥用反而事与愿违；物以稀为贵、物以精为贵，只有适度开发、制作精良，才能发挥作用。另外，为了保护而杜绝开发的做法，也是要摒弃的，资源只有在不断传承和发展中才能焕发生机，依托产业可创造经济价值，获得合理收益，也能传播民族文化。

（二）黎锦文化创意产业应以传承文化为原点

文化创意产业虽然以高附加值、高融合度、高影响力、高增速等特征成为引领产业创新和升级的重要力量，也是区域经济收入的支柱性行业。文创产业的外延广阔，然而作为一种新型的产业链与商业形态，应保持文创的核心是文化、文创的灵魂是创意、文创的

生命是创新。文化创意产业具有高内容属性、高不确定性、高资本风险、非标准化等行业特征，这对优秀的文创产业管理者提出了更高层次的要求和挑战——不仅要从产业高度理解行业与商业模式的特殊性，更要具备文化自信高度和文化自觉的深度，进行资源整合，把文化的保护与传承作为创新的前提和原点，任何扭曲、歪曲黎锦的传统内核，为了商业利益低俗解读文化内涵，造成文化的失真与变味都是应该摒弃的。理解文化的内涵，需要创意设计者充分研读和分析黎锦文化，在此基础上进行二次创新，文创始于内容，却不止于内容，注重体验，又超越体验，只有深入学习和了解黎锦文化的内涵，才能设计出彰显民族特色的创意商品。

（三）创意设计者应与黎锦传承人加强合作

创意设计者，严格来说，应属于创新设计者，而黎锦传承人是传统文化的守护者和传承者，其目的是保留传统文化基因不变异、保存传统文化的文脉。表面上看，二者并无交集。实际这两类人才是相辅相成的。文化创意产业的设计者应该向黎锦传承人学习和借鉴，学习他们的创作思路，学习他们织造的方法和经验，学习最原真的元素。而黎锦传承人也应开阔视野，学习黎锦构成的基本知识，在保留传统的基础上有新的创造，使文化不断延续；因为文化本身具有动态性，不是一成不变的，只有不断学习，融合当今审美情趣与审美需求，才能继续延续文脉。个人的创造力与素养是整个文化创意产业链条的基础，文化创意产业对社会舆论环境、政策的支持、人才都有依赖，只有在一个鼓励创新、包容个性的宽松的社会舆论环境中，才能不断推动创意产业的发展。文化产业属于创意产业，它高度依赖文化的创新意识，对文化创造力和创造型人才有更迫切的需求。因此如果想改变海南目前文化创意产业的初级阶段现状，一定要解放人的创造力，营造鼓励创新的宽松的社会环境，鼓励文化生活的多元化，要出台一系列相关的配套政策以奖励优秀的文化创意产品。

　　文化创意产业对传承民族文化，提高人民群众精神生活品质、文化生活品质、社会生活品质、环境生活品质，都具有独特的不可替代的作用；同时，也能不断和当今社会对接与融合，获得经济效益，造福当代。

（作者单位：中南民族大学民族学博物馆）

浅议黎锦和黎族文化

陆青映

黎锦，顾名思义，就是黎族人民所生产的一种织锦。黎锦精巧绚丽，历史悠久，有着中国纺织"活化石"的美誉。黎锦文化之于黎族，如同布洛陀文化之于壮族，是一部反映黎族历史文化的"文献"。

一、黎锦的历史

黎锦古称"吉贝布""崖州被"或"棉布"，是海南岛上黎族的民间织锦。黎锦早在春秋时期就已经盛行，至今，已逾三千年历史，可谓中国历史上最早的棉纺织品。宋代范成大的《桂海虞衡志·志蛮·黎》有载："女工纺织得中国彩帛，拆取色丝和吉贝织花。所谓黎锦、黎单及鞍搭之类，精粗有差。"清代屈大均的《广东新语·货语·锦布》亦有载："其出于琼者，或以吴绫越锦，拆取色丝，间以鹅氄之绵，织成人物花鸟诗词，名曰黎锦。浓丽可爱，白者为幛，杂色者为被，曰黎单。"

黎锦精巧绚丽，且轻软耐用，曾有人形容："黎锦光辉艳若云"。春秋时期开始盛行的黎锦，到了宋代，已经远销内陆。对此有范成大《桂海虞衡志》中"桂林人悉买以为卧具"的记载为证。由此可知黎锦在当时的桂林，可谓畅销，而这也从另一方面印证了黎锦的精良耐用深得人心。当然，从范成大的这一记载中还可以知道，至少在宋代以前,黎族的棉纺织工艺技术是领先于中原的,以至于在黎锦远销至桂林时,人们争相购买,用作卧具。换句话来讲,也就是在我国历史上至少在春秋至宋代这一段时期,黎族就已经形成了系统且成熟的、极具本民族特色的棉纺织文化。两汉时期,黎锦便作为名贵贡品进贡朝廷,说明了这一织锦技艺当时已至精湛纯熟。这是黎族人民在社会历史实践中创造出来的财富,也是黎族历史文明的一个标志;透过这个标志可知在春秋至宋代这段历史中黎族人民的生产生活情况,了解到黎族人民的自然风物和文化习俗。

宋末元初,是黎锦以及黎锦织造工艺迅速延伸发展的一个关键时期。在这一时期,出生于松江府乌泥泾镇(今上海市徐汇区华泾镇)的被后世誉为中国纺织业始祖的黄道婆,因受封建家庭压迫而出逃,流落崖州,也就是今天的海南岛。在流落海南岛的这段时间,黄道婆与黎族人民同吃同住,并师从黎族妇女,学会运用制棉工具以及织崖州被,掌握了织黎锦的方法。此后,随着植棉业在内地的大范围普及,黄道婆在返回故乡后,对黎族的织造技术加以改进,迅速推动了长江下游地区棉纺织业的发展,从而掀起了那场持续数百年之久的被学者称为的"棉花革命"。这是黎锦正式打开内陆市场并畅销内陆的一个重要契机,也是海南黎族织锦技术的一次延伸发展,而这个契机和发展所带来的结果就是,黎锦声名远播,棉织品日渐取代麻织品而成为生活必需品。

由此,我们可知,中国内地的棉纺织业,包括纺纱、纺棉、织布等,在很大程度上承袭了黎族织锦的纺织技术,并在此基础上造就了中国内地的纺织文明。

黎族没有文字,民族的历史文化、习俗信仰等,无法以文字的形式加以记载、传承。但是,智慧的黎族人民把自己的思想、历史、文化等融进黎锦中,使黎锦某种程度上成为记录和传承黎族文化的载体,成为研究黎族文化的活态的参考。

二、黎锦之于黎族历史文化的重要性

黎锦,是黎族人民智慧的结晶,它可被看作是黎族历史文化的一个缩影,同时黎锦也"代表了黎族一代又一代积淀下来的信仰、知识和智慧,是黎族民族特性的标志"①。从黎锦图案上,我们可以了解黎族人民的生产生活方式、习俗以及信仰等。透过黎锦探讨黎族的历史文化,笔者认为,可从黎锦的图案入手。

(一)从黎锦的动物纹、植物纹看黎族生活的自然环境

在探讨黎锦的动物纹、植物纹及黎族生活和自然的关系之前,先来简单了解一下黎锦图案的分类情况。据资料显示,黎锦图案一是反映在妇女服饰上的各种花纹图案,一是反映在龙被、壁挂等工艺品上。总的来讲,黎锦的图案纹样有六种:人形纹、动物纹、植物纹、生产工具纹、几何纹以及由汉字组成的花纹。

黎锦图案是黎族妇女在长期的社会生活实践中创造出来的艺术图案,它们源于自然、源于生活,又以夸张的艺术手法,形象鲜明地反映了黎族人民对自然和生活的热爱。这种鲜明的反映,最为典型的则体现在黎锦的动物纹和植物纹上。"据考证,黎族各地区织锦的图案纹样,是根据其生活环境、地理条件等自然形象,加工变形制作而成的,例如在深山地区的妇女,多喜欢用生长在林中的水鹿(海南鹿)、鸟和其他野兽,以及花丛间的彩蝶、蜜蜂,土地上的爬虫,天边的木棉花、泥嫩花、龙骨花、灯树木、花卉作为图案

---

① 唐玲玲,周伟民. 黎锦,黎族历史的华美表达. 中国社会科学报,2013.

摹本；平原地区的妇女则喜欢以江河中的游鱼、溪边的虾、河畔中的青蛙和田间里的鹭鸶等动物作为织锦图案素材。"①

由此可以看出，黎族妇女创造黎锦的素材，就是来源于自然并且深受其所处的自然环境影响。居住在深山中，则以深山里常见的动植物作为图案的摹本，而居住在平原地区，图案则多表现为平原地区常见的动植物形象。可谓就地取材，再通过丰富的想象力，对素材进行再次创造；通过夸张与变形，将自然的物象反映在黎锦上。通过解读黎锦上的这些图案，即可初步了解黎族的自然风物、生活环境。这是黎锦图案对黎族所处自然环境的一种体现。

（二）黎锦图案和黎族方言

众所周知，图像是先于文字产生的。在原始时期，文字未产生之前，人类掌握语言后，人们在劳动生产过程中不断积累经验，于是大致便有了实物指示记事法和图画记事法。这图画记事法，就是原始的"图画文字"，也就是说，在原始时期，语言被人类掌握之后，随着生产的发展和生活经验的日益积累，图画就作为一种符号用以记录事物、事件等，换句话来讲，就是这个时候的图画，具有语言符号的性质。② 这一性质最突出的体现，就是远古时期用于记事的与图画十分相像的形象记录系统，如纳西族的东巴经、广西崇左市宁明县的花山壁画等。黎锦图案显然也是具备语言符号这一性质的。

从某种意义上说，黎锦服饰上的图案就是海南岛上黎族族群区分各方言的标识符号。它可被看作是黎族族群不同方言区之间交流

---

① 王学萍.中国黎族.北京：民族出版社，2004.
② 参见考叶蜚声，徐通锵.语言学纲要.北京：北京大学出版社，1997.

的媒介，用以区分黎族各方言以及方言内部不同土语。"由于各方言受环境、生活习俗、文化、经济和教育等方面因素的影响，各方言的织锦图案不同程度地反映出社会生产、文化生活、爱情婚姻、宗教信仰的活动以及传说中的吉祥物或美好形象等。妇女始终是把人的活动以及动物、植物、自然景物和人们心目中较为定型化的物象作为织锦图案的主题，由此形成织锦图案的艺术特点。"①

例如，在哈方言区，妇女服饰上的织锦图案多以人形纹和动物纹为主，辅以植物纹和生产工具纹等。这是整个哈方言区织锦图案的特点。而在哈方言聚居区，在不同的土语区，其织锦的图案亦有所区别，如分布在怀抱一带的"三星黎"，其服饰织锦的特点是以几何纹样来表现各种形象；聚居在抱由、尖峰等乡镇的"四星黎"，其服饰上则多绣花枝纹，或者是用人形纹绣出菱形的连续式的几何花纹；陵水和三亚等地区的黎锦，则是在以黑色为底的筒裙上织花色图案，配以几何形的人物纹。由此不难看出，在黎族哈方言中，不同的土语区其织锦纹饰特点各不相同，这些各异的织锦图案可作为区分哈方言区各土语的标志。

黎族不同的方言之间，其织锦图案则更为独特，差异也更加明显。

例如杞方言区，其织锦以刺绣工艺为特色，图案主要以平视体的组织形式表现，特点是夸张变形，构图大胆而复杂，色彩多样绚丽，纹样多为植物纹。常见的有木棉图样、竹子图样等，亦有动物纹，如螃蟹纹等。并且，杞方言区的妇女多会在花纹图案上加以人的形态，比如舞蹈、生产、生活、婚嫁场面等，以此来表示岁岁平

---

① 王学萍. 中国黎族. 北京：民族出版社，2004.

安、人丁兴旺，寄托其美好的情感和愿景。

又如润方言区，其织锦则是独有的一种刺绣织品——双面绣。所谓双面绣，就是织布两面都绣有花纹，并且两面的花纹一模一样，精致艳丽而又古朴自然，可与双面苏绣相媲美。润方言织锦的刺绣花纹图样丰富，主要以人形纹、龙纹以及鸽纹为主，辅以其他动物纹、植物纹以及花卉纹。除了图案丰富多彩之外，润方言织锦色调和谐，对比鲜明，给人以强烈而丰富的视觉感受。另外，润方言区妇女服饰上常出现有龙纹图案，说明黎族把龙当作图腾加以崇拜。通过黎锦上的这些龙纹图案，即可进一步了解流传于黎族民间的神话传说，了解黎族的信仰等，这是黎锦记载黎族文化的又一体现。

再如赛方言区，其织锦图案以编织工艺为特点，图案多以人形纹和青蛙纹为主，同时还会嵌入云母片、河蚌壳以及羽毛等作为装饰，以此来表示平安、吉祥。此外，个别地区的织锦也有米粒纹、藤子纹和波浪纹等。

美孚方言区的织锦则以扎染图案为主，并且扎染图案主要集中在筒裙上，整条筒裙除了裙花以外，全都是扎染图案。纹样以波浪纹、水波纹、曲线纹居多，其次是人形纹、鹿纹、蜜蜂纹、鸟纹和汉字花纹等。

许多文字起源于图画。反映黎族生产生活的黎锦，其图案具有语言符号的性质。换句话说，黎锦的图案在一定程度上具有语言文字的功能，这一点在上述黎族各方言区的织锦图案表现上体现充分。

（三）黎锦图案反映黎族民间信仰

上文提到，黎族润方言区妇女服饰上的织锦图案以人形纹、龙纹为主。这说明，龙是作为黎族图腾而受到崇拜的。龙在黎族民间广受传颂。在黎族民间传说中，龙不仅能呼风唤雨，还正直、善良、热爱人间生活。关于黎族文化中的龙，王学萍在其主编的《黎族传统文化》一书中提到："龙，黎语叫'党'，它居在深深的水中，不易被人眼看见，是美丽的动物，有'党'就有水，有水天不旱，庄家就能有好收成，故受黎人崇拜。"[①]同润方言中的龙纹一样，赛方言区妇女服饰上的青蛙纹，亦是如此。青蛙在黎族民间同龙一样被当作图腾加以崇拜。在黎族人眼中，青蛙有着极强的生育能力，因此，在他们的传统观念里，青蛙用以表示母爱；除此之外，青蛙还承载着黎族人祈盼风调雨顺、五谷丰登的美好愿望。除了龙纹、青蛙纹，同样有着美好寓意的还有鹿纹、蝙蝠纹等。这些动物纹样，在黎族人心中代表着吉祥、幸福，而这些代表着吉祥幸福的动物形象，在黎族的民间传说中，都是善良和美好的象征。

因此不难发现，黎锦图案与黎族民间文化之间具有密切关系，它是黎族民间文化形象化、具体化的体现，也是黎族文化一种生动、活态的见证和传承。

三、小结

黎锦是古老的棉纺织品，堪称中国纺织史上的"活化石"。它反映了黎族深厚的历史文化，向世人展示了黎族人的日常生活场景、生活方式、生存环境、文化习俗及精神世界。可以说，黎锦也是一种历史遗存，是黎族文化的缩影。透过黎锦及其发展过程，可以清晰地认识到黎族织锦工艺乃至整个中国纺织业的发展状况。

---

① 王学萍.黎族传统文化.北京：新华出版社，2001.

它是世人了解黎族文化的"典籍",具有极高的艺术价值和研究价值;它的存在,对于研究、保护和传承黎族文化具有极其重大的意义。

(作者单位:广西田阳县布洛陀文化研究会办公室)

试论黎锦植物染色的原料和药用价值

王秀蓉

学习织造黎锦,曾是每个黎族妇女一生的必修课。几千年来,黎族妇女以言传身教的方式向她们的女儿传授纺染织绣技艺,利用植物染色,是黎族妇女很早就学会的一种技能。至今,黎族人民仍然使用多种植物进行染色,可染出红、黄、蓝、黑、褐、绿、紫等颜色。黎族植染还有有关禁忌的传说,村民们认为植物染料是非常有灵性的,说是在制染料和染色过程中孕妇或坐月子的女人和从丧事地方回来的人是不能靠近和看见的,否则就失灵,要么颜色煮不出来,要么会在织锦的过程中发生不好的事,无法把锦织好。另外在晒染好色的棉线时,必须要阳光充足,如果是阴天或下雨,那么染出的棉线色泽就暗淡不好看,好在村民们都有了如何化解这些不利的事情的办法。

一、黎锦历史回顾

黎锦以棉麻为主要原料,集纺纱、染色、织造、刺绣技艺为一体,是黎族世代传承的华美织品;其棉织品古时被称为"吉贝布""吉布",或"吉贝"。据文献记载,商周时期,海南先民已能织造棉布;秦汉时期,黎族棉纺织品已形成一定规模,这时生产的"广幅布"颇具盛名;唐宋时期,海南棉纺织技术日益精湛,特别是纺织工具的革新使生产棉布的质量大大提高,这时期,有了大量颜色鲜明的"黎幕""黎单""鞍塔"等棉纺产品，这些产品深受人们的喜爱；到了元代，从松江乌泥泾（今上海徐汇区）来海南的黄道婆向黎族妇女学习了先进的棉纺织技术，并对之大胆革新，然后推广到中原，很大程度上提高了我国棉纺织工艺的水平。黎锦的织造工艺到明代达到了更高水准；清代，其发展进入鼎盛时期。进入20世纪初，由于受到工业文明的冲击，传统手工业开始衰落，黎锦织造业受到了很大的影响，纺织工业产品逐步取代了从前必须由黎族妇女亲手完成的衣饰等必需品，学习黎锦传统技艺的人越来越少；到20世纪中叶，黎锦技艺已处于濒危状态。

另外还有海南东方市的美孚黎絣染黎锦工艺，是我国独一无二的一项古老的棉纺织技艺。唐宋时期，上贡到朝廷贡品中的"盘班布""棋盘布""青盘皮单"等，便是絣染工艺织物。宋代苏东坡在《峻灵王庙记》中提到"结花黎"，"结花"指的就是黎锦絣染工艺，它的工艺流程是先扎花（指图案）染线、后织布的一个过程。此类织物是现在国际上流行的特种高级面料。

黎锦是人类织造史上的"活化石"，其植物染色技术和图案艺术是非常宝贵的人类文化遗产。为了保护和传承黎族传统纺染织绣技艺，2006年国务院将黎族传统纺染织绣技艺列入国家非物质文化遗产代表名录；2009年10月，联合国教科文组织将该项目列入首批急需保护的非物质文化遗产名录。

二、黎族植物染料的分类及产地

黎族使用的植物染料种类繁多，在生活环境中随处可见，随手可摘。目前已知的染制效果较理想的染料有黄姜（黎语音cai ye）、野板栗树皮（黎语音fai）、谷木树叶（黎语音wei）、假蓝靛（黎语音 bo fao）、苏木（黎语音顶）、落葵（黎语音 cum）、乌墨树（黎语音"者逢"或"者朋"）、降真香母体树藤（黎语音 niao sun）、大叶蓝草（黎语音 bo fao）、山蓝（板蓝根）、黄连（黎语音 niao ye）、黄金刺木（黎语音 zhe pang）等。

年长的村民都非常熟悉植物染料的生长地。有些染料，房前屋后、菜地就有，例如假蓝靛、黄姜和山蓝（板蓝根），在家里的菜地就可种植，容易成活；有些则需要上山寻找，如苏木和野板栗树皮、谷木树叶和降真香母体树藤，需要到野外的山上寻找。

三、黎族植物染料及制作工艺和使用方法

黄姜 是染柠檬黄色的主要染料。采挖后，取其根茎部，洗净后，捣碎，放入陶器或塑料容器中，加开水。黄姜与水的比例是 1∶5，搅拌均匀后，即可放入棉线。黄姜水一定要淹没过棉线，盖好容器，放置一晚，第二天早上黄姜色已染上棉线，便可拧干水，阴干。黄姜不耐晒容易脱色，等棉线干透后观其色度是否合适，如不够，再捣碎黄姜，重复染制，直到满意为止。还有一种方法是将黄姜碎末放入锅中，加水煮开，色溶出放线入内，再煮两小时停火，不揭盖，等水凉后取出，拧干、晒透，即可。①

假蓝靛（蓝草） 是染制蓝色的主要染料，一般用于衣服、筒裙和头巾染色。可以根据需要制作浅蓝、深蓝、普蓝和钴蓝色。制作方法是将采摘的蓝草捆成小把，泡入水缸，水没过草面，泡一天一夜后，等水变绿即可捞出；再将已调好的石灰浆（石灰粉＋少量蓝靛水）倒入蓝靛水中，水和石灰浆的比例为 200∶1，用竹制

---

① 据符永英口述。

搅拌器搅拌 2—3 小时，有泡沫产生，搅到泡沫细小后，盖好容器，过一夜，早上起来观察有染料沉淀物生成，将上层的液体倒出，留待染色时用（勿丢弃），下层极稠沉淀物即假蓝靛染料。此染料可放置很长时间，有些可放几年。在染色时，按 3∶1 的比例将滤出的假蓝靛水和染料沉淀物搅拌均匀后，再放一定量的草木灰水和酒中和酸碱度，起固色作用。如果染料杂质太多，可用 1∶5 的比例水稀释，将杂质滤出再放假蓝靛水搅拌均匀，放入草木灰水和酒即可染线。染的色度自行调节，染好的棉线曝晒干透后再复染，用原来调好的染料，不需另外制作。如果是大叶蓝草，则要泡水 3 天才放入石灰制染料，其余制作方法同假蓝靛一样。

另外草木灰水的制作方法是：用一织工较密、可滤水的篮子装满草木灰、压实，中间挖出一个小洞，用同样比例的水缓慢倒入洞中，水便从篮子的细缝中滤出来，即草木灰水了。假蓝靛水、染料、草木灰水、酒的比例是 50∶1∶0.02∶0.01。[1]

苏木 是染制红色的主要染料，一般使用生长期为 7 年以上的树芯材，劈成小片，放入铁锅或铝锅内，泡水两天以上，烧火熬煮；有时村民还放一小片野板栗树皮与苏木碎片一起熬煮，以调和出喜欢的颜色，煮 3 天左右出来大红色，煮上 10 天又变成暗红色，染色时，可染一次晒干后再煮开复染，重复有十多次才有暗红色效果、才可染透。[2]

野板栗树皮 是染制土黄色和咖啡色（也称为褐色）的主要染色材料，无需泡水直接放入陶罐或大铁锅中熬煮一天一夜以上，待颜色出来，放温后即可染色。每次染好颜色后拧干，放置阳光下曝

---

[1] 据符永英口述。
[2] 据符小清和她的母亲口述。

晒干透，多次染色可加深色度。①

谷木树叶 是染制绿色的主要染色材料。将树叶采摘来，放入木臼中捣碎后，倒入土罐内，按谷木树叶与水1∶3的比例配制，煮开一会儿，颜色出得差不多了便停火，待树叶碎末沉淀后倒出水，放置盆内，稍烫就可放入棉线染色了，根据颜色深浅需要，可重复多次染色，曝晒，干透。把线放入谷木叶水中染色之前，必须先把棉线过一遍首次滤出的假蓝靛水。②

落葵 是染紫色的主要染色材料。采收其果实，捣烂，放入1∶1的水，煮开，待颜色出来后，等色度足够浓便停火降温，至手感稍烫即可放入棉线染色，可重复多次，自行调节色度，易褪色为其最大缺点。③

乌墨树皮 是染制黑色的主要染色材料。用乌墨树制染料的方法是：把乌墨树皮破成一片一片，放进陶锅里，加入芒果核，煮1小时左右，并不时用木棒翻动；芒果核起到固定颜色和使颜色鲜亮的作用。放入棉线或麻线，用细木棍翻动，直到棉麻线均匀上色，达到所需颜色色度后取出，这时棉麻线是深褐色。即刻拿到村边稻田浸泡于黑泥，边埋边用手揉、搓，使其充分上色，浸埋约1小时，取出清洗、晾晒，褐色棉麻线就变成纯墨色了。④

降真香母体树藤 是染制红色的染色材料。制作方法是：将材料劈成小块，放入锅中熬煮三天三夜，色度足够浓时停火，待稍烫时放线，染一次晒干透一次，再复染至色度满意为止。树藤越新

---

① 据符惠三口述。
② 据符百灵口述。
③ 据东方市幼儿园老师苗族大姐盘秀荣口述。
④ 据东方市感城镇后壁村村民符阿新口述。

鲜，制成的染料色就愈红，反之放置时间越久颜色越暗沉，愈偏褚红色。①

另外，民间还用小辣椒叶捣烂煮水制成绿色染料；用枫叶捣烂泡水，发酵，制黑色染料；用朱砂煎水，制粉红色染料。其中黑色是最难染制的，使用的材料很多。美孚黎一般采用的方法是将生长多年的老野板栗树皮和放了三年以上的牛皮一起熬煮，待牛皮完全溶化后放棉线入染，染好线拧干，曝晒干透后，再过假蓝靛染料，同样重复多次，直到满意色度为止。五指山市、乐东黎族自治县的黎族村民用乌墨树叶发酵制作黑色染料。②

四、黎族植染物的保健功能和药用价值

黎族植染物不仅环保，而且色相很美，经查阅相关资料（如《本草纲目》等），发现这些植物染料都具有非常好的药用价值和保健功能。如黄姜和落葵（木耳菜），可当菜吃或做佐料，假蓝靛、苏木、降真香、野板栗树皮皆可入药。下面所说的是各种植物染料的不同保健功效和药用价值。

（1）假蓝靛又称蓝草，是许多能够制作蓝靛植物的总称，假蓝靛是其中的一种从假蓝靛的叶子中可提取蓝靛进行染色，它属豆科灌木类植物，生长于山野，7—8月采收，具有凉血、解毒之功能。

（2）黄姜又名"穿地龙"，土名"哑边姜"，有祛湿、清热、解毒、抗菌的功效，也可用于破血行气、通经止痛等。黄姜活性物质

---

① 据玉龙村村民符百灵口述。
② 据符惠三口述。

是杀灭钉螺、防血吸虫的理想药物，以黄姜为原料。其块茎有较高的药用价值，经过加工可提炼皂素，也是医用激素的原料。

（3）苏木的药用功能是活血、祛瘀、通经、消肿止痛，妇人血滞经闭（与红花、当归、川芎等同用），有提高免疫功能、抗菌、镇静、催眠、抗惊厥等作用。传统的煮红鸡蛋是要用苏木的，中药店里有卖的。苏木若有中心纹横如紫角者，号称木尊色，其功力百倍。苏木生物学特性是喜阳、忌阴和积水、耐旱，多分布在雨量较少地区，并且不同土壤、不同地域苏木染出的色彩也是不一样的。另外，黎族民间还有一种说法，苏木切片和竹叶煎水喝可解百毒。①

（4）野板栗树皮的功效是补肾气，有收敛作用，树皮煎汤可洗丹毒。

（5）落葵（俗名木耳菜）可作蔬菜和药用，具有清热解毒、利尿通便之功效；经常食用，能降压益肝，清热凉血，预防便秘。

（6）谷木的果实可食用，谷木叶子染制出来的织锦有淡淡的茶香味，也有清热解毒的功效。

（7）乌墨树因其果液紫黑而得名。华南各地又称为"乌口树"或"墨水树""海南蒲桃"等，三亚人称之为"山门"。原产于印度，四五月间开花，结深紫色果实，稍带酸味，种子可做药用。

（8）降真香母体树藤是名贵药材，对生长环境特别挑剔，属珍稀科目类。据说它的香气可以驱逐蛇、虫、蚊等，黎族村民也用它来辟邪，它的祛湿效果很好，村民也常用其活体树藤切片泡酒，治内伤和关节疼痛等。②

---

① 据中方村村民符进平口述。
② 据东方市东河镇东方村民间医生符进京口述。

以上这几种天然植物染料都具有可再生性和生态环保作用，特别是黄姜、假蓝靛和谷木用冷染法，非常节能环保。

（作者单位：东方市文化馆）

黎族织锦图案配色技艺及多重文化内涵

韦慎

黎族是一个古老的民族，自古以来生活在海南岛，为海南岛的早期开发做出了贡献。并创造了丰富的物质文化和精神文化。黎族是一个讲究美的民族，其富有民族个性和淳朴的审美观念长久以来深受世人推崇。特别是黎族织锦，虽经受岁月长河的冲刷，却依然因有着鲜明的民族个性和深厚的文化底蕴而成为一颗耀眼的文化明珠。其绚丽多彩的图案、品类繁多的织锦样式，驰名古今中外，反映了我国黎族的独特风韵。

一、黎族织锦的历史渊源

黎族织锦历史悠久，源远流长，集纺、染、织、绣于一体，以棉或麻线为主要材料织造。早在春秋战国时期，黎族先民就懂得使用植物纤维、棉花等织造衣被。西汉时期，黎族人织造的精美的"广幅布"被中原王朝定为"岁贡"珍品。三国时期黎族人已掌握染色技艺，织出色彩斑斓的"五色斑布"。唐代，黎区所产"斑布"被中央王朝定为贡品。宋代，黎族手工纺织品以制作精良、细密莹白、色彩美艳、图案新颖、品类繁多而闻名于世。宋元之际，黎族手工纺织技艺居全国领先水平。元代，黄道婆到海南岛学习黎族传统纺织技艺后，将其传播到全国。明代，黎族和汉族纺织技术互相交流，创造出"拆取色丝和吉贝织花"的新技术。清代，黎锦被誉

"机杼精工，百卉千华"，名扬天下。

历史上有关黎族织锦的史籍记载较多。《后汉书·南蛮传》记载："汉武帝末（公元前87年），珠崖太守会稽孙幸，调广幅布献之，蛮不堪役，遂攻郡杀幸。"黎族人当时穿的贯头上衣，就是用"广幅布"做成。这种布料是黎族妇女利用多年野生木棉制作而成的。关于木棉，《尚书·禹贡》有这样的记述："岛夷卉服，厥篚织贝。"三国时吴国人万震在他的《南州异物志》中写道："五色斑布似丝布，吉贝木所作。此木熟时，状如鹅毛，中有核，如珠绚，细过丝绵。人将用之，则治其核。但纺不绩，任意小轴牵引，无有断绝。欲为斑布，则染之一色，织以为布，弱软厚致。"唐代中叶，黎族妇女用同样原料织成被子、食单（桌布）和盘斑布，被列为上贡朝廷的珍品。宋代志书更多地记录了黎族妇女在棉纺工艺方面的卓越成就。在宋人笔记里，有"黎锦""黎饰""黎幕""黎单""黎桶""黎幔""鞍塔"等记载，说明黎族纺织工艺在历史上具有相当高的水平。中国棉纺织改革家黄道婆是在海南岛黎族聚居的崖州（今三亚市）向黎族妇女学会棉纺织等技术的，约在1295年（元成宗元贞元年）返回故里乌泥泾，并和当地的织工一起，在纺织生产的实践中，把用于纺麻的脚踏纺车改成三锭棉纺车，并总结了一套纺纱技术。同时她还革新了轧棉和弹棉工具，纺纱产量得到大幅度提高，迅速改变了当时松江地区的纺织业的落后面貌。此外，她还总结并提高了织布中的"错纱、配色、综线、挈花"等完全出自黎族妇女之匠心织造技术，使松江地区成为当时的棉纺织中心之一，精美的"乌泥泾被"名扬天下。接着，这些革新后的纺织技艺经江南传入中原地区，推动了江南一带乃至全国的棉纺织业的发展。

黎族纺织技艺是黎族人民在制作衣被、花带、头巾、挂包、背带、腰带等过程中不断积累的。黎族织锦艺术充分显现了黎族妇女的创造才能和艺术造诣。

二、黎族织锦图案的配色

由于居住区域、生活习俗、语言等的差异，黎族内部有哈、杞、润、美孚和台五大方言区；又由于黎族各方言区社会发展不平衡、受汉文化影响程度不一致等，各方言区的织锦图案配色技艺，既复杂多样、绚丽多彩，又各具特色，共同构建起黎族织锦文化的深厚基石。下面简单介绍黎族较为常见的配色技艺。

（一）黎族织锦染料及配制

黎族人民在长期的生产劳动过程中，掌握了自然界各种植物色素的特性，并用其调制成各种染料。植物染料以天然的和人工栽培的相互调配。可利用的部分包括枝叶、芯材、根茎、果实、树皮、花等，根据所需颜色采用不同植物提取色素，并通过熬煮、浸泡、造靛等工序，提取色素。

黎族织锦染料以天然植物染料（有草本植物，也有木本植物）为主，以动物皮胶、鸡蛋清、水塘底层泥浆、草木灰和贝壳灰等为辅。在织锦染料的配色方面，黎族各方言区基本上一致，但使用过程中依据各自的生活环境和审美情趣进行调试，直到自己所喜欢和适宜的色彩出现为止。黎族先民对一种天然植物颜色汁液的使用，是历经无数次的调试和长时间的经验总结，是黎族人民对祖先经验记忆的审美沉淀。黎族抱怀织锦所采用的天然植物或人工种植的植物染料是经得起考验的，其操作程序是先染线后织布，这样织造出来的织锦图案，其色彩才纯正艳美、色泽均匀，且不易褪色。

在黎族织锦的传统染色技艺中，主要染料以野生植物为主，矿物为辅。青、绿、蓝等颜料多是用植物的叶制成；黄、紫、红等染料利用植物根茎经加工而成。据笔者观察，在抱怀织锦的传统染色技艺当中，似乎还没有真正染制出的黑色颜料。我们所看到的抱怀织锦中的"黑色"织物其实是利用蓝色颜料，经过多次重复染制而成的具有黑色特征的深蓝色。如黎族抱怀织锦中的靛蓝色，主要用人工种植的海南木蓝（黎族抱怀土语称"乏"）浸泡、发酵而成；棕色是先用姜黄染织物，晾干后再用苏木（黎语称"盼"）的木芯煮；红色主要用姜黄和红花混合而成；深绿色主要用海南木蓝、牛皮和黎语称之为"斑温"的野生植物一起熬煮和发酵，并经过多次浸泡、冲洗、晾干，如此重复数次而成；黄色以黄姜和黄土混合加工而成。为使色彩富有光泽，还需加一小块水牛皮。为使织物固色不褪色，一般用黎族抱怀土语称为"汤桃"的植物熬煮、浸泡即可。黎族抱怀妇女将使织物固色这一工艺称为"遮"。褐色是把树皮或者树根切成碎片后，投入少量的石灰（江河螺贝类等自烧而成的石灰）煮水，然后将布料放在染缸中浸泡数回，使其均匀上色。有些地方用树皮（野生麻类）作为纺织原料，他们从山上采剥回树皮，将树皮放在河里浸泡数天，再将表皮用竹片刮除，放入锅里煮，晒干后再拆成丝，然后搓成细线，即可用来织布。还有另一种染色技术——绑染，古时称"绞缬染"。其制作方法是把理好的纱线作经，两端固定在一个长形的木架上，然后依经线将青色或褐色棉线扎成各种图案花纹，随后从木架上取下，放入染缸着色，染后晒干，摘去所扎结的棉线，就显出各种花纹的经线。在扎结染的经线上织上彩色的纬线，这样就形成了一幅精致的艺术品，这样织出的图案颜色较纯正、均匀，且不易褪色。

（二）黎族织锦图案的色线调配原则

根据笔者对黎族妇女纺织颜料调配的习惯运用法则的调查总结，黎族织锦图案的色线搭配，必须遵循以下几个习惯运用法则：

首先，须遵循黎族各方言区民间约定俗成的民族心理。黎族各方言区妇女有自己崇尚和喜爱的色调，在纺织时将各种颜色的纱线按照民间约定俗成的标准进行调配，对哪一个图形纹样需采用哪一种色线进行调配，均有严格的规定，不能违背黎族各方言区民间约定俗成的民族心理。通常以深蓝色和黑色为主色调（或基调），再在黑色和深蓝色的布面上搭配枣红、白、金黄、咖啡色等色线。如黎族抱怀妇女织造单面织被时，她们习惯在白色布面上搭配深蓝和黑色线。织造筒裙布幅时，她们习惯在黑布和深蓝色布面上搭配枣红、白、棕色等色线。而大被、"焚额"服、"瓦皖"[①]裙等和宗教祭祀或丧葬活动有关的织物，其色彩则以棕色和咖啡色为主色调，间或配以金黄色和白色作边饰。据说只有这类织物搭配这种色调，才能表现出庄严、肃穆、权威的效力。黎族妇女在纺织时，对图纹配色通常早已胸有成竹，并不在纺织前先画底稿，而是根据图纹色调需要，通过经、纬线形成的对角线，用各种颜色的纬线横向穿插于经线，上下交替，在所形成的织口中，经过多次穿插搭配多种颜色的纬线，周而复始，织造出色彩斑斓的图纹。

其次，须严格遵守统一对称的原则。黎族织锦图案种类多且复杂，但不同的织锦种类，在图案和色彩的搭配上，均采取严格的对称原则，必须做到什么种类的织锦就应选择什么图纹和色彩，其图纹和色彩必须是统一对称的。如黎族抱怀四联幅的单面织被，其每

---

① "焚额""瓦皖"均为黎族语音译，指黎族织锦的品类。

一联幅的图纹和色彩都是统一对称的,不能掺杂其他图纹和色彩。而对于筒裙上的图纹和色彩的搭配,则要求更为严格、更为复杂。一条四幅段缀合而成的筒裙,每一幅段所织造的图纹,构思十分精巧;布局虽然大同小异,各种花纹的组合、花纹之间的装饰、每组花纹的衔接,均严格遵守统一对称原则。

黎族织锦图案花纹的色彩搭配,具有黎族独特的审美意识和审美情趣。在织锦图纹的配色方面,筒裙的每一幅段都有与其相匹配的颜色作为主色调(基调),以此作为同其他颜色进行搭配的基础。如枣红色和白色、金黄色和咖啡色、深蓝色和白色、枣红色和黄色相搭配,似乎有悖于传统的色彩搭配逻辑,但从整幅筒裙匀称、和谐、绚丽的花纹图案看,其色彩搭配效果是独到的。

当然,黎族织锦图案的色线搭配并非是一成不变的,随着时间的推移,抱怀妇女运对于织锦的审美观念也发生了变化,对色彩的运用更加丰富。她们大胆突破了织锦色彩搭配的原有传统标准,进行个性化创作。如,对植物和矿物染料的调配,因受用量、浸泡时间等因素影响,其所染的色线在深度、亮度等方面是存在差异的;不同织工对织锦图案的认知和理解,也是有所不同的。因此,织锦图纹的色彩搭配存在差异。黎族织锦图案采用紫色和白色、绿色和白色、黑色和白色等进行的搭配,多少是受到了外来文化的影响的,特别是受黎族内部其他方言区尤其哈方言区内各土语分支的影响更为明显。这说明黎族织锦图案色线搭配的审美观念、审美标准等并非一成不变,而是随着时代的变化而不断变化。

此外,黎族织锦图案中采用的丝料染色也是一项不可或缺的内容。丝料染色法和棉纱染色法基本相同,但由于丝料具有丝粉分子量大、不易溶于水的特性,所以染色时需加明矾和醋以固色定性,并反复染方能上色。

三、黎族织锦图案的文化内涵

黎族织锦图案多取材于日常生活和劳动环境中常见的动植物形象和祖先崇拜物等，其内容涵盖面广，包罗了黎族主、客观世界的方方面面。有人体形，有动植物形，有自然界的日月山川等，这些图案花纹，色彩艳丽，构图巧妙，线条简明，它不仅反映出抱怀妇女的聪明智慧，而且也体现出她们超群的艺术才华。

黎族织锦图案的题材大多是对黎族先民的长期的社会生产生活实践的折射和展现，同时传承着一段绵延久远的民族文化信息。黎族织锦图案中的人物、生产生活用具和动植物纹样，反映了它们和热带岛屿民族的生产、生活息息相关，是构成黎族织锦文化和艺术的主要内容。在艺术风格上，其构图不强求精致清晰、繁复多样，而是巧妙地将一些质朴原始、粗犷简练的纹样与绚丽而不失雅致的色彩融合为一体；通过意象表现手法，展现图案的视觉效果；这种意象展现既不完全脱离黎族人实际的生产生活场景，同时通过夸张、变异、升华等抽象手法，将图案纹样几何化、图形化。

考古资料和相关文献资料显示，海南岛西南部和西北部地区的滨海平原、河流两岸的台地等是黎族先民早期活动最为频繁的区域之一。研究一下古代海南岛的历史地理情况，不难发现，分布于海南岛西南部和西北部地区的哈方言区的哈应土语分支、抱怀土语分支及美孚方言他们的织锦图案纹样中，如黎族美孚方言的绯染图案常见的纹样有10多种，主要为人纹（如祖先纹）、动物纹（如龟、马、牛、鹿纹等）和器具纹（如犁、耙、箭、尖刀等）。这些纹样是古代黎族先民祖先崇拜和图腾崇拜的历史印记。而黎族哈方言区抱怀人的织锦图案题材多为鱼、青蛙、螃蟹、白蜡、水母、鹿、长臂猿、老鹰、斑鸠、马、鸡、鹅等动物纹样，折射了南中国热带海洋岛屿民族的生活现实，是他们对长期的生产生活实践进行的提炼和抽象。织锦图案纹样中的鱼、青蛙等水生物，正是他们渔猎生产中所获得的经济来源；黄猄、老鹰、斑鸠等，反映的是黎族抱怀先民原始狩猎的生产活动，而马、鸡、鹅等，是他们长期驯化饲养的家畜。特别是表现马的形体和运动形态的全侧面，主体纹样为两头马纹和人形纹，图纹以枣红色和白色为主色调，尽管已趋于图形化，但通过马的头、脚、人头部佩戴两片鸟羽毛及马绳等，仍然可以辨认出正在奔跑的马的形态；图纹采用白马纹搭配红色人形纹的交替手法，使图纹色调协调、合理。一组平行的二方连续展开且呈上下交替的马图纹，马匹两两相对，马背上的人形纹为站立状，显得威武彪悍。

参考文献：

[1] 王建成. 首届黎族文化论坛文集. 北京：民族出版社，2007.

[2] 詹慈. 黎族研究参考资料选集：第一辑. 广州：广东省民族研究所，1983.

[3] 中南民族学院本书编辑组. 海南黎族社会调查. 南宁：广西民族出版社，1992.

[4] 黄晶. 海南日报. 2009-10-2.

[5] 黎族织锦. 新华网. 2008-04-25.

[6] 韦慎. 黎族抱怀人织锦. 昆明：云南民族出版社，2016.

（作者单位：海南省民族博物馆）

时代差的体现:论内外交流对黎族服饰多样性的影响

于晓华

一、岛内交流对黎族服饰款式的影响

岛内交流对黎族服饰的影响,主要体现在服装款式的演变以及对文身的影响上。海南是多民族杂居区,黎族服饰在保持本民族的传统与特色的同时,也借鉴和吸收了其他民族服饰的特色,衍生出基于自身特点的多样性"变体"服饰。

(一)服装款式的变化

元门地区的润方言女子服饰受杞方言、哈方言的影响,产生了款式演变。[①] 元门地区分上片和下片。上片是老元门,如罗帅村一带,属于杞方言地界,因此住在这里的润方言黎族自称为杞方言黎族,服饰也呈现显著的杞方言特征,与白水港服饰相似;而元门下片的工村,其服饰则同白沙、牙叉相似。元门上片的服饰更趋向于润方言的特征,与润方言其他贯头衣形式相同的是:二者都是贯头

---

① 电话采访:2018 年 1 月 12 日,双面绣省级传承人符秀英口述元门服款式与哈方言、杞方言服饰的关系。

时代差的体现：论内外交流对黎族服饰多样性的影响

衣；不同之处有两点：一是开前领，并借鉴杞方言在衣领处有两条垂穗做绑带，与琼中杞方言一样在肩部刺绣有肩花，包头巾与其他润方言的盘头巾不同，上面有刺绣纹饰，并在额前绑系；二是上衣虽然也有类似双面绣的刺绣，但是被称为"阴阳纹"，即衣里衣外的图案不同，与乐东的哈方言上衣刺绣装饰相似，如图1。

a.白沙润方言贯头衣：垂直一字领。　　b.元门润方言贯头衣：前开领贯头衣、绒穗带、肩花。　　c.琼中杞方言开襟衣：领上红绑带、肩花。

图1　润方言服饰演变款式比较 [①]

（二）文身图式的变化

除了服装上的相互影响，文身的传统图式逐渐发生的改变，源于各方言之间的相互影响与借鉴。笔者在调查五指山什寒村一带的杞方言妇女时，她们就没有手背纹，因为她们认为只有哈方言妇女才文手背；但是与哈方言杂居的昌江黎族自治县王下乡洪水村的杞方言却因受到哈方言的影响而文手背。以美孚方言对哈方言文身的影响为例，长期以来，杞方言与哈方言的村落毗邻而居或者融合杂居，经常互通有无，美孚方言的蛙纹对与其杂居的哈方言产生影

---

① 本文图片来源除有特殊标注外，其余为笔者实地拍摄或绘制。

响。笔者 2018 年 6 月在东方市天安乡牙龙村调查时发现，该村哈方言罗活型罗活小支 85 岁的老五阿婆在她的手背、手腕、膝盖上部、小腿都文有清晰的蛙纹，与笔者同时调查的东方市东河镇中方村及江边乡的俄查村、白查村妇女文身上的蛙纹相同，如图 2。

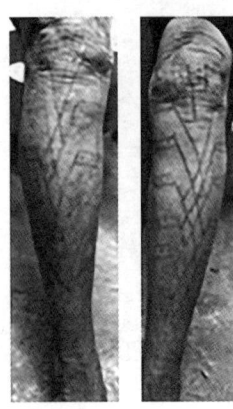 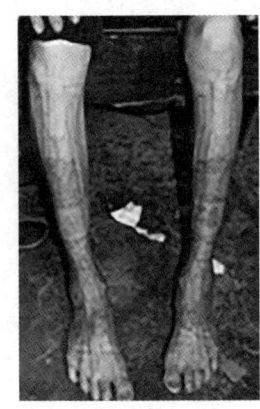 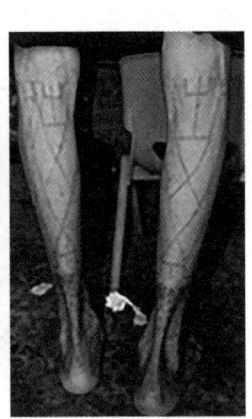

a. 哈方言罗活腿纹　　　　b. 美孚方言东河腿纹、脚纹

图 2　美孚方言与哈方言文身互相影响

（三）饰品、纹饰的变化

黎族五大方言之间在服饰习惯上会相互影响，同时与海南岛内其他民族之间也相互影响，例如黎族服饰也受到与其杂居的苗族的影响，如图 3。

时代差的体现：论内外交流对黎族服饰多样性的影响

a. 杞方言铝项圈胸挂

b. 苗族银项圈

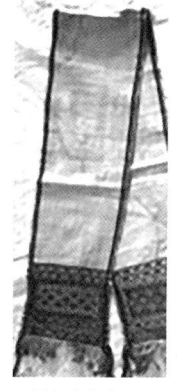
c. 杞方言头巾

d. 苗族头巾

e. 润方言刺绣"苗花"

f. 苗族刺绣植物花

图 3　黎、苗服饰相互影响比较图

　　黎族、苗族居住地很近，有的甚至是黎村苗寨就融合在一起而成为一个自然村，经常只是相隔一条街的距离。黎族多重项圈胸挂为保亭黎族苗族自治县的赛方言妇女佩戴，正是因为当地是黎苗混居地，因此这种多重项圈也是黎苗文化融合的代表性饰物。在苗族银饰中有一种银排圈即套圈，每套为几个到十几个，由内及外圈径大小依次递增，上面坠有多串装饰。黎族杞方言的项圈胸挂受到苗族吊坠款式的影响，在原有的款式上加挂一些坠饰与胸牌，使单纯多重项圈变成了胸挂，杞方言和赛方言的妇女在节日、婚礼等隆重场合佩戴，如图 3（a、b）。在刺绣的纹饰上，润方言前襟上的苗花纹饰与苗族头巾纹饰十分相似，而润方言妇女之所以称之为"苗

87

花",正是由于是向苗族学习得来的,如图3(e、f)。另外杞方言的黑白头巾与苗族新郎披巾也很相近,二者都是素白棉质长头巾,在巾尾巴刺绣黑色几何纹、植物纹,如图3(c、d)。

二、异域对黎族服饰的影响

(一)黎族服饰的无缘同类现象

黎族贯头衣、犊鼻裤、吊襜符合无缘同类的规律,该规律是指地球中隔绝无缘的各地域,存在和展开着完全类似的服饰文化。[①]黎族贯头衣有悠久的历史,是黎族服装最古老的款式。从历史上看,贯头衣是人类在新石器时代典型服装之一,并广泛流行,华梅认为:"贯口式服装……在世界各地着装历程中都曾经出现过,一般距今3000年左右"[②]。《汉书·地理志》下卷二八载:"儋耳珠崖郡民皆服布,如单被,穿中央为贯头",师古注曰:"著时从头贯之。"黎族较早的贯头衣是从上到下穿着,如被单一样,这与先秦时期阴山岩画,我国台湾少数民族的自肩到膝上、下沿平齐的收腰长衣吻合,如图4(a、b)。古埃及新王朝时期的筒形贯头衣[③]与清代黎族短袖贯头衣相似,如图4(c、d)。我国台湾南部地区、古埃及都属于热带地区,虽然在地缘上没有联系,但是由于气候相似也产生了同样的贯头衣款式。可见,从历史和地域上看,贯头衣都是众多原始民族最初的服装,其原因是制作方便,不浪费材料,用一块布对折或者两块布拼缝,在上部中间留竖切口出头部,两侧留口出

[①] 徐艺乙,邓景华. 黎族传统纺染织绣技艺——来自田野的研究报告. 海口:海南出版社,2017:437.

[②] 华梅. 西方服装史. 北京:中国纺织出版社,2003.

[③] 李当岐. 西洋服装史. 北京:高等教育出版社,2005.

时代差的体现：论内外交流对黎族服饰多样性的影响

a. 先秦时期长贯头衣

b. 台湾长贯头衣

c. 古埃及短袖贯头衣

d. 清代黎族短袖贯头衣

e. 台湾无领对襟衣

f. 黎族无领对襟衣

图4　贯头衣比较 [①]

手臂，无领无袖。贯头衣纺织品出现后的定型服饰，改变了旧石器时代的部件式衣着形式，这些部件逐渐演化成为其他形式的服装，[①] 这体现在台湾少数民族与黎族的贯头衣的演变上，如图4（e、f）。台湾高山族的服装是两幅麻布并缝，未缝部分为对开前襟，用两条纽带在胸前打结，腰部横缠条纹麻布为腰裙，胸前挂斜方布一

---

① 沈从文. 中国古代服饰研究. 上海：上海书店出版社，2005.

块做胸衣,与黎族无领对襟衣款式一致。由此可以推断,黎族对襟衣是在贯头衣的基础上发展而来的。几千年前的古老的贯头衣,在其他地方现在已很难寻觅其踪迹,黎族却被完整、鲜活地保存下来,并且衍生出无领对襟衣。

犊鼻裤、吊襜是热带地区男子的常见下装。由于气候炎热,男子下身只限于最基本的包裹与遮盖。台湾的兜裆布与黎族的犊鼻裤款式相同,如图5(a、b)。古埃及的腰衣"罗印·克罗斯"(Loin cloth)[1]与黎族的吊襜都是用两块布在腰间缠裹前后遮挡,所用的布片类似围裙,如图5(c、d)。

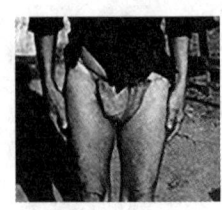  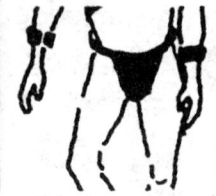 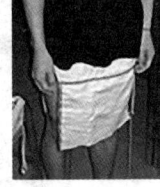 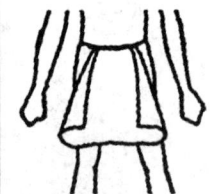

a. 黎族犊鼻裤　　　　b. 台湾兜裆布　　　　c. 黎族吊襜　　　　d. 古埃及腰衣

图5　黎族男子犊鼻裤、吊襜与台湾兜裆布及古埃及腰衣比较[2]

(二)汉文化对黎族服饰的影响

黎族服饰虽长期坚守本民族特色,但在沿袭传统的同时,黎族服饰明显体现出与汉族服饰的趋同性,无论是在服装款式、织锦纹饰还是文身与佩饰上,都表现出文化交流与融合的特点。

---

[1] 李当岐.西洋服装史.北京:高等教育出版社,2005:16-17.
[2] 图片来源:a 王儒民,等.黎族服饰.海口:南方出版社,2014;b、d 李当岐.西洋服装史.北京:高等教育出版社,2005.

1. 对服饰款式的影响

黎族服饰款式的改变主要表现在美孚方言直领上衣、男子围腰裙、杞方言抹额、赛方言右衽衣的特殊款式上。宋代，中原地区的服饰文化对黎族服饰产生了深远影响。宋代是黎族对外交流的重要时期。随着汉人逐步进入黎区，黎族也渐渐部分迁入平原地区，在"熟黎"板块、"省地"区域，甚至在郡区范围内，形成了黎、汉杂居的局面，如《诸蕃志》下卷记载：昌化郡"与黎、僚错杂"。根据受到中央皇权统治与接受汉文化影响程度的不同，黎族被汉族分为"熟黎"和"生黎"，前者更多受到汉文化的影响，后者一般居住在五指山腹地的深山当中，依然顽强沿袭黎族的固有服饰。宋代赵汝适在《诸蕃志》卷下载："琼州……今之上衣，无异中土。"因为改变服装样式是"熟黎"进入汉人社会的"通行证"，通过穿汉族人的服装便可以融入汉人的生活圈，进而与之交流和学习，如《岭外代答》卷二载："熟黎……半能汉语，变服入州县墟市，人莫辨焉。"黎族人只要穿着与汉人一样的衣服与汉人交往，就不会显得格格不入。清代，与汉区接近的黎人，所穿服饰与汉族一样。

美孚方言妇女的上衣与宋代女子的对襟衣相似，如图6。美孚方言直领对襟衣与南宋的直领袄在款式上和结构上都极为相似，都是直领对襟、无纽，如图6（b、c），只是美孚方言的开襟衣根据自身生产生活的需要加缝一块垫背布。笔者推测，首先，赵汝适所描述的也许指的就是与汉人交流颇多的美孚方言黎族的上衣，其区别于其他方言区黎族的服饰，并无花纹装饰，而是与中原人的上衣一样简素；其次，住在平原地区的美孚方言区黎族人由于与汉族杂居，受到汉文化影响较大，在与汉人的交往当中，逐渐受到宋代服饰文化的影响，在一定程度上与汉人服饰产生趋同性，但是又没有完全颠覆黎族其他方言区传统的无领对襟衣款式，在保持本民族传统的对襟款式的基础上，借鉴了宋代汉族上衣的直立领结构，产生美孚方言独具特色的直领垫背对襟衣。

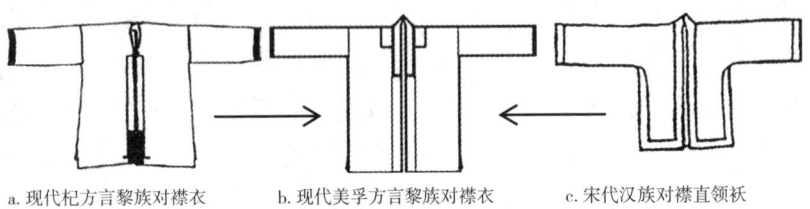

a. 现代杞方言黎族对襟衣　　b. 现代美孚方言黎族对襟衣　　c. 宋代汉族对襟直领袄

图6　美孚方言对襟衣与宋代对襟衣比较示意①

　　美孚方言男子的围腰裙与宋代女子的花边裙在结构上十分相似，二者都是在上部用一块长布条连接两块上下错叠的梯形布片，侧面不缝合，在腰部用两条绳子绑扎，系挂穿着。可以推测，黎族围腰裙是在吊襜的基础上受到宋代汉族女子裙装的影响发展而来的，是黎汉结合的变形款吊襜，如图7。

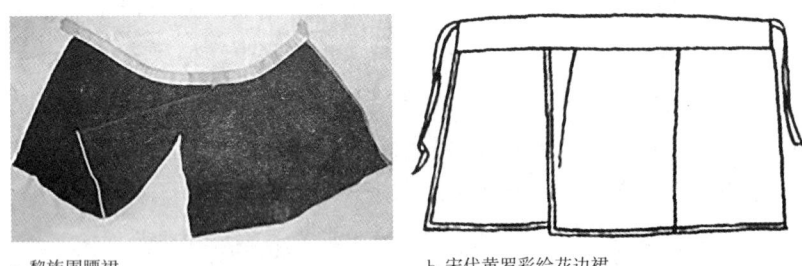

a. 黎族围腰裙　　　　　　　　　b. 宋代黄罗彩绘花边裙

图7　黎族围腰裙与其他地区男子下装比较示意图②

---

① 图片来源：a、b 笔者绘制；c 周锡保. 中国古代服饰史. 北京：中国戏剧出版社，1984.
② 图片来源：b 周锡保. 中国古代服饰史，北京：中国戏剧出版社，1984.

时代差的体现：论内外交流对黎族服饰多样性的影响

杞方言黎族的额带与明清中原妇女的抹额十分相似。抹额是将布帛等物折叠或裁制成条状，围勒于额上，此习俗最早在商代出现，盛行于明清时期，妇女会在额间系有这种饰物，当时被称为勒子。抹额的形制也有很多变化，其中的"渔婆勒子"是用丝绳编织成网状，上面缀有珠翠花饰，使用时绕额一周，系结在脑后，[①] 如图 8（a）。黎族其他方言区并没有发现此种头饰，杞方言的额带上用平绣和珠绣装饰，估计是受到汉族抹额影响形成，如图 8（b）。

a. 明清"渔婆勒子"

b. 杞方言黎族额带

图 8　清代人勒子与黎族额带比较图 [②]

赛方言区黎族右衽衣与民国时期内地汉族人的衫袄极为相似。赛方言区黎族人现在所穿上衣已完全是汉族的款式；经过几次较大变化后，最终形成上衣是汉族衫袄、下身是黎族长筒裙的特色服饰，如图 9（a）。将民国时期的衫袄与赛方言上衣比较，汉族衫袄是上衣窄小、领口较低、袖长及肘、袖口为喇叭状，衣下摆呈弧形，有

---

① 高春明. 中国服饰名物考. 上海：上海文化出版社，2001：306-311.
② 图片来源：a《博物珍藏百美图》。

时也施绣花边,① 如图 9（b）。赛方言右衽衣除了是窄袖外,其他形制与民国衫袄相同。赛方言的服饰在宋朝时就开始受到中原文化的影响,并保持这种易变的风格,很可能在民国时期吸收了汉族衫袄的款式,并一直延续至今;但是下装依然保持黎族的筒裙款式。因此,赛方言区服饰属黎汉特色交汇后的融合款。

a. 赛方言黎族妇女右衽衣与筒裙　　b. 民国中原女子衫袄与长裙

图 9　赛方言右衽衣与民国时期衫袄比较图 ②

---

① 华梅. 中国服装史. 北京：中国纺织出版社, 2007：117.
② 图片来源：b 华梅. 中国服装史. 北京：中国纺织出版社, 2007.

2. 对黎族文身的影响

由于黎汉文化的交流逐渐增多，汉文化也逐步成为黎族服饰的纹饰题材，直接表现为汉字的运用，如汉字出现在美孚方言区女子文身、头巾、筒裙上。如图10。汉人大量进入黎区，促使黎族人的服饰习惯迅速发生变化，如海瑞《平黎图说》载："其客兵外民有愿徙居，使杂居之，久当渐染言语文学，责以换黎服而冠。"绣字头巾上汉字的使用，在宋代已经出现，北宋方勺《泊宅编》卷三载：吉贝，"当以花多为胜，横数之得一百二十花，此最上品。海南蛮人织为巾，上作细字杂花卉，尤巧工，古所谓叠布也"，这说明美孚方言区早在宋代之前受汉文化礼教的影响已经颇深，宋代的黎锦上就有细字花卉纹饰了。

a. 文字文身　　b.筒裙的"囍"字　　c.绣字头巾上的诗词

图10　汉字在美孚方言区文身、服饰上出现

3. 对黎族佩饰的影响

佩饰体现的文化交流主要表现在发饰、耳饰、颈饰与手镯的互通。黎族的发饰与中原发饰文化之间有着深刻的渊源关系，虽然这些头饰在中原地区已不再使用，但在黎族地区，很多饰品仍然被使用和传承。

黎族的骨簪历史也许可以追溯到新石器时代。考古发现，在新石器时代已经有骨簪的存在。1978年在山西襄汾新石器时代陶寺遗址的一座古墓发现有骨簪。新石器时代遗址出土的骨簪形制多样，其中有两种类型的形制与黎族的骨簪极为相似，一种是簪头刻有几何纹的圆柱体，如图11（a、b），一种是簪头为圆雕形状的公鸡，如图11（d）。这两种骨簪与黎族簪头为具象人形的扁平骨簪在装饰手法上相似，无论二者是否相互有影响，黎族骨簪仍在使用的事实即对新石器时代骨饰品的当代诠释，如图11（c）。

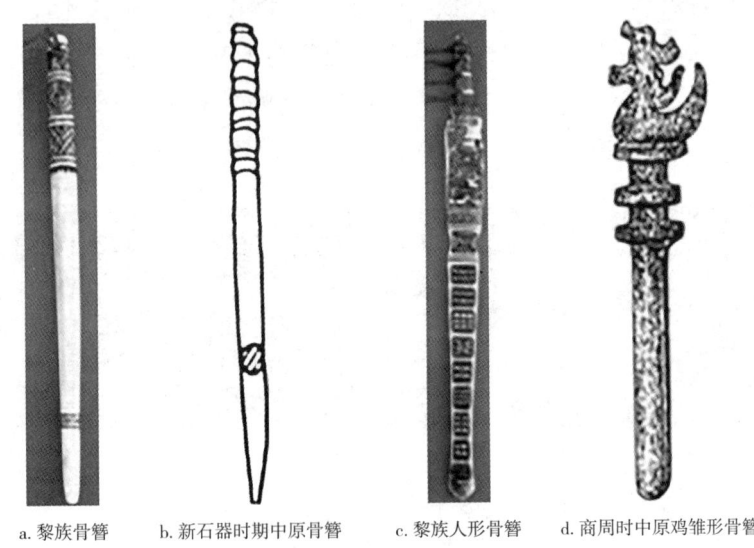

a. 黎族骨簪　　b. 新石器时期中原骨簪　　c. 黎族人形骨簪　　d. 商周时中原鸡雏形骨簪

图11　黎族骨簪与古代中原的骨簪比较图 [①]

润方言黎族的骨梳在造型和用途上与商代的铜梳十分相似，如图12（a、b）。梳篦在中国有五千年以上的历史，商代的铜梳顶部两端各伸出来一截，形成两肩，除了梳头还有插发的作用，两肩为

---

① 图片来源：b、d 高春明. 中国服饰名物考. 上海：上海文化出版社，2001.

时代差的体现：论内外交流对黎族服饰多样性的影响

了插取方便，且这个特点一直保持到春秋时期。[①] 黎族骨梳与商代铜梳在形制上是竖直形，梳把上有窄肩，梳身刻纹饰。黎族骨梳的两肩虽然不似商代铜梳那样突出，但是在肩部以下有明显的收缩，而形成直线扇面的效果。"早在四千年前，中原地区的原始居民，已经开始以梳插首，虽不能肯定是为了装饰，或许还和宗教、葬俗有一定关系，但可以看成为后世插梳习俗的滥觞。"[②] 说明商代铜梳是用于插发的，而黎族骨梳插发的事实以及二者在形制上的相似，都印证了文献的记载，也许黎族用骨梳插发的习俗就是从中原铜梳插发借鉴而来，并长期延续不变。

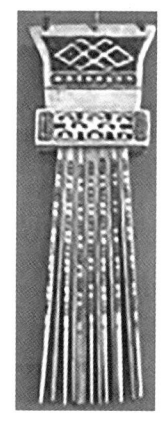  

a. 黎族长形骨梳　　b. 商代长形铜梳　　c. 黎族骨梳的佩戴

图 12　黎族骨梳与商代铜梳比较图[③]

[①] 高春明. 中国服饰名物考. 上海：上海文化出版社，2001：123-124.
[②] 高春明. 中国服饰名物考. 上海：上海文化出版社，2001：130.
[③] 图片来源：b 高春明. 中国服饰名物考. 上海：上海文化出版社，2001.

黎族佩戴的头簪也受到中原地区影响，如图13。沈从文对中国西南少数民族的发饰进行比较分析认为，妇女在头上插竹箭是两周、汉、唐以来的钗笄习俗的遗留，西南少数民族在发髻上插箭、刀模样的发簪是受从周到宋中原习俗的影响①。作为西南少数民族组成部分的黎族，头插兵器样式的发簪或钗梳，同样也是与我国古代中原头饰习俗相互融合的产物，如图13（a），与同为古代百越民族骆越后裔的瑶族一样，都有佩戴形似刀、箭发簪的传统，如图13（b）。如《清代黎族风俗图·琼黎一览图》载："下脚黎，发结前而簪以小刀"②，再看黎族杞方言区的白锡制插牌与清代瑶族竹制发簪，都传承了春秋、汉唐、五代、北宋所盛行的妇女头插几把发簪的习俗，如图13（c）。

  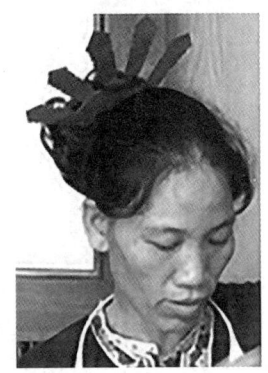

a. 河南出土春秋早期女子木笄　　b. 清初瑶族女子盘髻插竹箭　　c. 现代黎族杞方言女子白锡插牌

图13　杞方言区银插牌与古代中原人、瑶族头饰比较图③

---

① 沈从文.中国古代服饰研究.上海：上海书店出版社，2005：60.
② 符桂花.清代黎族风俗图.海口：海南出版社，2007：79.
③ 图片来源：a 高春明.中国服饰名物考.上海：上海文化出版社，2001；b 乾隆时彩绘《皇清职贡图》。

时代差的体现：论内外交流对黎族服饰多样性的影响

根据与中原耳环的对比，黎族的小耳环应该是在宋元两代逐渐传入的，并在此基础上形成了独特的耳环文化。宋代妇女铜耳环形制较为简单，用一根粗细各半的铜丝，弯制成一个圆环，将尖端处挑出在外，与黎族钩式铜耳环完全相似，如图14（a、b）。而明代葫芦形耳环是在当时地位较高的妇女中流行佩戴的，与黎族的梨形铁耳环也十分相似，如图14（c、d）。从图中可比较分析出，黎族耳环与宋代、元代时期中原耳环在形制上雷同，而宋元两代正是黎族与中原文化交流频繁的时期，所以耳饰上的相似证明这一时期紧密的服饰文化交流。

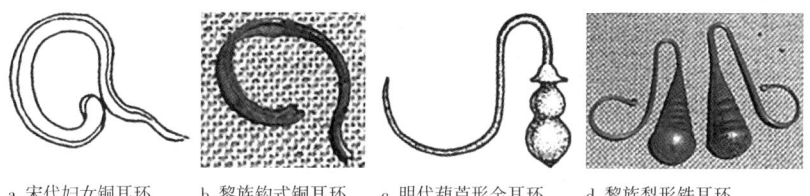

a. 宋代妇女铜耳环　　b. 黎族钩式铜耳环　　c. 明代葫芦形金耳环　　d. 黎族梨形铁耳环

图14　古代中原与黎族女子耳环比较图①

颈饰上的借鉴，是从北到南的文化浸润。高春明在《中国服饰名物考》中指出：部分少数民族地区的男子佩戴项圈，而且在开放的唐朝，当时妇女受到北方少数民族装饰习俗的影响，也开始佩戴项圈。② 由此可见，北方少数民族影响了唐、宋时期的中原妇女，而中原地区的佩戴习俗又对海南的少数民族产生了深远影响。黎族杞方言妇女的多重项圈应该就是来源于唐、宋时期的银项圈样式，如图15（d、e、f）。颈饰也体现了黎族对周秦文化的传承，如黎

---

① 图片来源：a、c 高春明. 中国服饰名物考. 上海：上海文化出版社，2001.
② 高春明. 中国服饰名物考. 上海：上海文化出版社，2001：455-456.

族的彩色琉璃串珠与周秦时期的玻璃串珠极为相似，如图 15（g）。但无论南北的文化交流还是对前朝文化的传承，黎族佩饰都是在交流与传承的基础上注入自己的民族特色，即秉承"重大、众多"的原则，将一个项圈或一条珠串演变成三个项圈叠加或多圈珠串缠绕佩戴，如图 15（a、b、c）。

黎族

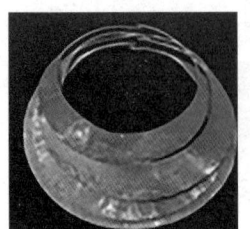  

a. 多重扁平项圈　　　　b. 多重项圈　　　　　　c. 白蓝琉璃串珠

其他地区

d. 唐代少数民族项圈　e. 唐代银项圈　　f. 宋代银项圈　　　g. 西周白绿玻璃串饰

图 15　黎族与其他地区颈饰比较图 [①]

结语：黎族先民的服饰习俗在外来文化的浸润、影响之下慢慢

[①] 图片来源：d《中国人物画博物馆》敦煌壁画 65 窟；e-g 高春明.中国服饰名物考.上海：上海文化出版社，2001.

丰富了内容，甚至"改头换衣"，体现外来文化对黎族传统的服饰习惯和生活习俗的重大影响。根据古文献的文字与图像记载，可分析出黎族贯头衣形制变化脉络应该是从无袖长款贯头衣演变为无袖短款贯头衣，再发展成为长袖短款贯头衣，并成为黎族服装发展演变的基本款。此外，黎族很多佩饰与中原一脉相承，这些佩饰在中原地区已不再使用，而黎族仍保留并传承，与不断发展变化的中原地区佩饰形成鲜明对比。主流文化具有代表性的民族服饰在某个时期会流入偏远地区，虽然主流文化的服装在不断变化发展，但流入地区仍然长时间保持、延续着当时传入时的服饰形式，如黎族美孚方言的上衣与围腰裙，现在仍然保持了宋代中原地区的直领袄、女裙的形式，中原汉族的服饰已经发生了面目全非的变化，却可以从黎族地区找寻当时的服饰遗迹，看到具有悬殊的时代差。

（作者单位：清华大学设计学博士，海南大学美术与设计学院）

探秘海南岛史前人类的踪迹及黎族文化

李超荣

序言

在探秘海南岛史前人类的踪迹时,首先要了解海南岛的形成。1亿年前,海南岛还是和大陆相连的。随着大规模的地壳运动,地下岩浆沿着地壳的破裂带不断侵入和喷发,海南岛上发生了地质的褶皱变形,形成了中国南部高耸五指山、黎母岭等山地。到了6000多万年的新生代时期,地壳运动让部分陆地下陷,被海水淹没。海南岛开始与大陆分离,形成了古琼州海峡。

在海南岛,除了1万年前的三亚落笔洞文化外,是否还有更早的古人类在海南岛活动,需要提供证据,需要考古人员去寻找古人类留下的遗迹和遗物来证明,这就是我们探秘海南岛史前人类踪迹的主要原因。落笔洞是全国的文物保护单位,也是研究海南史前考古和旧石器文化对比的重要旧石器遗址。[1] 要解决这些问题,需要考古工作者进行史前考古的调查、发掘和综合研究,我们才能深入地来探秘海南岛的古人类的家园。

---

[1] 郝思德,黄万波.三亚落笔洞遗址.海口:南方出版社,1998:1-164.

一、史前文化

自从 2006 年以来，由中国科学院古脊椎动物与古人类研究所、海南省文物考古研究所和海南省各市县的文物管理所组成的考古团队，在海南的南渡江、昌化江、万泉河和喀斯特地区进行了广泛的史前考古和民族考古学的调查，取得了丰硕的成果。考古团队在昌江黎族自治县发现了我国最南的巨猿化石地点——信冲洞，被称为"海南第一洞"。它的发现把海南的地质史提前了数十万年，对研究人类的进化具有重要的学术意义。考古团队还发现了中国最南的露天遗址——燕窝岭旧石器遗址；发现了海南最古老的人类活动的洞穴遗址——钱铁洞，被称为海南的"山顶洞"，距今 2 万多年，这对研究中国的旧石器文化分布与古人类的迁移活动提供了重要的资料，具有重要的学术意义。考古团队在三亚市落笔洞遗址旁边又发现了新石器早期的洞穴遗址仙郎洞，这为研究海南的新石器时代早期文化提供了新的资料。

现在海南省发现的哺乳动物化石地点有昌江黎族自治县的信冲洞、红林采石场和皇帝洞。旧石器时代旷野遗址有昌江黎族自治县的混雅岭、燕窝岭、石头崖、酸荔枝园、叉河砖厂，海口市的海口砖厂、狮子岭和台湾砖厂，琼海市的石角村和澄迈县的施教村砖厂遗址。旧石器洞穴遗址是三亚市的落笔洞和昌江黎族自治县的钱铁洞。[1] 新石器时代的洞穴遗址在三亚市的仙郎洞和昌江黎族自治县王下乡的石刀洞。下面笔者重点介绍一些化石地点和旧石器遗址。

---

[1] 李钊，李超荣，王大新. 海南的旧石器考古 // 董为. 第十一届中国古脊椎动物学学术年会论文集. 北京：海洋出版社，2008：167−171.

（一）哺乳动物化石地点

信冲洞巨猿化石地点位于昌江黎族自治县正南 20 千米处，属于海南省昌江黎族自治县七叉镇管辖，距保由村约 2 千米。该地点是 1995 年保由村村民符益民在洞穴中抓蝙蝠时发现的。当时他采集了一些化石。1998 年 8 月初，海南文物保护管理办公室和昌江黎族自治县博物馆的考古人员到此实地调查，采集动物化石约 30 千克，确定是一处动物化石地点。化石地点的地质时代是晚更新世。有的专家观察了一些动物化石后，看到其上有一些类似人工敲砸的痕迹，希望以后做一些发掘工作，以便进一步确定该化石地点的时代。

2006 年 5 月至 6 月，为了配合昌化江大广坝水利水电二期工程，根据文物保护的要求，由海南文物保护管理办公室、海南省文物考古研究所、中国科学院古脊椎动物与古人类研究所和昌江黎族自治县博物馆四个单位组成野外考古发掘队，由海南文物保护管理办公室的王大新、海南省文物考古研究所郝思德和中国科学院古脊椎动物与古人类研究所李超荣负责，对信冲洞化石地点进行了抢救性发掘。在洞的裂隙堆积和支洞发现大量的哺乳动物化石，其中有犀牛、象、貘、鬣狗和豪猪等。当时因为学术观点不同，公布的年代是地质时代的晚更新世，距今数十万年左右。笔者认为，化石地点其时代应比较早，估计属于地质时代的中更新世，距今大约 40 多万年。

在信冲洞化石地点发现了重要的巨猿化石，中国科学院古脊椎动物与古人类研究所黄万波根据动物群性质初步判断，其地质时代属中更新世（图1）。后来，绝对年代经中国地震局地质研究所电

图 1　昌江信冲洞发现的　　　图 2　昌江全国重点文物保护单位
　　　巨猿化石牙齿　　　　　　　　　信冲洞遗址

子自旋共振（ESR）法测定为距今 40 万至 60 万年。[①] 信冲洞已列为全国重点文物保护单位（图 2）。

（二）旧石器时代旷野遗址

海南省因为地理位置特殊，该省的旧石器考古学历来受到史前学者们的关注。中国科学院古脊椎动物与古人类研究所的李超荣也特别关注，一直有一个愿望想在该省做一些史前考古调查，来填补海南省无旧石器时代旷野遗址的空白。2006 年 3 月，海南省文物考古研究所郝思德先生打电话希望与中国科学院古脊椎动物与古人类研究所合作，发掘昌江信冲洞化石地点，并邀请笔者参加发掘，负责业务工作。在发掘信冲洞化石地点期间，李超荣在考察信冲洞化石地点的地质地貌时，发现了燕窝岭旧石器遗址，并从属于南阳溪第二级阶地的黄色黏土中发现了一件砍砸器。燕窝岭旧石器遗址位

---

① 李钊，李超荣，王大新．海南的旧石器考古 // 董为．第十一届中国古脊椎动物学学术年会论文集．北京：海洋出版社，2008：167–171．

于南阳溪的左岸,东经109°01′20.1″、北纬19°05′36.1″,海拔53米。现海南华盛昌江水泥有限公司的矿区就在遗址区内。南阳溪是昌化江的一条支流,它发源于昌江黎族自治县霸王岭一带,从东向西沿遗址的侧边流过,大约经过500米与昌化江相汇。石器是用石英岩做素材,采用锤击交互的方法加工而成。根据地质地貌和石器的特征,初步确定遗址的地质时代为晚更新世,考古学年代是旧石器晚期。遗址是古人类临时活动的营地。2007年12月6日—29日,由海南省文物考古研究所、中国科学院古脊椎动物与古人类研究所和昌江黎族自治县博物馆组成的考古队,由考古工作者李超荣和王大新主持,对遗址进行了发掘,在上文化层出土了打制的石核、烧石、磨石和陶片。另外还发现两处明显的用火遗迹。原来只是根据地层出土的石器和采集的陶片推测有上、下两个文化层。此次发掘虽然在下文化层未发现文化遗物,但是发掘证明有上文化层。[1]

(三)旧石器时代洞穴遗址

钱铁洞旧石器遗址位于昌江黎族自治县王下乡钱铁村。遗址就坐落在村西半山腰的山洞(图3)。钱铁河流经遗址旁,然后流入南饶河。钱铁洞的洞口坐西朝东。洞口高15米、宽24米。洞口有一些坍塌的巨石。洞内分上洞和下洞。洞内发育着不同形状的石钟乳。洞内的文化层因1958年挖黑土做肥料,许多都遭到破坏,所以许多石灰岩石块和一些文化遗物散落在洞内的斜坡上。石制品主要发现于下洞。一部分标本出自黑土层,一部分标本为采集品。考古挖掘的标本有6件,它们出自地层中的第二层和第

---

[1] 李超荣,李钊,王大新,等. 海南昌江发现旧石器. 人类学学报,2008(1):66-69.

四层（图4）。钱铁洞旧石器遗址是1998年12月昌江黎族自治县的文物考古人员发现的。当时采集了一些螺壳和碎骨头等标本，确定为钱铁洞化石遗址，时代为新石器时代早期。2009年12月25日，中国科学院古脊椎动物与古人类研究所、海南省文物考古研究所和昌江黎族自治县博物馆组成野外考古队对遗址又进行了考察，李超荣首先在洞内发现了石器。考古队采集了一些石制品、动物化石碎片和一些烧骨。洞穴内分上、下洞，考古人员在下洞发现有石核和石片，还发现了加工精致的砍砸器和手镐。根据洞穴内出土的动物化石碎片和石制品的特征，初步确定该洞穴遗址的考古年代为旧石器时代晚期，地质时代可能为晚更新世。2012年2月

图3 昌江王下乡钱铁洞旧石器遗址

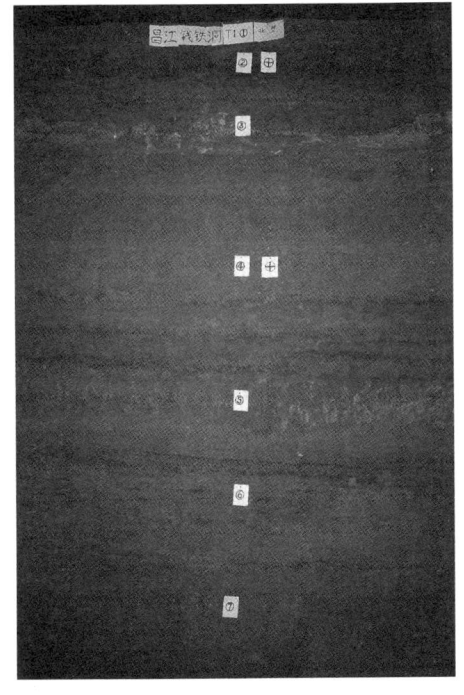

图4 昌江王下乡钱铁洞旧石器遗址考古发掘的地层

图 5　三亚市仙郎洞新石器遗址加工精致的刮削器

由中国科学院古脊椎动物与古人类研究所和昌江黎族自治县博物馆组成的野外考古队对遗址进行了考古发掘。2012 年 12 月又在遗址采集石制品 41 件和一些其他文化遗物。① 2012 年 3 月 20 日中央电视台新闻直播间做了报道——海南发现古人类洞穴遗址。

（四）新石器时代的洞穴遗址

2012 年 3 月，由中国科学院古脊椎动物与古人类研究所和三亚市博物馆组成的野外考古队在三亚市进行了史前考古调查。在市东北部的落笔峰地区发现了仙郎洞遗址。在洞内采集和从地层发现石制品 22 件，其中有石核、石片、刮削器、砍砸器、石锤和石砧（图 5）。考古队另外还发现一些动物骨头和零星的夹砂陶片。考古

---

① 王明忠，李超荣，李浩，等.海南省新发现的旧石器材料 // 董为.第十二届中国古脊椎动物学学术年会论文集.北京：海洋出版社，2010，235-238；黄兆雪，李超荣，李浩，等.海南省昌江县钱铁洞的旧石器时代洞穴遗址 // 董为.第十三届中国古脊椎动物学学术年会论文集.北京：海洋出版社，2012：241-246.

图 6　昌江王下乡钱铁村石刀洞新石器遗址石制品

专家对仙郎洞遗址出土的石制品与落笔洞遗址的石制品进行对比，无论石器的加工技术还是石器类型都有着密切关系，在文化上是一脉相承的。根据地层和出土物的文化特征，初步确定仙郎洞遗址的年代为新石器时代早期，地质学的年代属于全新世早期。这是在三亚首次发现新石器时代洞穴遗址。到目前为止，它是中国最南的新石器时代的洞穴遗址；它的发现说明从旧石器时代晚期到新石器时代古人类就一直在三亚市活动。这对研究海南的史前史和华南的史前文化具有重要的学术意义。[1]

为了深入研究昌化江流域的史前文化，2019 年 3 月，中科院考古队在王下乡进行了史前考古调查。考古队在钱铁村的石刀洞发现了新石器时代的遗址，出土了一些文化遗物，其中有石核、石片、刮削器、砍砸器、穿孔器和石砧等（图 6）。根据文化遗物的特征，

---

[1] 孙建平，李超荣，李浩，等. 海南省三亚市发现石器时代的文化遗物 // 董为. 第十三届中国古脊椎动物学学术年会论文集. 北京：海洋出版社，2012：235-240.

初步确定遗址的时代属于新石器时代，距今 6000 多年。这说明从 2 万多年的钱铁洞遗址到 6000 多年前的石刀洞遗址，古人类都在钱铁村生活。新的考古发现再次证明昌化江是海南的母亲河之一。它的发现对研究海南的史前文化具有重要的学术意义，为昌江新的博物馆增加了一批新的展品。

根据目前发现的材料，可以初步勾画出海南省史前文化序列框架。石制品是属于砾石文化，从旧石器时代早期一直到新石器时代在文化上是一脉相承的。从对遗址出土石制品的观察和分析来看，初步归纳出一些特点：石制品的原料多样，有石英岩、石英、火山岩、砂岩和石灰岩等，另外还有少量的黑曜石。石制品的个体比较大，打片技术采用锤击法。石器类型主要有砍砸器和刮削器等。打制石器的素材主要使用砾石和石片，加工石器主要采用锤击和锤击交互方式。第二步加工比较规整，刃缘比较平齐。在石制品中都保留不同程度的天然面。这是以砾石石器为主的工业。从以上特点看，它与华南的砾石工业具有密切的关系。[①] 这些材料为研究海南的史前史和中国的旧石器文化具有重要意义。从考古材料来分析，我们认为昌化江是海南的母亲河之一。通过考古调查、发掘、综合分析与民族考古学的对比研究等，我们可以复原海南岛古人类的家园、了解他们的生活。他们选择有水、避风和向阳的地方居住，在山清水秀的南渡江、昌化江和万泉河的两岸和喀斯特溶洞居住，昌江黎族自治县王下乡钱铁洞、石刀洞，三亚的落笔洞和仙郎洞都有

---

① 李超荣. 丹江水库区发现的旧石器. 中国历史博物馆馆刊，1998：4-12；黄启善. 百色旧石器. 北京：文物出版社，2003：1-180；吴伟鸿、王宏、谭惠忠、张镇洪. 香港深涌地峒遗址试掘简报. 人类学学报，2006（1）：56-67；陈立群，杨丽华，范雪春. 福建东山旧石器时代文化研究. 福州：海潮摄影艺术出版社，2006：1-112.

他们的活动踪迹。他们在这里采集野果、挖掘植物的根茎,狩猎食草动物和热带雨林的动物和野兽,捕获河中鱼类和贝类;他们选择河滩中硬度大的石料制作石刀、刮削器、手镐、砍砸器和石锤等;他们用砍砸器砍伐树木搭建房屋居住;他们用石刀宰杀动物,用石锤和石砧肢解动物,用刮削器刮肉和兽皮,用手镐挖掘植物的根茎;他们在河的两岸和洞穴中围着火堆烧烤,享受生活。

二、黎族文化

研究海南的史前文化,要通过民族考古学的资料对比研究来复原海南岛古人类的生活,并由此宣传海南的本土文化——黎族文化。黎族文化丰富多彩,如黎锦、黎陶、船形屋、编织、音乐、歌舞和黎族饮食等。

我们在史前考古的调查发掘和2014年重走"史图博之路"等活动中,收集资料,深入挖掘海南史前文化和黎族文化,助推海南昌江等地的旅游事业。

黎陶是黎族文化的精华。黎族制陶工艺,源于新石器时代。泥条盘筑法这种原始工艺,现代黎族人还在使用。黎族制陶保留着制陶的原始形态和特征,记录了黎族的生活和原始

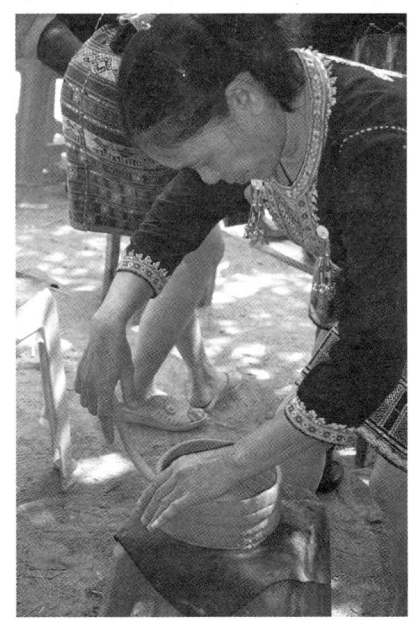

图7 黎族妇女用泥条盘筑法制作陶器

图 8 昌江制陶馆

的制陶史,是中国古代原始制陶的活化石(图 7)。2006 年 6 月 2 日,国务院批准海南省昌江黎族自治县黎族手工制陶技艺正式列入第一批国家非物质遗产保护项目名录,石碌镇保突村妇女羊拜亮被批准为黎族制陶技艺代表性传承人。2015 年,为传承和发扬制陶技艺,昌江黎族自治县政府在保突村建成了制陶传习所(图 8),在传习传统制陶工艺、扶贫和科普等方面起了重要作用。

黎族船形屋营造技艺入选第二批国家级非物质文化遗产名录。黎族船形屋也被称为活化石(图 9)。黎族是海南岛上的世居居民。过去,黎族人家家户户都住茅草屋,因其外形像倒扣的船篷,被称为船形屋。黎族船形屋是海南黎族传统建筑文化的典型表现形式,具有重要的研究价值。船形屋是用藤条、树枝、木棍扎制屋架,用茅草覆顶而成。它的建造没有用一钉一锤,完全利用大自然的草木，依靠人工的力量，这充分反映了黎族人民的聪明才智。

在考古发掘中，我们见证了黎族人建房的聪明才智。我们非常敬佩黎族村民，在2006年5月至6月，由海南省文物考古研究所、中国科学院古脊椎动物与古人类研究所和昌江黎族自治县博物馆组成的考古队，对信冲洞进行了发掘。因信冲洞洞内的堆积物大多在洞的顶部，洞底到洞顶的高度约30米。考古队在发掘之前，也做了一些准备，但

图9　昌江王下乡洪水村的船形屋

是，如何能在洞的高处进行发掘却遇到了难题，而在发掘前，施工中的用料、运输工具、时间和经费的预算方面，我们考虑不周，这对我们的发掘工作非常不利。洞顶内的堆积物必须要发掘，需要搭架子。考古队找来施工单位商量解决这些问题。他们讲需要用钢管搭脚架，要运送大量的钢管来完成。因运输道路不方便、搭建的时间长、费用高，考古队未采纳。考古队求助于乡村干部来解决。他们胸有成竹地讲，此事他们解决。黎族村民就地取材，在很短的时间内，用黎族船形屋营造技艺，为考古队搭建了通向发掘信冲洞化石地点高处洞的脚架。他们不用铁钉和铁丝，使用比较粗的灌木和

小树做骨架，用藤条来捆绑。搭建时间短，脚架轻便而结实。黎族村民的工作为考古队的顺利发掘缩短了时间，节约了经费，使发掘任务圆满地完成。①

黎族的服饰和编织的竹藤制品也具有特色，反映出黎族人技艺之精湛。2019年1月笔者三次走进海南省博物馆，参观由海南省博物馆等单位举办的"灯下故人——一个德国人与海南岛的故事"展览，深入了解黎族文化。1931—1932年，德国学者史图博两次来到海南。他从海口骑楼出发，穿越五指山腹地，寻访的足迹遍布中西部的黎族村寨。他撰写了巨著《海南岛民族志》，用人类文化学的视角向世界揭示这个神秘海南岛上各个族群的生活面貌和文化密码。从展览中，笔者学到了许多知识，为昌江王下乡美丽乡村的建设，收集了大量的资料。

三、结语

文化是城市的灵魂，我们要保护好海南岛史前文化，另外要深入挖掘海南的黎族文化、传承黎族文化。2018年，昌江王下乡荣获国家"绿水青山就是金山银山"实践创新基地，这是海南省的第一个创新基地。王下乡保留了原生态的环境，风景如画，有着深厚的黎族文化底蕴。海南正在推进"实验区+自贸区+国际旅游岛"的建设，作为考古和民族学的工作者要深入研究海南的史前文化和黎族文化，讲好史前文化和黎族文化的故事，为海南国际旅游岛的建设、助推美丽乡村的发展做一些实事。

古人类化石、古文化遗物和共生的动物化石是研究人类起源

---

① 李超荣. 海南考古的结缘地——昌江. 化石，2014（4）：55-62.

与演化的珍贵资料，是不可再生的科学资源，也是探讨古人类的迁移和古人类文化文明的证据。如果这些不可再生的科学资源受自然和人为等因素的破坏，学者们进行研究的信息材料就越来越少，这不利于学者们的学术研究和对学术问题的探讨。在海南国际旅游岛建设中，考古工作者一定要注重史前文化的保护工作，有责任来保护这些不可再生的科学资源。黎族文化在逐渐消失，民族学的工作者要加强黎族文化的抢救工作，要传承黎族文化，增强人们的文化自信。①

（作者单位：中国科学院古脊椎动物与古人类研究所）

---

① 致谢：国家自然科学基金项目（40972016）的资助和海南省文物局对野外考古队的支持；野外考古队队员的辛勤付出；海南省民族宗教事务委员会邀请笔者参加"第三届黎族文化论坛"；海南省民族宗教事务委员王建成先生和昌江黎族自治县民族文化保护和传播促进会符天明先生对笔者研究工作的支持。在此，笔者对以上单位和个人表示感谢。

明清时期海南岛的三差黎和四差黎

谢国先

从历史文献中可见,明清时期对海南岛的黎族有多种称谓。除了继续沿用宋代以来的"生黎""熟黎"之外,还新出现了依据黎族方言而命名的霞黎、岐黎等,依据服饰而命名的大襟、小襟等,依据赋役情况而命名的三差黎、四差黎。① 这些命名不管是否合理,都反映了当时历史条件下对黎族的认识,值得重视。其中有特殊意义者,是"三差黎"和"四差黎"这两个名称。

三差黎和四差黎之称,首先见于明末清初屈大均的《广东新语》卷七《人语·黎人》:

> 熟黎亦有二种,与生黎近者为三差黎,与民近者四差黎,征徭稍稍加焉。熟黎者生黎之粮莠,而粮长又熟黎之蟊贼。凡生黎蠢动,皆熟黎为之挑衅,而熟黎之奸欺,又粮长之苛求所激也。粮长者,若今之里长,其役黎人如臧获,黎人直称之为官。②

---

① 谢国先,陈积慧.明清时期对海南黎族的多种称谓.三峡论坛,2017(4).
② (清)屈大均.广东新语.卷七·人语·黎人.北京:中华书局,1985:241-242.

清代中期李调元有《南越笔记》，照录这段话。①

这段文字表明，熟黎服差役，靠近生黎居住的熟黎，服三差；靠近"民"（汉族）居住的熟黎，服四差。粮长苛求，导致熟黎唆使生黎为乱。

翻阅早期海南地方文献，可以看到，如《光绪崖州志》中，出现了"三差黎"和"四差黎"这两个称谓。该书将崖州黎族分为东、西两路，先说东路，后说西路：

> 西黎村峒纵横二百余里，分为三差黎、四差黎，凡一百七十有八村……三差黎岭前村峒凡三十……三差黎岭后村峒凡三十有四……四差黎环居乐安汛城，村峒凡一百二十有八……②

《光绪崖州志》在介绍了黎峒田土、村落、风俗之后加按语说：

> 《旧志》村峒以入版图为熟黎，未入版图者为生岐。生岐皆属东黎，渺无可考者十之八。且今州东岭后诸黎，又皆入版图，输赋役，不能以是而分生熟也。细加采访，别无生岐之可名，故仅以岭前、岭后别之，在岭前者为熟黎、岭后者为半生半熟黎。深入至苊笼、大岐……距岭前黎百余里之遥，绝壑危岩，汉人稀至，虽入版图，非声教所及，亦生黎也。其中村峒，无论生熟，或数户为一村，

---

① （清）李调元. 南越笔记·卷七·黎人. 见中国风土志丛刊（第57册）. 扬州：广陵书社，2003：305.
② （清）李调元. 南越笔记·卷七·黎人. 见中国风土志丛刊（第57册）. 扬州：广陵书社，2003：336-337.

或一峒有无数小村，载不胜载，亦略之而已。①

这段话证明，入版图者并不都是熟黎，也有生黎；崖州东之岭后诸黎，即传统所谓的生黎，都已经入版图、输赋役。

《光绪崖州志》并未解释三差黎、四差黎的含义，但结合这段按语来看，该书对这两个称谓的使用，符合屈大均的释义。

一、三差和四差的含义

黎族供赋役的说法，最早出现在宋代。

范成大的《桂海虞衡志》即以是否供赋役来区分生黎和熟黎：

> 黎，海南四郡岛土蛮也……岛之中有黎母山，诸蛮环居四傍，号黎人。内为生黎，外为熟黎……蛮去省地远，不供赋役者名生黎，耕作省地供赋役者，名熟黎。②

但范成大并没有介绍黎族供赋役的具体情形。元代在海南岛实行土司制度。元末明初，前通议大夫、同知海北海南道宣慰使司副都元帅陈乾富投降奏文中说：

> 臣乾富叨授元帅之职任，固守海南，控制乾宁安抚司万安、吉阳、南宁三军，南建一州，属县十有三也。僻居

---

① （清）钟元棣创修，张嶲等纂修.光绪崖州志.见洪寿祥.海南地方志丛刊·光绪崖州志.海口：海南出版社，2006：339.
② （宋）范成大撰.范成大笔记六种.孔凡礼点校.北京：中华书局，2002：157.

海岛,环里三千,外接诸番,中盘百峒,民黎杂处,驿路崎岖。臣所守城池,仅止四州,秋粮几三万石,土地、人民稀少。①

元代并未对海南岛进行较为深入的管理,黎族绝大多数人口既不纳粮,也不当差。

明代取消了元朝对海南黎族实行的土司制度,但朝廷任命的行政官员主要任职于府州县,黎族分布的大量村峒仍由黎族首领进行管理。明清时期的海南人口,除了官员、军人、商人、生员等之外,主要包括四个群体:民、黎、灶、疍。"民"指汉族,黎指黎族;灶、疍不是民族群体而是职业群体。这四个群体对国家所承担的经济负担是不一样的。与"民"相比,黎、灶、疍享受不同程度的政策优惠。

《光绪临高县志》就赋役引《续志》之按语说:

> 谨案:条编四差银,其目曰均瑶,曰均平,曰民壮,曰驿传。原明初编里应役,十甲轮年科钱于官以备用。凡给官薪役食曰均瑶,祭祀杂支曰均平,其民壮则按里佥名,驿传则计粮点马,名为四差,皆于麦粮之外另行加派,后多浮滥。嘉靖间,给事中姜性奏行条编,通估岁需,均派于粮。唐宋以来,赋役至条编而一变矣。今俗称条饷,即此项也,岁增之额等于正供,自此天下不

---

① (明)唐胄纂.正德琼台志.见洪寿祥.海南地方志丛刊·正德琼台志.海口:海南出版社,2006:50.

复知有力役之征。①

《光绪临高县志》所称《续志》，不知修于何年。查樊庶纂修《康熙临高县志》，其中并无这段按语。虽然暂未查到这段按语的出处，但它对于我们认识海南地方志中的三差黎和四差黎极为重要。

这段按语说四差指均瑶、均平、民壮、驿传。

三差指均瑶、均平、民壮。《宣统定安县志》解释明代三差说：

> 三差民米，人丁无优免，每丁石俱派徭差、民壮、均平银三钱六分三厘一毫九丝二忽。②

明代万历年间张居正改革以后，杂泛差役纳入条编。明清时期的海南黎族并不承担所有的杂泛差役，而只是承担其中一部分。《光绪崖州志》说西路黎族承担的差役或是三差、或是四差。

二、黎田纳粮，但未必征差

明清时期海南多种地方志罗列黎族的田地统计。黎族田地既然被统计到国家田地总量中，则黎族田地自然要承担向官府纳粮的任务。

《正德琼台志》统计明代琼州府田地时说："府，官民田、地、

---

① （清）聂缉庆、张延主修，桂文炽、汪瑔纂修. 光绪临高县志. 见洪寿祥. 海南地方志丛刊·光绪临高县志. 海口：海南出版社，2006：172-173.
② （清）宋席珍续纂，莫家桐编. 宣统定安县志. 见洪寿祥. 海南地方志丛刊·宣统定安县志. 海口：海南出版社，2006：204.

山园、塘大约二万上下顷亩,名凡二十色,起科凡一十八则。"① 琼州府三州十县都有黎族,但仅在澄迈县有对黎田、黎地、黎塘的统计,在万州、陵水有对黎地的统计。②

《嘉靖广东通志初稿·琼州府》记载,澄迈县、万州、陵水有黎田、黎地、黎塘。③

《嘉靖广东通志·琼州府》仅记载"本朝官民田、地、山塘""嘉靖三十一年,官民田、地、山塘",未记载黎田、黎地、黎塘。④

《万历琼州府志》虽未单列黎田、黎地、黎塘,但罗列了明初到万历年间增设黎族都图的情况,⑤还注明澄迈有黎田、黎地、黎塘,万州、陵水有黎地。⑥

《乾隆琼州府志》在统计田、地、山塘时,未单列黎田、黎地、黎塘,但统计了黎族人口:"雍正八年至十年,黎人归化,附入版图,黎丁共四千四百一十丁口。内除一千五百五十四丁幼男、妇女一千六百七十四口不征外,尚黎丁一千一百八十二丁"。⑦还统计了

---

① (明)唐胄纂.正德琼台志.见洪寿祥.海南地方志丛刊·正德琼台志.海口:海南出版社,2006:237-238.
② (明)唐胄纂.正德琼台志.见洪寿祥.海南地方志丛刊·正德琼台志.海口:海南出版社,2006:238-239.
③ (明)戴璟修,张岳等纂.嘉靖广东通志初稿·琼州府.见洪寿祥.海南地方志丛刊·嘉靖广东通志初稿·琼州府.海口:海南出版社,2006:134-136.
④ (明)黄佐纂修.嘉靖广东通志·琼州府.见洪寿祥.海南地方志丛刊·嘉靖广东通志·琼州府.海口:海南出版社,2006:336.
⑤ (明)戴熺、欧阳灿总裁,蔡光前等纂修.万历琼州府志·卷五·赋役志·土田.见洪寿祥.海南地方志丛刊·万历琼州府志.海口:海南出版社,2006:235-236.
⑥ (明)戴熺、欧阳灿总裁,蔡光前等纂修.万历琼州府志·卷五·赋役志·土田.见洪寿祥.海南地方志丛刊·万历琼州府志.海口:海南出版社,2006:239.
⑦ (清)萧应植修,陈景埙纂.乾隆琼州府志·卷三·田赋志.见洪寿祥.海南地方志丛刊·乾隆琼州府志.海口:海南出版社,2006:315.

定安县、乐会县、儋州、陵水的黎丁数量,[①] 以及明代以来到清乾隆年间增设黎族都图的情况。[②]

《道光琼州府志》也说明代澄迈有黎田、黎地、黎塘,陵水有黎田,[③] 清代琼山、乐会、万州、感恩有黎田,儋州有黎地,万州有黎塘。[④]

多种志书证明,直至清末,海南对于在编人丁,征粮之外还征四差。粮和差均可折银,粮银是粮银,差银是差银。但对黎、灶、疍则有特殊照顾。

明清时期民田、黎田、黎地、黎塘,很多地方只纳粮而不征差。《正德琼台志》说:

> 国朝本府所辖州县里分多寡不等。内琼、澄、临、定、文、乐六县,儋、万二州,俱十年一编。会、昌、陵、崖、感五州县,俱五年一编。间有黎图,自无编差。盐疍人丁,免其办盐课及例免田粮外,其该差,都图府州县躬亲清审。[⑤]

[①]（清）萧应植修,陈景埙纂.乾隆琼州府志·卷三·田赋志.见洪寿祥.海南地方志丛刊·乾隆琼州府志.海口：海南出版社,2006：316.
[②]（清）萧应植修,陈景埙纂.乾隆琼州府志·卷三·田赋志.见洪寿祥.海南地方志丛刊·琼州府志.海口：海南出版社,2006：317-318.
[③]（清）明谊修,张岳崧纂.道光琼州府志·卷十三·经政志·科则.见洪寿祥.海南地方丛刊·道光琼州府志.海口：海南出版社,2006：614.
[④]（清）明谊修,张岳崧纂.道光琼州府志·卷十三·经政志·科则.见洪寿祥.海南地方丛刊·道光琼州府志.海口：海南出版社,2006：617-624.
[⑤]（明）唐胄纂.正德琼台志.见洪寿祥.海南地方志丛刊·正德琼台志.海口:海南出版社,2006：269.

明清时期海南岛的三差黎和四差黎

"间有黎图,自无编差",说明黎族虽入都图、承担纳粮义务,但不服差役是天经地义的一贯政策。

万历《琼州府志》也说,"黎图及灶疍等户"免编"银、力二差"。①

《康熙儋州志》说:

> 内除黎附、顺化米一百四十一石一斗七升六合九勺,例全征本色,免编粮差,该银一百零一两六钱四分五厘一毫……又黎灶米六百九十四石二斗三升五合五勺,例免四差,该银三百零二两七钱九分八厘四毫。②

《清实录》卷九十二《世宗雍正实录》载:

> 雍正八年三月丙子,署广东巡抚傅泰疏言,琼州府属生黎,诚心向化,愿附版图,请照例编入保甲,准其输纳丁粮。得旨:"朕念生黎无田可耕,本不忍收其赋税。但伊等倾心依向,若将丁银全行豁免,恐无以达其抒诚纳贡之悃忱。着将每名情愿输纳丁银二分二厘之数,减去一分二厘,止收一分,以作徭赋。"③

这段话也说明黎族在纳粮供赋方面受到优待。多种记录证明,

---

① (明)戴熺、欧阳灿总裁,蔡光前等纂修.万历琼州府志·卷五·赋役志·土田.见洪寿祥.海南地方志丛刊·万历琼州府志.海口:海南出版社,2006:265.
② (清)韩祐重修.康熙儋州志·卷一·食货志.见洪寿祥.海南地方志丛刊·康熙儋州志.海口:海南出版社,2006:83.
③ 清实录.卷九十二·世宗雍正实录.北京:中华书局,1985-1987:232.

这种优待也不只是针对新附黎族。

《光绪澄迈县志》介绍清代赋役时说，黎、灶、疍丁"例不派四差、盐钞"。①

《民国感恩县志》说：

> 县属分三星、美俘、大縈、夏黎四种，言语有异同。皆嚣顽无知，伏居深山。性犷悍，不服教化，不供赋役。

田、地、山塘等都要记亩科米，而米可折银缴纳。这对汉族和黎族都是相同的。但是，每亩折米的数量，民田与黎田或有差别。

以清代琼山县为例：

> 上则殷苗每亩科官米二合七勺二抄九撮零，民米三升一合五勺零。中则殷苗每亩科官米二合七勺三抄□撮零，民米二升四合一抄零。下则殷苗每亩科官米二合七勺三抄九撮零，民米一升七合六勺九抄七撮零。……林湾黎田苗每亩科官米二合七勺三抄九撮零，民米一升七合六勺九抄七撮零。②

黎田征收粮食的标准，与民田的下等田相同。

米粮折银的比例，汉族和黎族可以区别对待。《民国感恩县志》记载：

---

① （清）龙朝翊主修，陈所能等纂修.光绪澄迈县志·卷四·赋役志·户口.见洪寿祥.海南地方志丛刊·光绪澄迈县志.海口：海南出版社，2006：220.
② （清）萧应植修，陈景埙纂.乾隆琼州府志·卷三·田赋志.见洪寿祥.海南地方志丛刊·乾隆琼州府志.海口：海南出版社，2006：323.

> 一则，民田，每亩科官民米三升二合一勺，折征饷银四分三厘六毫二丝一忽。
>
> 一则，归化黎田，每亩科官民米三升二合一勺，折征饷银二分二厘一毫七丝一忽四微七纤九沙。①

征粮之外，虽然对黎族"例不派四差"，但实际情况总是处于变化之中。《万历琼州府志》介绍熟黎时说："有纳粮当差之处，有纳粮不当差之处"。②究竟何处既纳粮又当差、何处纳粮不当差，则需对海南各地进行具体研究之后才能得出结论。

因为对黎族有经济照顾，所以一些不法分子就钻空子，让原本纳粮而又当差的人口（其中既有汉族也有黎族）变成"梗化"的黎人。王佐谈到永乐时期的情况，就说：

> 当时熟黎已有州县一半之人民，又取未报者作为新招，致有梗化户口之多。③

《嘉靖广东通志·琼州府》言之甚详：

> 永乐初，用监生潘隆本奏言，名梧州府通判刘铭除来本府抚黎，寻升知府名色，专一抚黎，因是谋分府权，奏

---

① 周文海重修，卢宗棠、唐之莹纂修.民国感恩县志·卷十三·黎防志.见洪寿祥.海南地方志丛刊·民国感恩县志.海口：海南出版社，2006：154.
② （明）戴熺、欧阳灿总裁，蔡光前等纂修.万历琼州府志·卷五·赋役志·土田.见洪寿祥.海南地方志丛刊·万历琼州府志.海口：海南出版社，2006：410.
③ （清）樊庶纂修.康熙临高县志·卷十二·艺文.见洪寿祥.海南地方志丛刊·康熙临高县志.海口：海南出版社，2006：180.

将周围三千里内近山都图版籍粮差者,并累代各省从征不归,落土耕田,通名为熟黎者,悉与所属管。黎官作眼招抚生黎为由,就据以为本管,而土人借知县、县丞等职者,自比云南、广西,称为土官。永乐十年,造册收入熟黎未报丁口,报作新招归附黎户,名为梗化,亦纳粮不当差。暗分州县人民,立作二万余户、四万九千余名口,以致躲差奸民投作梗化。此非旧制也。宣德、正统以来,革去抚黎知府等官,而管黎知县等官子孙不得世袭节奉。勘合熟黎,归属有司,革官子孙勿得占管,仍回州县当差。弘治十七年,又拔作梗化,其中多有耻者,亦有无知之徒,乐为梗化,得免差徭。①

所谓"梗化",就是不服王化,也就是不纳入封建管理体制。梗化者虽编制户口,也可能纳粮,但不服差徭。研究明清时期黎族与汉族之间的融合,这个插曲也很重要。

三、三差黎和四差黎的当差情况

就笔者有限的阅读来看,海南明清地方志中仅《光绪崖州志》说崖州有三差黎和四差黎。如前所述,明清时期,海南岛上编入都图的黎族有纳粮当差者,也有纳粮不当差者。崖州黎族纳粮又当差。《光绪崖州志》介绍本州赋役极为详细,从中可得如下数字:

原额田、地、塘:217926.113亩。

---

① (明)黄佐纂修.嘉靖广东通志·琼州府.见洪寿祥.海南地方志丛刊·嘉靖广东通志·琼州府.海口:海南出版社,2006:545.

应科官米：470.608 石。

实科官米：470.5882 石。

每石派官粮料银：0.311077 两。

共官粮料银：470.5882×0.311077 ≈ 146.389 两。

每石粮派四差银：0.573824 两。

共四差银：470.5882×0.573824 ≈ 270.035 两。

每石总派粮料四差银：0.311077 + 0.573824=0.884901 两。

共银：470.5882×0.884901 ≈ 416.424 两。

应科民米：3522.1924 石。

实科民米：3522.0972 石。

每石派民粮料银：0.530886 两。

共民粮料银：3522.0972×0.530886 ≈ 1869.8321 两。

每石粮派四差银：0.573824 两。

共四差银：3522.0972×0.573824=2021.0639 两。

每石总派粮料四差银：0.530886+0.573824=1.10471 两。

共银：3522.0972×1.10471=3890.896 两。

内除减免：

官绅、举贡、监生、员吏免米：327.9726 石。

官绅、举贡、监生、员吏例免差银：152.9127 两；灶米：30.5554 石，例减差银：0.8186 两。

岭前熟黎米：395.8808 石，例减差银：86.2696 两。

岭后生黎米：587.3551 石，例减差银：352.7737 两。

通共减银：152.9127+0.8186+86.2696+352.7737=592.7746 两。

扣回官绅优免米银：152.9127 两。

实编银：3890.896-592.7746+152.9127=3451.0341 两。[①]

分析以上数字，可得到以下认识：

如果熟黎米派四差银：395.8808×0.573824=227.1659 两。

熟黎米例减差银比例：86.2696÷227.1659×100%=37.98%。

屈大均《广东新语》说生黎米派三差银，我们也假定崖州生黎米征收三差银，但光绪《崖州志》未交代每石米生黎应征收多少三差银。我们参照光绪《澄迈县志》的有关记载，可以计算出三差和四差之间的比例关系。

《光绪澄迈县志》统计澄迈赋役数字为：

官民米总计：10316.567 石。

每石派粮料银：0.375314 两。

该银：10316.567×0.375314=3871.952 两。

每石派四差银：0.268168 两。

该银：10316.567×0.268168=2766.5731 两。

每石总派粮料银、四差银：0.375314+0.268168=0.643482 两。

共银：10316.567×0.643482=6638.5252 两。

内除减免：

官绅、举贡、监生、员吏优免米：523 石。

官绅、举贡、监生、员吏例免三差该银：120.5735 两。

准丁免米：11 石，例免差壮该银：2.2569 两。

黎、灶米：1908.0278 石。

黎、灶米例免四差该银：511.6786 两。

三项共免银：120.5735+2.2569+511.6786=634.509 两。

[①]（清）钟元棣创修，张嶲等纂修.光绪崖州志.见洪寿祥.海南地方志丛刊·光绪崖州志.海口：海南出版社，2006：192-193.

实编银：6638.5252-634.509=6004.0162 两。

扣回员役（官绅、举贡、监生、员吏及准丁）优免米银：122.8304 两。

实编银：6004.0162+122.8304=6126.8466 两。[①]

从以上数字，可以计算出：

每石米征收三差银：120.5735÷523=0.2305 两。

每石米征收四差银：511.6786÷1908.0278=0.26817 两。

三差银与四差银的比例关系：0.2305÷0.26817×100%=85.9529%。

以澄迈三差银和四差银之间的这个比例关系，可以计算崖州每石米征收三差银的数额。

崖州三差银：四差银 0.573824×85.9529%=0.49322 两。

如果崖州按每石米征收三差银：0.49322 两，则岭后生黎米应征收三差银：587.3551×0.49322=289.69528 两。

光绪《崖州志》说，岭后生黎例减差银 352.7737 两，这就超过了我们按照比例关系计算出来的数字，说明崖州岭后生黎并非按照少于四差银的比例交纳差银。

实际上，如果岭后生黎交纳四差银（而不是像屈大均所说的那样交纳三差银），他们的 587.3551 米也只需交纳 339.6816 两银（587.3551×0.578324=339.6816）。因此，光绪《崖州志》所记岭后生黎 587.3551 石米例减差银 352.7737 两，减免数量已经超出了应缴纳的数量。这个问题还需进一步研究。

无论如何，三差黎、四差黎的概念以及实际上对三差黎和四差黎的赋役减免措施，都让我们看到中国古代的民族政策与今天

[①]（清）龙朝翙主修，陈所能等纂修. 光绪澄迈县志·卷四·赋役志·户口. 见洪寿祥. 海南地方志丛刊·光绪澄迈县志. 海口：海南出版社，2006：224-225.

的民族政策之间也存在着某些一致性。那就是，在经济上给予社会发展程度较低的少数民族适当照顾。中华民国期间，崖州黎族每亩纳粮数额也仅为汉族每亩纳粮数额的一半。民国七年（1918年）所立《崖县公署碑》记载：每名民丁征铜钱一千八百文，每名黎丁征铜钱九百九十文；民米一石征钱五千文，生黎米一石征钱一千八百文。[1]

明清时期黎族融入中国封建制度的程度比此前各朝各代都更加深，但学术界对这个融入过程的研究还不够全面透彻。从宋代一句笼统的"不供赋役者为生黎，供赋役者为熟黎"，到清代的三差黎和四差黎，说明认识有了进步，但就封建统治者在黎族地区进行的行政管理和实施的赋役制度而言，需要研究的问题还很多。

（作者单位：海南热带海洋学院）

---

[1] 黄怀兴. 三亚史迹叙考. 海口：南方出版社，2006：204.

台湾本"琼黎图"
——《黎人风俗图说》考释

王献军

"琼黎图"是清代康熙、雍正时期治理海南黎族过程中官方为掌握"黎情"而绘制的黎族风俗图画。在后世流传的过程中,原本经传抄、改绘而形成多种不同的版本,构成与"苗图"系列不同的清代少数民族图册的一个独具特色的系列。目前存世的"琼黎图"有五种:一是国家博物馆所藏的"琼黎图",称之为《琼州海黎图》;二是中央民族大学图书馆所藏的"琼黎图",称之为《琼州黎族风俗图说》;三是广东中山图书馆所藏的"琼黎图",称之为《琼黎一览图》;四是海南省博物馆所藏的"琼黎图",称之为《琼黎风俗图》;五是台湾"中央研究院"历史语言研究所傅斯年图书馆所藏的"琼黎图",称之为《黎人风俗图说》。[①]

在五种版本的"琼黎图"中,有四种藏于中国大陆,一种藏于台湾。藏于大陆的四种"琼黎图",易于被大陆的学者所查阅,故已被学者们所熟知和研究,如海南出版社于2001年出版的由符桂

---

① 台湾"中央研究院"历史语言研究所傅斯年图书馆所藏的"琼黎图",祁庆富在《清代少数民族图册研究》一书中称之为《黎人风俗图》,不准确。今据台湾文汇印刷资讯处理有限公司2015年出版的由刘铮云主编的《傅斯年图书馆藏未刊稿抄本》(史部·第二十一册),应为《黎人风俗图说》。台湾"中央图书馆"1991年出版的由宋光宇撰辑的《华南边疆民族图录》一书,也称之为《黎人风俗图说》。——笔者注

花主编的《清代黎族风俗图》一书，就把国家博物馆所藏的《琼州海黎图》、广东中山图书馆所藏的《琼黎一览图》和海南省博物馆所藏的《琼黎风俗图》三种版本汇集成了一册，加以出版和介绍，使得大家了解到了这三个版本的情况。中央民族大学出版社于2012年出版了祁庆富、史晖著《清代少数民族图册研究》一书，对中央民族大学所藏的《琼州黎族风俗图说》、国家博物馆所藏的《琼州海黎图》和广东中山图书馆所藏的《琼黎一览图》三个版本的"琼黎图"进行了详细的考释。2004年，李元茂在《文物世界》第3期上发表了《明邓廷宣款〈琼黎风俗图〉鉴定刍议》一文，对海南省博物馆所藏的《琼黎风俗图》最初装裱年代做了鉴定；2007年3月13日的《海南日报》上，刊发了袁锋写的《现存最早的黎族社会生活画册——〈琼黎风俗图〉从河南回到海南》，对原藏于河南省新乡博物馆、现藏于海南省博物馆的《琼黎风俗图》做了全面介绍。但藏于台湾的"琼黎图"版本《黎人风俗图说》没有正式出版，由于大陆学者没有人接触到这一版本，而台湾学者又无人详加研究，故一直不太为人所知，尤其是对这一版本的详细情况，更是无人加以考释。[①]

笔者一直关注着各个版本的"琼黎图"，也一直想寻找机会去查阅台湾的这部"琼黎图"。2018年10月，笔者利用到台湾参加学术会议的机会，前往傅斯年图书馆查阅到《黎人风俗图说》，有幸目睹了这个版本"琼黎图"的真容，故不揣浅陋，详加考释，撰成本文，以飨方家。

[①] 1991年，台湾"中央图书馆"出版了由宋光宇撰辑的《华南边疆民族图录》一书，对台湾"中央研究院"历史语言研究所傅斯年图书馆所藏的《黎人风俗图说》进行了简单介绍，但没有作详细的考释。——笔者注

一、《黎人风俗图说》概述

《黎人风俗图说》一书藏于台湾"中央研究院"历史语言研究所的傅斯年图书馆，该书为清墨书彩绘本，一册，原纸高 34.5 公分、宽 29.6 公分。书中未题编绘者姓名。书中册页散装，为 26 开，分为两大部分。第一部分为"总说"内容，有"疆域形胜""民风土俗""防海""安黎""黎人总说""服饰状貌""孳生出产"等文字，8 开。第二部分是"图说"内容，有"居处""宴会饮食""结婚""纳聘""迎娶""跳鬼割鸡""耕""获""织""渔""采藤""采香""运木""渡""交易""战""斗""传箭"等 18 幅图，18 开，其中除"传箭"一图有图无说外，其余 17 幅图均为左图右说。

《黎人风俗图说》一书藏于傅斯年图书馆，其原件深藏于库中，一般不轻易给读者观看。但为了便于读者查阅，该图书馆将此书编入了《傅斯年图书馆藏未刊稿抄本》（史部·第二十一册），亦即出了一个复印本让读者查阅。而且，为了让读者了解此书的来龙去脉及基本情况，在编入《傅斯年图书馆藏未刊稿抄本》的《黎人风俗图说》一书中，还插入了由汤蔓媛撰写的前言，对此书做了一个大概的介绍。

据祁庆富先生的研究，五种"琼黎图"可以分成两类：国家图书馆藏的《琼州海黎图》与中央民族大学图书馆藏的《琼州黎族风俗图说》是一类，出自同一底本；中山图书馆藏的《琼黎一览图》、海南省博物馆藏的《琼黎风俗图》、台湾"中央研究院"藏的《黎人风俗图说》是一类，出自另一底本。前一类成书时间早于后一类，后一类有可能是依据前一类的改绘本。①

---

① 祁庆富、史晖等. 清代少数民族图册研究. 北京：中央民族大学出版社，2012：129.

那么，台湾"中央研究院"所藏的《黎人风俗图说》这一类的原底本成书时间会是在什么时候呢？汤蔓媛认为原底本的成书时间上限是在雍正八年（1730年）后，下限是在乾隆中叶之前。① 祁庆富先生则认为原底本的成书时间可以确定是在乾隆十年至二十年之间（1745—1755年）。② 笔者认为汤蔓媛的观点似乎更稳妥一些。由于汤蔓媛已经对原底本的成书时间为什么是在雍正八年（1730年）之后、乾隆中叶之前做了说明，兹不赘述。

至于《黎人风俗图说》是何人所绘，又是如何收藏于台湾"中央研究院"历史语言研究所的傅斯年图书馆的，限于资料匮乏，都无从考证。

二、《黎人风俗图说》之"总说"考释

《黎人风俗图说》的"总说"包括疆域形胜、民风土俗、防海、安黎、黎人总说、服饰状貌、孳生出产七个部分。与第一类的《琼州海黎图》和《琼州黎族风俗图说》相比，一是它没有一张地理图——"琼州舆图"；二是"总说"的文字内容相差甚远。第一类的"海黎图"的文字内容为"沿海冲要、原黎、诸黎村峒、议黎、海黎条议"五个部分；③ 而与同一类的《琼黎一览图》相比，它多出了"防海"这个部分的文字内容，而《琼黎风俗图》则根本没有"总说"这一内容。

---

① 刘铮云. 傅斯年图书馆藏未刊稿抄本·史部·第二十一册. 台北：台湾文汇印刷资讯处理有限公司，2015：503-504.
② 祁庆富、史晖等. 清代少数民族图册研究. 北京：中央民族大学出版社，2012：192.
③ 这五个部分的内容只有中央民族大学图书馆的《琼州黎族风俗图说》有这部分内容，而国家博物馆的《琼州黎族风俗图说》则没有。——笔者注

"总说"第一部分是"疆域形胜",共计541个字,主要讲述的是琼州的地理位置、行政建置沿革、五指山与黎母山的基本状况以及发端于此二山的水源、黎族地区的山川地貌。

"总说"第二部分是"民风土俗",共计284个字,主要讲述的是琼州的气候与风俗习惯,不过讲的是当时整个琼州的情况,并没有特指黎族与黎区。

"总说"第三部分是"防海",共计345个字,主要讲述的是琼州沿海的地理、气候、港口以及水师的驻防与稽查情况,与黎族关系不大。

"总说"第四部分是"安黎",共计367个字,主要讲述的是如何采取适当的措施来管理黎族、安定黎族、稳定黎族地区的治安。

此四部分内容,据笔者考证,大体上来自于清代海南府志、县志中的"地舆志"(或作"疆域志")、"海黎志"中的相关内容,如"疆域形胜"来自于"地舆志"中的沿革、疆域、山川,"民风土俗"来自于"地舆志"中的"风俗","防海"来自于"海黎志"中的"防海","安黎"来自于"海黎志"中的"条议"。不过,这四部分的内容并非是对地方志中相关内容的原文抄录,而是做了一定的取舍,进行了高度的归纳与总结。因此,从史料学的角度考虑,这四部分内容的史料价值并没有什么独特之处,价值不是很大,但也并非没有一点可取之处,因为某些归纳与总结的文字,据笔者看来,还是相当到位的。

"总说"第五部分是"黎人总说",共计324个字,全文如下:

黎人总说

琼州黎岐,种类不一,迁徙靡常。文昌居琼之东北隅,在琼山定安之外,原无黎岐;会同、澄迈,熟黎尽成编户，不异齐民。其余各州县之黎，约有九种：曰黎岐、曰侾黎、曰黎鬊，此熟黎也；曰下脚黎、曰大厂黎、曰小厂黎、曰岐黎、曰霞黎，此生黎也。习俗大势相同，服饰居处各异。曰生岐黎，则处深山之内，逼近五指，无衣服屋宇，近于禽兽，其俗不可考。盖邻民居者为熟黎，言语多似广西梧州等处乡音，服王化，知法度者也。其内为生黎，勇鸷犷悍；不当差，不纳粮，亦罕出外，其言语不可晓，必藉熟黎为译。然水土最恶，人亦不能至其地。又其内始为生岐。相传黎母山有女自卵中诞生，适外来番男与之偶，为生黎生岐之所自出。熟黎本南、恩、藤、梧、高、化诸州人，多王符二姓，先世从征到此，利其土、乐其俗，窜入其中，彝其险阻，创为村峒。先入者为峒首，共力者为头目，父死子继，夫亡妇主，亦有闽广亡命杂居其中，习与性成，子孙亦为黎矣。此其大略也。①

这一部分内容的最有价值之处是它把黎族的内部族群划分为"黎岐、侾黎、黎鬊、下脚黎、大厂黎、小厂黎、岐黎、霞黎、生岐黎"九种，而且明确指出前三种是熟黎，第四到第八种是生黎，生岐黎是单独一类，既不是熟黎，也不是生黎。这一划分方法不见于这之前问世的和同时期的地方志及其他史料中，只是稍后一点问世的《黎岐纪闻》中有类似说法；不过《黎岐纪闻》一书中明确说

---

① 刘铮云. 傅斯年图书馆藏未刊稿抄本·史部·第二十一册. 台北：台湾文汇印刷资讯处理有限公司，2015：515-516.

明它的这一说法是取自于《图说》——"海黎图"。[1] 所以可以断定，这一族群的划分方法最早即出自于《黎人风俗图说》。

此外，"黎人总说"中提到了一个黎族来源的传说："相传黎母山有女自卵中诞生，适外来番男与之偶，为生黎生岐之所自出"。考证这一传说，最早出自《正德琼台志》，原文为："刘谊《平黎记》云，故老相传，雷摄一蛇卵生黎山中，生一女，号为黎母。食山果为粮，巢林木为居。岁久，致交趾之蛮过海采香，因与结配，子孙众多，开山种粮"[2]。此后《康熙琼州府志》《乾隆琼州府志》《光绪定安县志》《宣统定安县志》中都有记载，内容大同小异，但都把"交趾蛮过海采香与黎母结合"一段删掉了。而此部分内容对这一传说的记载，保留了这一内容，但将"交趾蛮"改为"番男"，而且指出他们的后代是"生黎、生岐"，这一点不仅《正德琼台志》中没有，其他几种地方志中也未见到。

"总说"第六部分是"服饰状貌"，内容较多，共计859个字，全文如下：

> 服饰状貌
>
> 黎种类之不同，唯服饰可以别之：
>
> 黎岐。男结发为髻，耳垂大环，或银或铜不一；上衣粗麻短衫，下著犊鼻裤，佩黎刀，长尺余，以木为柄，编藤为鞘。近年薙发结辫者居多，则以竹笠为冠，冬夏常著

---

[1]（清）张庆长撰，王甫校注.黎岐纪闻.广州：广东高等教育出版社，1992：116. 此外，需要说明的是，《黎岐纪闻》中的确是把当时的黎族内部族群划分成了九种，其中前八种与《黎人风俗图说》中的划分完全一致，只是在最后把"生岐黎"也划入"生黎"之中，而没有单独归为一类。——笔者注

[2]（明）唐胄纂.正德琼台志.海口：海南出版社，2006：847.

之。妇两颊及颏,俱刺花纹,涅以蓝靛,结发束以银圈,覆以五色花帕,长可及肩。纫木棉为线,杂染麻及绒织吉贝为之帕,下缀五色绒绳,尺余长者数十条,绳端系铜钱,名为头标,互击有声以为媚。两耳亦垂大环,项围铜圈,如项之大。身穿短衫,长至腹,绣四围如镶边然。下衣如竹筒,幅布对缝之,长不蔽膝,名曰黎桶,象形也,五色如帕制。

侾黎。男发结额前,或银或竹木以为簪,亦垂耳环,上下衣与黎岐同,亦有不著下衣,仅以四五寸粗布二片,上宽下窄蔽于前后,名曰黎幓。妇髻结垂后,不覆帕,余如黎岐而桶长至胫,面亦涅直纹数行,而下颏则无。

黎鬃同。

下脚黎。发结前而簪以小刀,耳环下垂,上衣以布一幅,穴其中,以首贯之,无袖,长不掩脐,无下衣,腰前后各系方花布一幅,名曰厂。妇披发不结,耳垂铜环,项围铜圈,腮颊刺纹如侾黎,上衣短衫,或吉贝或青布一幅,中开一长穴,后至背,前至胸下,各留五六寸许不断;下衣黎桶,吉贝为之,长至胫。男、妇手臂足胫俱刺纹数行。

大厂黎。结发在前而束以圈,或铜或银,阔半寸许,大视发多少,名曰包鬃。两耳垂环,上衣同下脚黎,遇吉凶则衣如民人之马褂,或花、或绿、或青不等,四围嵌以绿色矾珠,无下衣,前后各花布一幅,亦名曰厂;较下脚黎稍小,上狭下宽,有唛。两手背或有涅纹。妇结发在后,两耳带环,项圈绿色矾珠数扎,如项之长;亦有结发于前若黎男者,上衣如下脚黎而长,距膝前后近下,各绣一方幅，五色灿烂如鲭鲅然；胸前衬以抹胸，或蓝或青；下衣黎桶，长敷足面；两颊刺纹涅靛如俲黎。

小厂黎。男同大厂黎，唯厂小不及半，故名。妇结发在后，或有披发不结者。戴耳环，围项圈，上衣下桶，如下脚黎，面涅纹曲其端如半圜。

岐黎。男结发居中，贯以簪，前以薄银片掩之，亦曰包鬃；耳带大环，下垂至肩，亦有一耳带两环者，无衣袴，唯以粗布一小幅兜其前后，亦曰黎幓；隆冬之时，取树皮锤软，日以蔽体，夜以代被。妇披发不结，垂耳环，带项圈，上衣黎布短衣，制如下脚黎。黎布者，纴以麻织成之，染之以缁，而绣花其上。下衣黎筒，或吉贝，或黎布为之；刺两颊及下颔为纹而涅以靛。

霞黎。服饰与岐黎同，手足刺纹涂靛与下脚黎同，亦有服饰俱同下脚黎者；惟妇结发为髻，则与二黎有异。

若状貌则大概相同，生熟一致。男肤紫黑，目直视，与民人稍异；妇面白而目长，亦不殊民妇焉。①

这部分内容是"总说"中史料价值最高的部分，因为在此之前和同时期的其他史籍中，还从来没有一部书把黎族内部各族群的服饰状貌描述得如此详细，从而使我们对清代前期黎族的服饰状貌有了细致的了解。如《乾隆琼州府志》对黎族服饰状貌方面的描述是这样的："衣用布缝如单被，或织吉贝为之，前后下垂，无袖，穴其中央，以头贯之。下体为裙，长不掩膝。惟髻跣足，插银铜钗，

---

① 刘铮云．傅斯年图书馆藏未刊稿抄本·史部·第二十一册．台北：台湾文汇印刷资讯处理有限公司，2015：517–520.

花幔缠头，戴藤六角帽。妇人高髻，钗上加铜环，耳环垂肩。衣裙皆五色吉贝，裙曰黎筒，不着裈。女子将嫁，夫家颁至涅面之式。女家大会亲属，以针笔涅女面，为极细虫蛾花卉，谓之绣面。女婢则否。"[1] 其他的史籍中对当时黎族服饰状貌的描述与此大同小异。二者相比较，我们可以发现，《乾隆琼州府志》对黎族服饰状貌的描述是简单的、概括性的、粗线条的，而《黎人风俗图说》则是细致入微的、详尽的。显然，《黎人风俗图说》中的描述，其史料价值远高于《乾隆琼州府志》。当然，我们在清代的《黎岐记闻》一书中发现了一段对黎族服饰状貌的描述要略详于《乾隆琼州府志》中的内容，不过这部分内容显然是从"海黎图"中抄录而来的。[2]

"总说"第七部分是"孳生出产"，共计229个字，全文如下：

孳生出产

生熟二黎，虽村峒数百，生齿满万，所产稻谷，亦足敷彼间一年之食。崖陵一带，尚有黎米出粜，其米粒大而坚，炊之香闻一室，亦甚悦口，但食之或生痛疟，或成鼓胀，可以伤生，故外人弗宝焉。熟黎近内地所，产惟槟榔、椰子、木棉，其沉香、老藤，及花梨、楠、樟、荔枝、凤眼、鸡心、波罗、桄榔等木出自生黎深峒，外贩全资交易。近来黎人狡黠，因交易每为外贩所欺，值不相偿，若遇采办，外人不能深入，全藉黎力，自高山下到有水之处已自不易，又自溪流急处下及平川，更为艰难，常因此役，死者累累，遂以天生此种，为绝黎命之根，竟有付之祝融，

---

[1]（清）萧启植，陈景垠. 乾隆琼州府志. 海口：海南出版社，2006：827-828.
[2]（清）张庆长撰. 黎岐纪闻. 王甫校注. 广州：广东高等教育出版社，1992：118-119.

不欲留其萌蘖者。故交易采办，虽数倍其值，犹不易得也。①

这段内容首先讲的是黎米。提起黎米，大多数的史籍中都提到是其味香可口，而这段内容中不仅讲到黎米粒大、味香悦口，还提到"但食之或生痛疟，或成鼓胀，可以伤生，故外人弗宝焉"——这倒是其他史籍中从未提到过的。其次是这段内容还讲到了黎区的各种特产，特别是各种名贵的木材，讲到了这些木材采集的艰难及黎族人为此而付出的巨大代价，所以导致黎区出产的木材不仅价格高，而且不易获得。这段内容也是不见于同时期其他史籍中，因为同时期大多数史籍中仅仅讲到某一种木材出产于黎区而已，此外则没有更多的内容了，如《乾隆琼州府志》就记载："花梨木，紫红色，与降真香相似，有微香，产黎山中。"②即如此。所以，这段内容描述的黎区木材出产方面的相关信息远多于同时期的其他史籍，是非常有价值的。

三、《黎人风俗图说》"图说"考释

《黎人风俗图说》的"图说"有图 18 幅、说 17 条，其中"传箭"一幅有图无说，其他均为左图右说。18 幅图按顺序分别为：图一"居处"、图二"宴会饮食"、图三"结婚"、图四"纳聘"、图五"迎娶"、图六"跳鬼割鸡"、图七"耕"、图八"获"、图

---

① 刘铮云.傅斯年图书馆藏未刊稿抄本·史部·第二十一册.台北：台湾文汇印刷资讯处理有限公司，2015：521.
② (清) 萧启植，陈景埙.乾隆琼州府志.海口：海南出版社，2006：164.

九"织"、图十"渔"、图十一"采藤"、图十二"采香"、图十三"运木"、图十四"渡"、图十五"交易"、图十六"传箭"、图十七"战"、图十八"斗"。

与同属一类的《琼黎一览图》和《琼黎风俗图》相比,比《琼黎一览图》少一幅图"猎";有一幅图名称不同,即《黎人风俗图说》中的图三"结婚",《琼黎一览图》中为"对歌择偶"。比《琼黎风俗图》多3幅图,但实际上只多出一幅图"获",因为《琼黎风俗图》将《黎人风俗图说》中的图四"纳聘"与图五"迎娶"合并为一幅图"纳聘迎娶",又将图十七"战"与图十八"斗"合并为一幅图"战斗"。而且《琼黎风俗图》中有一幅图为"渔猎",与《黎人风俗图说》中的图十"渔"不同,画面多出了"猎"的画面,它是将《琼黎一览图》中的两幅图"渔"与"猎"合并到了一个画面上。此外,《琼黎风俗图》上的"图说"文字还有后人题写的诗句与印章,其他两个版本皆无。上述三个版本的"图说",各版本图的先后顺序略有不同,其文字解释内容基本一致,只是个别文字略有差异。

图一"居处",画的是掩映在椰树之下的黎族干栏式船形屋,上面住人,下面养牲畜,有一女三男四个人物。

图二"宴会饮食",画的是一群黎族人在野外一起聚会餐饮的场面,有人在击鼓,有人在鸣钲,有人在跳舞,有人在用吸管饮啫酒,欢乐无比。

图三"结婚",画的是三女四男共七位黎族人来到野外进行对歌交往的场面,该画面内容与"结婚"标题不符,文字解释部分也是说的黎族男女在春夏之交如何谈情说爱的内容。故该图在《琼黎一览图》中用"对歌择偶"为标题,似更为贴切。

图四"纳聘",画的是男方家人赶着牛、拿着布、挑着酒和米

前往女方家送聘礼的场面。

图五"迎娶",画的是结婚迎娶之日,新郎背着蒙着被子的新娘回家,女方家的两个穿长裙的家人拿着布、挑着酒,一起陪同新娘去男方家的场面。

图六"跳鬼割鸡",画的是一个人在跳跃,前面摆着祭鬼的动物祭品,旁边是三个人在敲锣打鼓,一个人在用刀割鸡的场面。画面反映的是黎族人有病用"跳鬼割鸡"的办法来应对。同一类的《琼黎一览图》和《琼黎风俗图》为该图配的标题是"割鸡跳鬼",而非"跳鬼割鸡",略有不同。

图七"耕",画的是黎族人于雨后驱牛入水田践踏,也即后世所说的"牛踩田",另有两人手捧箩筐播撒稻种的场面。反映的是黎族人传统的水田耕作方式。

图八"获",画的是稻熟之日,黎族男子在田中以手拔稻的收获场面。

图九"织",画的是两位黎族妇女坐在房前,一位在用纺轮纺线,一位在用脚踏织机织布的场面。

图十"渔",画的是两位黎族男子,一位蹲坐在树上,一位站在水中,用弓箭瞄向水中游弋之鱼的射鱼场面。反映的是黎族比较独特的用弓箭射鱼的捕鱼方式。

图十一"采藤",画的是两位黎族男子采藤的场面。其中一位男子在用手拔藤,另一位男子在把拔出的藤捆成束以便搬运。

图十二"采香",画的是黎族男子入深山采香的场面。画上共有四位男子,其中两位在用斧头砍树采香,另两位在采出的香旁抽烟休息。

图十三"运木",画的是黎族男子将采伐出的木材用木排运出的场面。画上有两位黎族男子潜入水中,一位黎族男子在用竹竿撑

木排，采伐出的木材被捆绑在木排之上。画面反映出了当年黎族男子运出木材的艰难。

图十四"渡"，画的是黎族人渡河的场面。其中一位男子抱着葫芦舟渡河，另一位男子撑着木筏渡河。画面反映了当时黎族人用来渡河的两种运载工具，其中尤以葫芦舟引人注目。

图十五"交易"，画的是三个黎族人与一个汉族小商贩进行交易的场面。汉商戴着草帽、挑着担子，卖的是绒线，黎族人手拿着香料与之进行交易。

图十六"传箭"，画的是一个黎族男子，手拿缚藤之竹，奉命告诉其他村峒之人一些事情，该图只有图而无说。查《琼黎一览图》与《琼黎风俗图》，其"传箭"图的文字为："黎内无文字，其峒长有事传呼，则截竹缚藤，谓之传箭。以次相传，群黎见之则趋赴不急，若奉符信然。"[①]

图十七"战"，画的是黎族男子作战的场面。画面上有两个男子骑着牛，四个男子拿着矛，一个男子拿着刀，一个男子拿着弓，所有的男子都红布缠头。

图十八"斗"，画的是黎族民间械斗的场面。其中有两个男子在持械斗殴，一位女子站在中间进行劝解，反映了当时黎族民间若有人厮打斗殴，需妇女进行调解方能制止的习俗。

"图说"中的这18幅图，价值极大，是全书的精华所在，因为在清以前的任何一个朝代，还没有见到一幅反映黎族古代生产生活内容的图画，而本书却以18幅图画之多的场景，真实地再现了清代前期黎族百姓生产生活的众多场景，实属难能可贵。这18幅图

---

① 符桂花.清代黎族风俗图.海口：海南出版社，2007：120、194.

可供学者们在研究黎族古代历史时参考，尤其可以作为黎族古代历史文化专著的插图之用。

"图说"中的文字内容是对每一幅图的画面场景的解释，当然并不完全局限于画面本身。这些文字解释，今天看来虽然字数不多，少则几十，多则上百，但在惜墨如金的古代史籍中却是不可多见的。相比正史、地方志和文人笔记中对相关内容的描述，"图说"中的文字则要详细得多，它提供了更多有价值的相关信息，是学者们研究黎族古代历史文化不可多得的珍贵史料。

（作者单位：海南师范大学）

浅谈黎族与土地崇拜相关的岁时节日及禁忌
——基于黎族地区的田野调查

林日举　王启芬

我国传统的岁时节日,主要是农业文明的伴生物。[①] 黎族作为一个古老的农业民族,在远古时代就出现了土地崇拜,土地崇拜是黎族原始信仰中的重要内容,也可以说黎族的岁时节日是黎族土地崇拜的伴生物。黎族的岁时节日民俗无不包含着土地崇拜的元素。这些岁时节日及禁忌一直影响着人们的生产生活。

一、黎族与土地崇拜相关的岁时节日

从汉代开始,就有汉人移居海南岛,也开启了黎族与汉族的文化交流。至唐代,海南岛上形成了三个文化圈层,即沿海地带汉文化圈、中部黎族文化圈及介于两者之间的汉黎文化交汇圈。[②] 由于受汉族文化影响的程度不同,黎族各方言区形成了不同的岁时节日。

地处五指山腹地的五指山市,原系合亩制地区,这里的杞方言

[①] 钟敬文.民俗学概论.上海:上海文艺出版社,2009:8.
[②] 林日举.海南史.长春:吉林人民出版社,2002:7.

浅谈黎族与土地崇拜相关的岁时节日及禁忌——基于黎族地区的田野调查

黎族的传统岁时节日主要有春节、禾节、牛节等，而且都是与土地崇拜密切相关的节日。

春节是杞方言黎族一年一度最为隆重的节日。初一那天，人们给牛栏、猪圈、鸡笼送年糕，把粽叶挂在果树和谷仓上，妇女们在井边挑水时，要把一个铜钱或一块年糕放在井边，主要是祈求"地鬼"（土地神）保佑人们饲养的家畜，保佑来年生产丰收。

禾节节期是在每年插秧结束是日，每个家族成员都要聚集在一起，杀猪宰牛，大摆酒席，以宴饮的方式来庆祝插秧顺利结束，祈求土地神（"地鬼"）保佑生产丰收。

牛节节期在每年农历的七月或十月的牛日，节日前，人们上山砍来一种叫作"哦母"的木条修理牛栏，并用一种叫作"牛魂石"的石头泡酒喂牛。这一民俗事项的内容主要是表示犒劳一年到头在土地上耕作的耕牛；当节日来临的那天，人们聚集到家族长（合亩制时代称为"亩头"）家杀猪摆酒席，通宵达旦敲锣打鼓，跳招牛福魂舞，祈求"地鬼"保佑耕牛平平安安。

如今，传统的禾节消失了，受汉族文化的影响，人们也引进了端午节、中秋节以及一些新时代的节日。

在原合亩制地区外围的保亭、琼中杞方言黎族地区，因受汉族文化的影响，与土地崇拜相关的岁时节日不仅有春节，还有清明节、端午节、七月十五节（七月中元节）等，在琼中黎族苗族自治县和平镇堑对村一带的杞方言黎族村寨，甚至还有冬至节、八月中秋节。而乐东黎族自治县、三亚市、陵水黎族自治县一带的哈方言黎族地区，因受汉族文化的影响较早、较深，与土地崇拜相关的岁时节日几乎和汉族相一致，岁时节日包括春节、正月十五元宵节（也称"年仔"）、三月清明节、五月端午节、七月中元节、八月中秋节、冬月冬至节等，节日习俗与汉族地区也大同小异。如正月十五元宵节这一天，要杀鸡、买肉、放爆竹，也燃灯通宵，并且包粽子祭祀祖先神；而且人们认为粽子要包馅，馅越多越吉利。其中，保亭黎族苗族自治县赛（台）方言黎族的年仔节，还分为汉人年仔节和黎人年仔节两次举行；陵水黎族自治县隆广镇一带赛（台）方言黎族年仔节上祭祀祖先鬼（祖先神）的祭品要有五酒五饭三杯水等，缺一不可。受汉族文化影响较深的三亚、陵水、乐东、东方、昌江、儋州、万宁的哈方言黎族地区，东方、昌江的美孚方言黎族地区，白沙的润方言黎族地区，家家户户都裹有粽子并杀鸡买肉以祭祀祖先鬼，大部分黎族方言区都有这一天青年男女到河里洗龙水澡、青年和儿童放风筝玩耍的习俗。

七月中元节这天，要杀鸡买肉和以五色纸剪成纸衣、纸钱祭祀祖先鬼，其中，白沙黎族自治县润方言黎族的祭品，必须有十二或二十四个饭团，美孚方言黎族家家都要做粽粑吃。至于中秋节和冬至节，因影响较小，过节活动较简单。过中秋节时家家都学汉人买月饼、杀鸡买肉，祭祀祖先鬼后，大吃大喝；冬至节除杀鸡买肉外，有些人家还做糖糕（用糯米粉和白糖蒸制）祭祀祖先鬼。

二、黎族与土地崇拜相关的岁时节日禁忌

恩格斯说：在社会发展某个很早的阶段，产生了这样一种需要：把每天重复着的生产、分配和交换产品的行为用一个共同规则概括起来，设法使个人服从生产和交换的一般条件。这个规则首先表现为习惯，后来便成了法律。[①] 由于黎族人民对土地十分崇拜，

[①] 马克思，恩格斯. 马克思恩格斯选集（第2卷）. 北京：人民出版社，1972：538-539.

每每怕触犯"地鬼",在欢度节日时确定了一些不能触及"地鬼"的"条例",于是,在漫长的历史长河中,每个与土地崇拜相关的岁时节日都附有许许多多相关的生产生活禁忌,这些禁忌就是黎族民间的习惯法,严格限制着人们的行为。

（一）春节禁忌

五指山腹地的杞方言黎族过年时,为了不冒犯"地鬼",在生产方面立下一些民间禁忌:如年初一不得进行买卖,否则就会把家财卖走了;上山打猎的人们,忌扫地,否则就会触犯"地鬼",非但打不到猎物,还会遭到"地鬼"的惩罚。在琼中黎族苗族自治县、保亭黎族苗族自治县等杞方言黎族地区,以前过年期间要进行狩猎活动时,不仅不能扫地,更不允许行房事,否则不但打不到猎物,还会致家人生病。实行封山育林后,狩猎活动虽然逐渐从生产领域中退出,但是这些地区的黎族在大年初一那天,仍然禁忌从事耕田等生产活动。而与汉族交界或毗邻的地区,包括哈方言、美孚方言、赛（台）方言黎族,在欢度春节期间,均禁忌进行犁田耙田等生产活动,主要是害怕触犯了"地鬼"。

过春节时,除了在生产上有一些禁忌之外,在生活上也有一些禁忌。如五指山腹地的杞方言黎族在年初一那天,家家户户都闭门守家、不外出,不骂人,不讲污秽话,不给狗、猪吃东西,不做买卖,否则就会被"地鬼"惩罚,导致家人不平安。在其他地区的黎族民间,大年初一绝对不能洗衣服、扫地,不能讲不吉利的话,也不能做买卖,认为否则会把家中的钱财洗掉,把好运扫出门外,甚至会让家人生病;大年初一还忌打破碗碟,否则会导致当年口角多。此外,在大年初一忌借别人的东西,当晚忌行房事,忌动土、动刀杀生,忌闯入他人住宅和去邻村串门,等等。在保亭黎族苗族自治县加茂赛（台）方言黎族民间，甚至在大年初一禁忌妇女与男子同桌吃饭，否则就会被"地鬼"惩罚。

（二）牛节禁忌

牛节是黎族的重要节日，特别是杞方言黎族和美孚方言黎族，过牛节比其他节日要隆重许多，这与牛是黎族社会的劳动生产工具，是黎族家庭财富的主要象征有密切关系。每年三月初八、初十，七月插秧后，十月第一个牛日，黎族都要举行隆重的祭牛神招福仪式。到了这天，众人会敲锣打鼓、通宵达旦地欢跳招牛福魂舞。为了不触犯"地鬼"，当日人们不能播种、拔秧、插秧，不能杀牛、卖牛，不能使用牛犁耙田。

（三）禾节和山栏节禁忌

禾节是黎族的传统节日，但这一节日习俗在许多地区的黎族民间早已退出生产生活领域了。中华人民共和国成立后，只在五指山腹地原"合亩制"地区，东方市、白沙黎族自治县境内的黎族民间仍然沿袭着这一传统节日。在五指山杞言地区、东方市的黎族民间仍然称之为禾节，在琼中黎族苗族自治县的黎族民间则称之为吃新节，在白沙黎族自治县的黎族民间称之为吃新米节。每当禾节到来，人们先割一些"稻公""稻母"，并用红线绑好放在谷仓里，第二天才正式下地收割稻子；家家户户都对稻神进行祭奠，并祈求"地鬼"保佑全年生产顺利，恩赐粮食生产丰收。为了娱乐稻神和"地鬼"，节日这一天，人们敲锣打鼓、通宵达旦地跳招稻魂舞。如今这一传统节日淡出了人们的生产生活领域，但相关的禁忌仍一直沿袭下来，如每当收割季节，人们先割一些"稻公""稻母"、用红线绑在一起、放在谷仓里，为了不触犯"地鬼"和稻神，人们忌一开始就下地收割，忌未吃新谷之前把新谷给别人。

山栏节是美孚方言黎族的传统节日。每当山栏节来临，美孚方言黎族各家各户杀猪宰牛，舂糯米糍粑，着盛装，荡秋千、玩耍，互庆来年山栏稻生产丰收，这样的庆祝活动要持续5天。为了不触犯"地鬼"和稻神，人们禁忌杀鸡，认为如果杀鸡，会被地鬼惩罚，以致地里的山栏稻被鸡啄食干净。

至于三月清明节、五月端午节、七月中元节、八月中秋节和冬月冬至节等，由于是从汉区引进的新的岁时节日，尚未形成特别严格的禁忌，但每当这些节日来临，人们说话做事都尽可能不触犯"地鬼"，祭祀祖先神时也十分谨慎。久而久之，这些新的岁时节日也有禁忌了。

三、黎族与土地崇拜相关的岁时节日及禁忌产生的原因和特点

从文化角度审视，黎族与土地崇拜相关的岁时节日之诸多禁忌，有其自身的独特的缘由，并具有与其他民族不同的特点。

其一，黎族土地崇拜的岁时节日及禁忌来源于黎族的自然崇拜和生产生活经验总结，有适应生产和维护节日气氛的功能。

黎族土地崇拜的岁时节日及禁忌，与黎族传统的土地崇拜有着非常紧密的关系，源头之一在于黎族的自然崇拜，是黎族特殊生产生活环境下的必然产物。黎族居住在十分闭塞的山区，土地和山川是人们获取衣食的重要源地，但辛勤的付出并不一定能获得对等的回赠，面对着大自然各种灾害的侵害，人们觉得自身的力量过于弱小，要想生存和安全，需要强大无比、无所不能的"地鬼"来为他们提供保护。对于祈求来保护自己的"地鬼"是不能有丝毫的冒犯

的，必须尽最大可能使自己的行为符合"地鬼"的要求，许多禁忌即随之而生。生产生活经验总结也是黎族土地崇拜岁时节日禁忌产生的重要途径。黎族人通过这些禁忌和大自然建立了非常稳固的依赖关系，构成诸多独具特色的黎族文化宝库中的一部分。

黎族土地崇拜的岁时节日禁忌在一定程度上限制了人们的欲望，这些朴素的自然环境观念，使黎族建立了人和自然的和谐关系。此外，这些禁忌在生产中的提醒、督促和约束功能，也让黎族适时生产、不误农时，为民族的生存和发展提供物质保障。禁忌的约束力和利益取向，也使其成为维护节日气氛的重要手段。

其二，黎族土地崇拜的岁时节日及禁忌有鲜明的民族特色，是黎族传统文化传承的重要载体。

一是体现了黎族鲜明的农耕文化，黎族的主要节日特别是五指山腹地原"合亩制"杞方言黎族的"牛节""禾节"和"山栏节"，都是黎族农耕文化的产物。二是深受汉文化的影响，有明显的汉族文化印迹。黎族原本节日意识非常淡薄，特别是五指山腹地原"合亩制"杞方言黎族，节日很少，只有同汉族杂居的杞方言黎族，受了汉族文化的影响，才有了春节等节日；而乐东黎族自治县、三亚市、东方市等地区的哈方言黎族因受汉族文化的影响最深，不仅同汉民族过同样的节日，甚至节日习俗也和当地汉民族基本相同。三是有浓厚的伦理情愫，这些节日禁忌鼓励人们弃恶扬善，提倡尊老爱幼，追求家庭和睦，不忘祖先功德，喜庆新生等，有利于黎族社会建立良好的人与人之间、人与社会之间的和谐共存关系。"禁忌可使人的动物式欲望受到压抑与限制，人自小受到有关禁忌的教诲,有利于人的伦理道德意识的培养。"[1] 黎族没有自己的民族文字,历史文化主要依靠口头传承,黎族的岁时节日禁忌因其稳定的结构而不断传承下来,历经时代沧桑,并没有随着历史前进的步伐而改变,也没有随着科技水平的提高而消失。这些禁忌文化反而被潜移默化地传播着,渐渐融入黎族的节日习俗,成为黎族传统文化传承的重要载体。

四、关于优化黎族岁时节日的思考

传统的与土地崇拜相关的岁时节日禁忌对黎族生产生活有着深远的影响,从积极因素看,生产禁忌能一定程度上促进黎族同大自然的和谐相处,保证本民族的生存和可持续发展,那些庄严肃穆的岁时节日禁忌仪式有很强的教化功能,能让人们对自然的恩赐充满敬畏和感激;生活禁忌又能一定程度上促进黎族建立尊老爱幼、和谐互助的人际关系,对祖先的敬畏和怀念成为了黎族岁时节日习俗文化的重要组成部分,有利于黎族传统文化的传承。从消极因素看,这些岁时节日禁忌有些来源于鬼神迷信,有虚妄的成分。如何优化黎族岁时节日,笔者有以下思考:一是移风易俗,即破除岁时节日中的迷信,岁时节日重要之处在于教化功能,要通过岁时节日传播正能量,让人们在岁时节日的各种活动中,表达对自然、对祖先、对生命的敬畏、怀念和感激,传承民族精神和历史文化;二是提倡新的节日,在保留传统岁时节日的同时,倡导人们过更能体现当代精神的新节日,或给传统岁时节日赋予新时代的文化元素,让新时代的岁时节日成为黎族乡土文化的重要组成部分,成为黎族未来发

---

[1] 林日举.海南史.长春:吉林人民出版社,2002:177.

展的精神文化寄托，这不仅有利于重构黎族传统岁时节日的面貌，更有利于黎族岁时节日民俗文化的开发与保护。

（作者单位：海南热带海洋学院）

黎族传统村落的符号化与文化重构
——以槟榔谷景区建筑为例

彭修银 熊清华

一、建筑中的符号语言

符号学作为一门学科，是 19 世纪以后才发展起来的。瑞士语言学家索绪尔和美国哲学家皮尔斯是现代符号学的两个主要创始人。索绪尔认为，符号（sign）就是"能指（signifier）"和"所指（signified）"的结合体，"能指"是符号的外在形式，"所指"是符号的深层内容，也就是符号传达的思想情感或者意义。① 皮尔斯进一步丰富了符号的含义，强调一个"能指"之所以能够和一个"所指"结合成为符号，是因为二者存在着一个融合的关系，这个关系就是"意指（signification）"。② 可见，符号是文化的抽象表达，是人类认识事物的媒介，是信息的外在形式和物质载体。美国符号论美学的开创者卡西尔将人和文化界定为符号系统下的存在，文化形式都是符号的形式。其弟子苏珊·朗格提出："艺术，是人类情感的符号形式的创造。"③ 艺术符号的形成需要经过一定时期的历史积淀才能成为某种文化的典型表征，其形成需要经历一定的选择和淘

---

① 〔瑞士〕索绪尔. 普通语言学教程. 高明凯，译. 北京：商务印书馆，1996：105.
② Peirce. New Elements of Mathematics (NEM)4. Hurnanities Press, 1976, pp.20-21.
③ 〔美〕苏珊·朗格. 情感与形式. 刘大基，译. 北京：社会科学出版社，2001：57.

汰，才能最终由某种具体文化形式或现象上升至符号层面。作为信息载体的符号，其具体形式可融入人居环境的建筑、音乐、绘画，衣、食、住、行等各种生活形态中。美国人类学家格尔茨从地方性知识的视角进行田野调查，以"深描"（thick description）民族志的方法，对地方族群的艺术形式进行考察与梳理，并将艺术视为文化的一个扇面和文化符号的一个活态能指，阐释了文化符号的象征意义，从而表征着一种族群集体构造的集体情感。

黎族村落中约定俗成的文化符号是在其历史进程中形成的，积淀着其丰厚的文化思想、观念和情感，是该民族心理结构和审美趣味的外在形式表现，其展现形式具有明显的民族地域特征和民族文化色彩。黎族传统村落人居现实生活中存在的一些表达特定具体意义的符号，蕴含着民族的文化意涵，以具体的艺术形式，例如图形、图像、材质、工艺、色彩的方式依附于日常生活中所居住的建筑、所使用的器物上，传递着特定的文化语义和审美情感，并实现某种功利意愿的功能。黎族传统村落日常生活中的艺术符号体现着符号论思想，是该民族独特文化的抽象体现，是一种与生命交融而成的集体情感的外化形式，也是该民族审美文化的重要载体和表现形式。1952年美国人类学家克罗伯（A.Kroeber）和克莱德·克拉克洪（Clyde Kluckehohn）在对文化定义中指出："文化包括外显或内隐的，通过象征符号习得并传递的行为模式或规定行为的模式，它构成了人类群体的特有成就，其中包括体现这些象征的器物。"[1]在现代美学体系中，苏珊·朗格的符号美学理论认为民族艺术符号还是建构在"模仿说"之上。在朗格看来，"艺术创造中的一切技

---

[1] 林同奇. 格尔茨的"深度描绘"与文化义见. 中国社会科学，1989（2）：159-180.

术，都是在对原型进行的感性抽象物。"① 艺术家在以表象进行一种特殊的"转化"——以模仿的手段去取得某种情感上的意味。

　　黎族传统村落要实现文脉的传承，其独特的艺术文化符号往往是交流和沟通的媒介，同时也是展现其民族的历史进程和文化习俗的语言。各种文化信息在这里产生交汇、碰撞、融合、变异，深刻影响这个地区少数民族艺术符号的发展变化。考察这一变化，无疑可以为不同文化之间的取长补短、文化传播与变迁提供具体的个案说明。迄今为止，学界还没有对民族艺术符号进行确切的定义。相较于民族文化系统的其他内容而言，简单且具有文化内涵的民族艺术符号更容易为大众所理解和认可。我们通常从建筑结构、图腾符号、色彩符号等具有造型特征的图式语言中，总结归纳某个民族在日常生活中的审美特征。在其日常生活的环境空间中，艺术符号的应用范围广泛，符号元素增添了人居环境的艺术气氛，蕴涵了空间设计的设计思想和内在情感。基于符号语言在空间艺术中的运用，黎族村落文化传播更加直观、便利、快捷。

二、黎族传统村落建筑的文化重构

　　美国著名后现代建筑师文丘里就指出："现代建筑某些错综复杂已超出了建筑空间形式所能表达的能力，需要的是直截了当、粗犷，而不是细致曲折，这就需要以象征性符号作为交往传递的主要手段，因此我们的审美激情必然更多地根植于符号而较少依赖空间。那些意识到建筑艺术是一种语言的设计师，将建筑造型视为符号和信息载体。门、窗、柱、隔墙等室内建筑的语言单元，由这些单元

---

① 〔美〕苏珊·朗格.情感与形式.刘大基，译.北京：社会科学出版社，2001：57.

而组成短语、句子,从而具有多层次和多义性。"① 将黎族传统村落文化符号加以抽象、变形、分裂、组合,与建筑形体融合,加强环境的信息传递的作用。这些新的符号,可以使人们更好地来理解设计的含义,加深对设计的印象,艺术设计本身就是符号的一种表达方式,对符号的运用是否合理与准确,是艺术设计作品成败的关键。

空间设计艺术的最终归旨使在完成符号系统中编码者与释码者的身份归属,完成自我符号身份的建构。环境空间设计,实质上是一种时间与空间艺术的综合,设计的对象涉及自然生态环境与人文社会环境的各个领域,是一个综合系统。从狭义上说,它包括室内空间平面布局、家具陈设、装饰品等建筑内部环境设计,以及包含了室外构筑物、雕塑、小品、水体、植物、室外家具等要素的外部环境设计。建筑室内空间既是人类赖以生存、用来遮风避雨的居住空间,也是人们用于各种日常生活起居活动的场所,符号的运用也成为室内空间设计中的重要的表现方式。符号的造型方法、特点、规律以及所蕴含的文化涵义对室内空间设计的表现会起到相当重要的作用。要通过抽象、变形等表现手法对符号进行创造,使之与空间表达发展相统一。在室内空间设计中符号的运用,可以展现一种大众共识的风格调性,例如一抹中国红色、一个红灯笼、一件明式家具是体现中国传统民族风格的代表性元素。建筑室外空间设计通常被称为景观设计,是指人们对建筑以外环境的有意识的人工改造行为,自然景观和人文景观是其设计的主要对象,它常常综合了建筑、雕塑、绿化、小品、公共设施、构筑物等诸多要素。要表达这些文化内涵和审美价值,就需要对自然景观和人文景观等作抽象、

---

① 张朝晖.符号学与环境艺术设计.湖北美术学院学报,2000(3):70-71.

变形等符号化的创造，不同的空间也会因地域的不同而有所差异，可以运用不同的地域符号来体现空间的差异性。

以下将通过对海南三亚槟榔谷原生态黎苗文化旅游区景观建筑（以下简称"槟榔谷"）的分析研究，对其以黎族村落文化为主题的旅游景观构建中所蕴含的黎族传统文化符号语言进行分析。槟榔谷以海南黎苗传统村落文化旅游景观为核心内容，其中模拟黎族村落日常生活、生产、节庆娱乐的场景进行了环境设计，不论建筑形态、室内空间装饰与布局，还是室外景观都融入了黎族、苗族传统的文化符号。槟榔谷虽然并不能完全还原"原生态"的黎族村落景观和人居状态，从某种角度上看它是一种具有商业性质和表演性质的村落生活场景，但是它记录和表达了黎族传统村落的人文面貌、空间尺度、生产生活、节庆习俗等方面的主要特征，是一种具有现代性重构再生的传统文化。

槟榔谷地处海南省保亭黎族苗族自治县与三亚市交界的甘什岭自然保护区境内，因其所处自然景观而得名；其地处一条延绵数公里的槟榔谷地，两边森林茂密，层峦叠嶂。由非遗村、谷银苗家、甘什黎村、田野黎家、兰花小木屋、槟榔古韵、黎苗美食街七大文

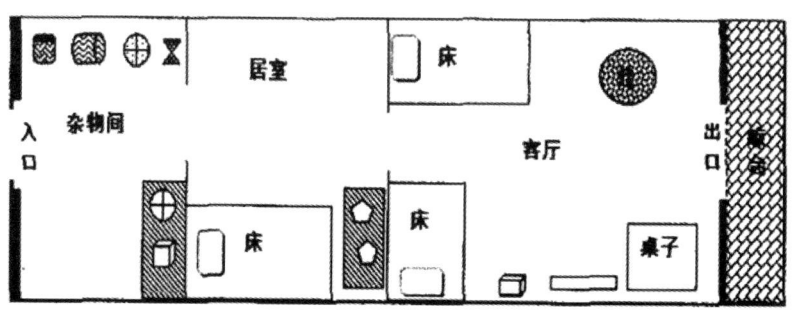

图1　黎族茅草屋内布局示意图

化体验区构成,被称为海南民族文化的"活化石"。在槟榔谷景区公共空间的设计上,从其景区大门的建筑景观设计、公共设施的设计、雕塑艺术品设计、系统标示的设计以及各个区域室内装饰的设计上,都蕴含了民族文化的符号艺术,展现了浓厚的民族文化气息。

在原甘什黎村的茅草屋内,经过对原始平面布局的还原(图1),更加凸显了黎族的传统文化特色,屋内的布置与摆设,均是对过去村民的真实生活空间的还原。在这些村落的设计中,可以提取出三种文化符号:竹木结构的建筑符号;具有象征寓意的纹样符号;蕴含神秘思维的色彩符号。下面从这三个角度出发进行分析。

(一)竹材

黎族主要居住在海南岛的中南部山区,他们善于利用身边的自然资源,创造了丰富的"竹文化"。黎族人认为有水的地方就有竹,笔者在长期的田野调查中发现,黎族竹文化现象大多集中于江河、湖泊周边地区,尤以昌化江、陵水河、宁远河三大河流两岸为繁荣。这些地方适合竹子生长,孕育了丰富的竹资源,为竹文化的产生和发展提供了自然条件。竹材应用在建筑上有悠久历史,据文献记载,汉武帝在甘泉宫以竹材为主,修建了名为"竹宫叮川"的建筑。黎族使用竹也有历史渊源,至少在宋代已经"栅上编竹"为栈了。黎族先人视竹为本族源出,有"黎人源竹""竹筒生人""氏以竹姓"的神话传说;黎族图腾崇拜中也曾出现以竹或竹制器物为标志的氏族。同时,由于黎族人的生活环境中长期与竹相伴,对竹子特性很熟悉,认为竹子有着团结与凝聚力的象征寓意。在黎族竹屋里,竹材可用作柱、梁、椽瓦、墙体、家具等,诸如清代沈日霖所说:"不瓦而盖,盖以竹;不砖而墙,墙以竹;不报西门,门以竹。

其余若椽，若楞，若窗枋，若承壁，莫非竹者，亦竹屋成"。[①] 整个建筑可以从头到尾均用竹子建成，可见黎族使用竹材的熟练程度，反映了黎族居民在有限的材料限定下，竭尽所能地美化家居。黎族谚语有"秋材夏竹"之说，意思即木材应选用秋天的，可防止缩水变形；竹子热稳定性差，一般砍下来经过夏天暴晒后就能基本不变形了。但是，在符号学视角下的竹料，不是指材料的技术特性，而是其创造的感知印象。竹材料的质感是人们多次接触之下，有视、听、触等不同知觉产生，对材料的色泽、纹理、软硬、糙滑、轻重等获得的综合感知，从而对竹材料的审美特征拥有更直观的把握。竹子用作窗扇、楼梯、栏杆、家具等，在槟榔谷的建筑空间设计中表现突出。将竹材料作为建造符号融入建筑设计中，在体现竹材料形体轻盈、肌理独特、视觉上富有亲切感的同时，再将构造形式、编织工艺结合得恰到好处，彰显出原真、质朴的美感。材料原真性的表达最为突出，体现了黎族文化的符号内涵。

（二）木材

从材料的实用性来讲，竹子虽取材容易，加工方便，但有尺寸（直径）和厚度（厚的成材时间长，不易找到）的限制，且有刚度小、易老化、受潮后自重加大的缺陷。而木材的硬度、跨度稳定性好，可塑性强，便于凿榫开卯，在承重、构架连接上更能满足要求；特别是海南地区林木繁多，木材资源丰富。所以在槟榔谷的民居建筑中，大多是木结构框架承重，一棵树干不需要很大的加工就可以造成柱或梁，使木结构构成直角、锐角和钝角形成受力框架，

[①] 孙卫国.海南竹屋——黎族传统民居研究.西安：西安建筑科技大学硕士学位论文，1999.

用来建成角柱、支柱、横梁和房顶，并在外部墙面上使用树木原始的肌理和造型，用木头拼接而形成装饰纹样。同时，以木材制作建筑装饰，与周围环境自然色彩浑然天成，从环境心理学的视角来看，这种色彩搭配，能带给观者质朴、自然、亲切、柔和、安宁、优美的心理感受。所以这种风格的木材作为体现黎族文化内涵的符号，是黎族文化传承过程中的重要元素。黎族人从远古的穴居、巢居开始，到原始的传统干栏式建筑——船形屋，直至今日的地面屋，均因木材的使用而产生别具一格的特征。以木为架，以竹为墙，竹木不分家，正是黎族竹屋的用料特征，是黎族建筑文化中最具特色的材料语言。

（三）图腾符号

图腾崇拜中的"灵物"所包含的语义是原始先民对生产环境作出探索和思考后形成的一种朴实的观念。图腾符号起源于原始社会，在生产力低下的社会中，人类出于某种社会功利性目的深层文化观念，产生对先祖、神灵的崇拜观念，由某种物像，如动物、植物、无生物或自然现象转化而来。在图腾信仰观念普遍存在的前提下，图腾艺术反映的是各民族社会生活的方方面面。从各民族图腾艺术来看，所有的门类艺术都可以作为图腾观念的载体，这种载体对有图腾信仰的民族是一种符号化的语言，并以特定的符号表达深层的文化观念，通过直观的形象映射到社会生活的各个方面。

可见，图腾符号有着丰富的文化内涵，在槟榔谷建筑装饰中，纹样的符号象征功能被大量使用。此外，表达性象征符号是一种表达人们心理世界和社会制度的符号，是用来表达观念、制度等的文化语意。图腾是氏族部落的标志和象征，所以它的形象以固定的图形纹样的方式表现出来，这些运用于建筑装饰的纹饰，恰恰显示出黎族原始思维中的图腾观念，同时又是一种特定的具体的艺术形态表现，彰显着黎族独特的审美活力。

在槟榔谷景区建筑的设计中，很多借鉴了黎族人所崇拜的图腾形象，并转化为连续性纹样符号。在人居环境空间的设计中一方面融入了具象、抽象、意象化的设计思维，取其形，延其意，传其种，使得涵摄黎族文化的图腾符号元素具有形神兼备的文化韵味，体现民族的地域性、时代性和个性化特征。

在槟榔谷的建筑装饰设计中可以看到建筑门窗的装饰运用了很多黎族图腾符号，大都是日常生活中装饰纹样的图形经过具象与抽象的创意思维，转化为具有立体形体的构筑物和装饰器物。图形符号的具象创意思维是通过浓缩、概括、提炼、简化的手法，巧妙地把握符号形体特征，纹样符号的抽象创意思维是提取图形符号特质进行象征性的设计，保留纹样具象的特征，运用比喻、想象、夸张的抽象思维，展现纹样符号的象征性特征。在槟榔谷景区入口的接待中心设计中，在其建筑上方装饰有人形与龟形的纹样符号，人形纹元素源自黎族的代表图腾"大力神"，他是黎族始祖、万能之神。在黎族的图腾信仰中，他能够保佑和守护黎族人居住的村寨，是黎族世居民的精神化身。此外，黎族人认为，蛙是沟通人神的一种灵物，蛙多子、吃害虫保护庄稼的生物特性成为以农耕为生的黎族人的崇拜对象。在装饰图案中的蛙纹不但代表了原始人类对蛙的生殖崇拜，而且也是农耕文明中人们对风调雨顺、生产丰收的美好期待。

在槟榔谷生态旅游区的环境景观设计中，象征着安定吉祥的植物图腾纹样在建筑装饰中也多处用到。这些图腾纹样符号运用于建筑室内外的入口、立面、构筑物的装饰中，产生了丰富的视觉景观感知功能，也是对民族村落文化及传统人居环境以及其内在所蕴含的文化特质的表达与解读。在槟榔谷景区公共艺术的设计上，石柱和路灯的装饰以人形纹作为主要的装饰图案,但同时配以蛙纹、鱼纹、植物纹样、抽象的几何纹样等,以现代装饰材料与装饰符号结合形成空间形体,经过镂空处理与现代环境设施的功能需求相结合,成为具有符号语言并隐含文化信息的载体。这样以象征性符号元素运用到装饰艺术中,给人直观的民族文化主题感受。

(四)色彩符号

马克思说:"色彩的感觉是一般美感中最大众化的形式。"[1] 色彩可以刺激视觉神经,引起联想,激发审美主体的情感。色彩的联想和象征意义对各个民族来说包含着不同的语意。可见,视觉形象,特别是色彩在民族审美活动中扮演着重要的角色。五彩相缀的黎锦、黎筒裙早就遐迩闻名。黎族的色彩偏好就是指黎族在特定自然环境和生产生活条件下用来表示共同心理,并能共同会意的颜色或颜色符号。在日常的交际、劳动中,黎族祖先色彩语言的应用十分广泛,可以说,色彩语言也是黎族的文化符号、装饰符号。

黑色,在黎族的文化语意中象征着驱邪、吉祥、庄重、永久,能表意的黑色物有黑锅底灰、黑色禽畜、黑纺线、黑布等。黎族五个方言地区的服饰规格虽然有所不同,但是他们的服饰多以黑色或深蓝色为基本色调,并融入红、黄、绿、白等色彩搭配,标示着不同的文化内涵。润方言地区不论平常的头巾还是盛装的头巾,其色彩都是黑色或者深蓝色;赛方言区妇女的裙头和裙身都以黑色横条为主,线条之间掺杂红黄绿等颜色;美孚方言的上衣都是黑色或者深蓝色。在船形屋建筑的最下方,左右分别有两个起支撑作用的石

---

[1] 马克思恩格斯全集(第十三卷).北京:人民出版社,1979:145.

柱，就是采用黑灰两种色彩的石头，形成具有装饰意味的石柱，其中不乏隐含了驱邪避祸的象征意义。

红色，象征着旺盛的生命力，亦可除恶挡魔，是尊严、权贵的象征。中国远古先民崇拜太阳和火神，炎帝和祝融先祖就被视为太阳神和火神来崇拜。黎族对红色的崇拜最早也是源于此。

绿色，象征着生命的繁荣与延续，源于对自然的敬慕之情。黎族大部分散居于山区，温润的气候下植物繁茂；黎族人居住环境中充满了天然的绿色植物，他们认为绿色是自然之色、是天神赋予的生命之色。在黎家日常的生活习俗中，就会在门上插着刚刚折回的绿色蒲葵叶的鲜树枝，用叶子沾水洒在地上，表意清洁和保佑家人健康不生病、邪魔不能侵入。妇女和孩子出门归家途中，衔着一片绿叶或在竹笠上插一小树枝，寓意为鬼不能跟踪、可一路平安。

总之，黎族的色彩观具有鲜明的民族特色，是民族审美心理的表现，也可以应用到艺术空间的装饰中。黎族人善于采用互补色和对比色，色相分明，具有振奋人心的效果，给空间带来跳跃感和活力，凸显民族装饰色彩的艺术魅力。黑色是黎族色彩符号中的主体色，是吉祥、幸福的象征，黎族的文化意识中黑色是驱邪避鬼的保护色；竹木是黎族竹屋建造中使用最多的材料，黎族人秉持尊重自然、保护自然的心态，在建造竹屋时很少会改变竹木本身的原色，而是呈现竹木本然的灰黄色，所以在槟榔谷的竹屋设计中可以看到大多数黎族建筑是黑色与天然竹木的灰黄色相搭配。在竹木质地的门结构形体上饰以黑色纹样，这是驱邪逐妖信仰文化的展现。同时，在现代与传统相互融合的过程中，环境空间中公共艺术壁画里黑黄相间色彩的语意表达反映了黎族人的色彩审美偏好。黎族色彩符号也是人与自然互相感应，建立天、地、人、神共生的文化系统，是具有强大生命力的象征符号。槟榔谷作为黎族文化的展示空间，在村落布局上复归了原始的黎村风貌,其中不乏对黎族传统文化的继承,也有相对结构的改良和发展,但在某种程度上对保护和发扬黎族文化传统起到了重要的作用。

小结

马林诺斯基说:"文化基本上是一种当作手段的器具,人类在用它满足需要的过程中,和用它来对付他们所面临的具体问题时,使自己处于有利的地位。文化就是满足需要的手段,文化满足人类需要的过程中,创造出来新的需要,这就是文化最大的创造力与人类进步的关键。"[1] 海南传统村落人居文化发展的过程经历着传统文化的变迁。当前的黎族村落面临着对传统的继承和对现代文明的吸收,人居环境的变化反映着人们审美文化的变迁与重构。作为中华56个民族之一的黎族,有着悠久的历史文化传统和审美特色,面对现代建筑形式在内的一切先进的文明成果,黎族人民应该自信、自觉地接纳吸收现代文明的优秀文化因子,并保留和弘扬自身优秀的文化传统。同时,为了促进地方经济发展、弘扬黎族文化,在现代人居环境中的建筑景观审美体系的框架内,通过对黎族文化内涵的深刻理解和深入研究,提炼出既有地方特点,又符合现代生活需求的人居建筑景观。在黎族人居环境艺术的空间设计中,如何更恰当适度地展现黎族传统文化符号内在的象征性和外在的艺术美,实现传统性和现代性的和谐统一,将是值得深入研究的课题,也是弘扬黎族传统文化的迫切需求。

(作者单位:中南民族大学)

---

[1] 宋蜀华,白振声.民族学理论与方法.北京:中央民族大学出版社,1998:43.

黎族农村妇女生育健康保障的变迁
——以海南邢村为例

童玉英　李吉和

本研究的田野点是海南省乐东黎族自治县的一个黎族自然村。该村大部分村民都姓邢，笔者为该村取名为"邢村"，一是为了行文叙述方便，二是为与学术研究传统保持一致，以避免使用村寨真实名称。笔者从2011年8月至2016年2月期间，多次前往邢村开展田野调查，以进行黎族农村妇女生育健康保障及其变迁研究。

一、传统社会时期邢村妇女生育健康缺乏保障

由于女性承担繁衍后代的重要任务，同时受到经济发展水平和社会文化因素的影响，女性在生育方面所承担的风险和责任大于男性。生育健康问题始终与女性有着密切的关系。对女性生育健康而言，妊娠和分娩是最容易发生危险和意外的两个过程。传统社会时期黎族农村妇女在生育期间不能得到很好的健康保障，妇女和儿童的生命健康和安全难以得到有效保障。20世纪80年代以前，在家分娩是邢村妇女分娩的主要方式；分娩设备和技术简陋，妇女要承受更多痛苦和健康风险。

LKX（女，1921年出生）：我生大女儿之前，有两个

孩子流产掉了。都是快生的时候流产的,流产下来的孩子看得出来是儿子。后来生了六个女儿,六个女儿都是我自己生的。我以前见过别人接生,自己学会了。快要生的时候,我就叫丈夫出去,我一个人在家。我先准备好热水和一个竹片,把布铺在床上,然后跪在床上,两只手抓着床的两边,用力。我胆子大,不怕。孩子生出来以后,用竹片从下往上把脐带割断,当然会很痛,生孩子哪有不痛的。没有消毒办法,也没有止血办法,就用热水给自己和孩子洗一洗。

在生产力落后的困难时期,黎族家庭整体生活水平都比较低。黎族妇女在怀孕分娩期间,很难得到营养保健方面的特殊照顾;不仅如此,孕产妇还必须与男子一样参加户外体力劳动,繁重的家务活也必须兼顾,艰苦的物质条件和繁重的体力劳动使孕产妇的身体健康无法得到应有的保证。

改革开放以前,村寨经济发展水平较落后,农村医疗卫生水平也及医疗技术也比较落后。20世纪80年代以前,邢村妇女怀孕期间很少到医院参加孕检,分娩也都在自己家里请当地接生婆上门协助完成,孩子出生以后产妇和婴儿很少能得到精心的医学检查和护理,这给产妇和婴儿身体健康带来隐患。有研究证明,产妇非住院分娩死亡危险性比住院分娩死亡的危险性高5—6倍。[1]

XHJ(女,1948年出生):六七十年代医学不发达,

---

[1] 国务院妇女工委,联合国儿童基金会. 县级实施妇女儿童发展纲要指导手册. 2004:34.

生活条件差，妇女都是在家生孩子，村里有赤脚医生也有接生婆，到家里接生。婴儿死亡率比较高。我阿妈生了五个孩子，只养活了三个。那个时候孩子生病以后，懂草药的人就去山上采一些草药给孩子擦，能好就好，没有别的办法。没有医院，也没有钱去看病，没有什么药，很多人只能搞令兴①。但是搞令兴也要杀猪、杀鸡、杀狗，道公说要杀什么就要弄什么来杀，很多人没有钱买这些东西，就不敢请道公搞令兴。那时候，妇女怀孕最怕难产。现在难产可以动手术剖宫产。那时候没有办法，有些人就因为难产大出血，丢了性命，有的保住了孩子没保住大人。

改革开放前，黎村生产力发展水平较低，医疗卫生技术落后，妇女在生育数量、生育时间、生育方式等生育行为方面没有条件做出选择和决策，只能顺其自然地被动接受。同时，受传统多子多福和传宗接代生育观念的影响，妇女多有强烈的为丈夫及所在家庭乃至家族多生孩子的使命感，以家庭乃至家族的生育意愿为自己的生育意愿，妇女本人的生育自主权意识被长期压抑，生育自主权程度很低。那时，妇女的生育健康也难得到有力保障，孕期及分娩后难以获得充分的营养、照顾和休息，仍与男子一样参加户外体力劳动；分娩方式也是传统的在家分娩，生育健康存在隐患。从生育健康的基本保障来看，妇女的生育地位也明显处于被动弱势状态。

---

① 黎族民间巫术活动，主要目的是驱鬼。

二、改革开放以来农村妇女生育健康保障明显提高

女性由于生理的特殊性,更容易引发一些特殊的健康问题,因而保障女性健康具有特殊的涵义。女性健康地位是女性地位的一个重要方面,是相对于男性特别是丈夫而言的比较概念。从女性健康地位的变化,不仅可以看到女性家庭地位、社会地位变迁的脉络,而且可以折射出社会文明和进步的程度。我国的少数民族多处于交通、信息不发达的农村地区,女性的健康地位更应该格外受到关注。[①] 妇女的健康状况与其生育行为有直接关联,怀孕、分娩、避孕,每个环节都存在健康受损风险,妇女如果在特殊生育时期不能得到充分的医疗和保健保障或者对生育健康缺乏足够的重视,可能导致健康状况下降甚至危及生命等严重后果。相关研究结果显示,不同人群妇女的健康状况存在差异,不同地区的妇女健康状况也存在明显差异。海南农村妇女的健康状况与很多其他地区妇女相比,较为落后。2010 年妇科病检查后五名的省份分别是:海南妇女病检查率为 34.8%、广西 33.4%、云南 30.0%、福建 22.3%、吉林 14.8%。[②]

中华人民共和国成立后,黎族社会经济发展水平不断提高,医疗技术不断进步,邢村妇女的生育健康状况有了逐步改善,因生育致病致贫现象明显减少,但这个过程并非一帆风顺,也不是一蹴而就的,中老年妇女中因生育致病的人并非个别,生育过程中未得到合理有效治疗和护理给孕产妇身体健康留下长期隐患的现象客观存

[①] 郑璐,郑瑶. 在社会变迁视角下对少数民族女性的社会地位研究. 华章,2012 (3).
[②] 姜秀花. 2005—2010 年健康领域性别平等与妇女发展评估报告. 见谭琳主编. 2008—2012 年:中国性别平等与妇女发展报告. 北京:社会科学文献出版社,2013:407.

在。邢村 LJL 因病成为"道婆"的经历虽然不具有普遍意义,但她因生育致病的经历却具有典型性。

> LJL(女,1966 年出生):20 岁结婚,当年生了老大,后来又生了两个儿子。老大和老二都是在附近的乡镇医院生的。生老三时肚子很痛,来不及也不想去医院生,就请村里阿婆来家里接生的。生老三不到一年开始发病,也不知道是怎么得的病,就是浑身不舒服,主要是肚子痛。去三亚、海口的医院都看过,有的医院说是附件炎,也有的医院说是胃肠炎,打针吃药一两年不见效。那个时候感觉人都快死了,家务活都不能干,发病那年老大才五六岁,最小的孩子我也不能照顾。没办法,我自己照顾自己都难,管不了孩子。后来就请道婆来家里搞令兴,前前后后搞了六七年,吃药打针也没有停,吃过的药可以用车装。请过一个本地的道婆、一个抱隆(附近村寨)的、一个千家(附近镇)的都没搞好,后来请来一个白沙的道婆,她当时五十多岁,她来给我搞了两三次,就收我作徒弟,把方法都教给我。我不知道生病跟生老三有没有关系,也不知道是不是师傅把我治好的。现在肚子有时也痛,不过现在可以干活。

受传统宗教思想和生育观念影响,妇女生育致病现象一度未能得到合理解释和重视,甚至被披上神秘色彩,不利于妇女生育健康的保障。值得庆幸的是,随着年轻村民受教育水平的提高,科学的生育知识得到进一步普及,年轻村民的生育健康意识有了明显提高,妇女在生育的特殊时期也能得到丈夫和家人更多的尊重和照顾,因生育致病现象明显减少,妇女的生育健康保障权正逐步提高。

(一)生育健康政策给妇女带来福音

妇女生育健康状况的整体改善,首先得益于几十年来多项生育健康福利政策的大力实施。20 世纪 80 年代,为了推进计划生育政策顺利实施,各地纷纷采取各项推动育龄夫妇短效或长效避孕的强硬措施,如集体组织育龄夫妇免费实施妇女上环或结扎等手术,手术后发放一定营养品给予照顾。此后针对育龄妇女进行免费体检、免费节育手术,并有医生和妇女干部不定期上门回访和体检,这种更人性化的生育保健制度,推动了妇女生育健康地位的改善。农村医院诊所的硬件建设和医疗技术不断提高,新农合得到大力推广,进一步改善了农村孕产妇的就医条件。至 2013 年,海南省孕产妇系统管理率 81.77%,孕产妇产前检查率 94.37%,比上年提高 0.3 个百分点;孕产妇住院分娩率达 99.78%,其中农村孕产妇住院分娩率也高达 99.6%;孕产妇艾滋病、梅毒和乙肝检测率分别为 89.27%、90.03%、96.72%,比上年分别提高 2.30、2.77、0.83 个百分点;孕产妇死亡率为 21.35/10 万,比上一年降低 1.1/10 万分点。① 至 2015 年,海南省孕产妇系统管理率达到 86.7%,农村孕产妇住院分娩率达 99.83%,孕产妇死亡率由 2011 年的 13.96/10 万降为 10.16/10 万。②

邢村村委会有一位妇女主任和一位计生专干,主管全村育龄妇女生育保健和节育组织工作,另外,每个生产小队都有一位妇女队长,辅助计生专干完成相关工作。妇女主任和妇女队长都是本村务

---

① 妇儿携手共奋进 今年花胜去年红——海南省 2013 年妇女儿童发展监测统计报告. 海南省人民政府网站 http://www.hainan.gov.cn/hn/zwgk/tjdc/hntj/dcfx/201409/t20140915_1389750.html, 2014-09-15.
② 吴庆婷. 2015 年海南省妇女发展规划中期监测统计分析报告. 海南省统计局网站, 2016-8-19 http://www.stats.hainan.gov.cn/tjsj/tjfx/jdfx/201608/t20160819_2096113.html

农妇女,她们非常了解全村妇女的家庭子女及健康状况,能及时登记汇报和回访育龄妇女的婚育,包括生育健康的异动情况。

> LXF(女,1977年出生,邢村计生专干):现在所有妇女怀孕的时候都要进行登记,要办证,我要给她们做一些怀孕分娩方面的宣传,叫她们经常去医院做孕检,告诉她们要补充哪些保健品,比如叶酸。全村村民基本都买了新农合,妇女生孩子大部分费用可以报销。孩子出生以后我要进行新增人口登记,还会跟村卫生室的医生对产妇进行回访,了解产妇和婴儿健康情况,向她们宣传产后护理知识,有不舒服随时可以叫村医生上门检查。我还要联系车子带要做节育手术的妇女去县医院做手术,只要不违反计划生育政策,节育手术都是免费的,还发补品。

(二)妇女生育健康意识空前提高

改革开放前,生活条件和医疗技术落后,黎族妇女和家人的生育健康意识也比较缺乏。对于怀孕生子,村民更多地依靠一代代传下来的经验和常识进行认知和应对,缺乏足够的科学认知。传统观念也将妇女怀孕生子看作是自然而然的行为,对妇女在怀孕生子过程中遭遇病痛甚至健康风险当作不可避免或无法改变的事实。妇女在经受生育疼痛或疾病时只能默默忍受,即使有风险,也只能选择面对和接受。受传统观念影响,在妇女怀孕生子期间,丈夫和家人对妇女的关心和尊重也不足,孕产期过度劳累、未得到充分护理和休息容易给妇女身心健康带来隐患。

在大力实施各项提高孕产妇生育健康福利政策的过程中,妇女的生育健康有了更大保障,同时妇女和家人的生育健康意识得以逐步提高，其中媒体和妇女干部的广泛宣传及妇女受教育水平的提高也发挥了功不可没的积极作用。邢村妇女住院分娩率近年来已达到100%，在家分娩成为历史。孕妇主动参加孕检比例大幅提高，而且越来越多的孕妇倾向于到县城的大医院进行孕检和分娩。妇女孕产期间更能得到丈夫和家人的特殊照顾，如减轻劳动强度、加强营养和休息以及来自丈夫的尊重和情感关怀。

XXC（女，1980年出生）：我的身体一直很好，怀老大时开始有点咳嗽，去看医生，告诉医生我怀孕了，常咳嗽，医生说是正常的。怀第一个孩子时我俩没有经验，对肚子里的孩子特别重视和小心。我经常去乡镇医院检查，老公还陪我到县医院做过三次B超。B超的费用是自己出，其他检查和生孩子费用自己先垫，后来拿新农合去报销了。老人说不需要做那么多检查，没有不舒服就行，但我们觉得多做检查放心些，希望生个健康聪明的孩子。怀老二和老三时，我自己就有经验了，没有做过那么多检查，老二老三都只做过一次B超，照了正常就放心了。

研究发现，改革开放以来黎族农村社会及经济发展取得了长足的进步，农村医疗技术和条件明显提高，社会保障制度日益完善，妇女生育健康权益得到了基本保障，但仍存在一些需要解决的问题。如部分黎族妇女对生育健康重视程度还不够，对于生育健康的意识还有待进一步提高。受较低文化水平等因素限制，部分妇女还不能及时获取并知晓生育健康保护的各项措施，使得生育健康保障程度受到影响。进一步提高农村妇女生育健康保障权益，既需依赖于农村社会和经济的持续发展，也需加强和完善农村生育保障制度建设，还要寄希望于农村妇女及家庭成员生育保障意识的进一步提高。

（作者单位：中南民族大学）

海南黎族农村女性劳动分工变迁研究

陈林

引言

黎族是海南迄今已知的较早的居民。远在石器时代,他们就开始用辛勤的劳动建设自己的家园。直到今天,黎族仍主要生活在海南岛上。"劳动创造了人本身"①,人类的起源离不开劳动。有劳动就有分工。古猿通过相互协作获得更多的食物,同样也能够更好地抵御天敌;这种早期的分工、合作使得劳动更有效率。而依据性别分工则是人类最早的劳动分工形式之一。在生产力不发达的传统社会,性别分工显得极其重要。一般而言,女性负责与家庭、生育、照料等有关的劳动;男性负责狩猎等供养家庭生活的户外工作。我国古代社会中存在的"男耕女织""男主外"现象就是这种基于性别分工的真实。现代社会中以性别为特征的劳动分工形式仍

---

① 此句出自1876年恩格斯所写的《劳动在从猿到人的转变过程中的作用》,黄湛、李海涛对这一句进行了全面解读,认为:劳动使古猿手脚分工,语言是从劳动中和劳动一起产生出来的,正是这两种力量推使猿脑逐渐过渡到了人脑。[黄湛,李海涛."劳动创造了人":对恩格斯原创思想的误读和曲解.吉林大学社会科学学报,2013(6):134-143.]

然存在,如家庭中的工作大多仍由女性负担[①]、现代职场中的部分岗位(服务员、迎宾员、收银员、保洁员等)中的大多数是女性。而作为在海南岛生活的黎族,农村女性在不同历史时期的劳动分工既是经济社会发展选择的结果,也有着深厚的历史文化和意识形态作用在其中。

一、20 世纪 50 年代前黎族女性的劳动分工

在生产力极不发达时期,海南岛上的黎族女性在推动经济社会发展中的作用不容小觑。直到 20 世纪 50 年代,黎族仍处于较为原始的生活状态,基本上都是从事农业劳作,男女有着较为明显的劳动分工,如男子不插秧、女子不犁田等农事上的禁忌。从研究的结果来看,直到 20 世纪 50 年代初期,黎族社会中仍存在着母系氏族的遗迹。又因农耕时代的黎族女性不存在着使用农具和一般工具的性别禁忌,所以黎族女性一直是家庭重要的劳动力,因此女性的地位相比男性要高,这就形成了与其他地区相反的"女尊男卑"的现象。

(一)黎族女性扮演的不同角色

据宋代历史文献《岭外代答》记载黎族女官王二娘的事迹,即王二娘继其母之职,受封宜人,做黎族 36 峒统领。王二娘死后,

[①] 一些学者使用关于内容、时间或任务特点的术语来区分不同类型的家务劳动。例如,Baxter(1997)将做饭、清洁和庭院作业、汽车维修分别刻画为"家内"和"家外"任务。也有学者认为日常家务,如做饭、清洁、购物等为"女性主导的"家务活动。[张晓丹,符国群,李世豪.家务劳动时间配置研究:回顾与展望.珞珈管理评论,2018(04):79-96.]

其女吴氏袭职。可见在当时黎族社会，女性为官袭职是一种社会现象，奠定了女性较高地位的基础，也是黎族女性劳动分工的领域之一。女性参政为官的典型代表还有冼夫人等。在黎族"合亩制"时期，每当开始插秧或收割时，均由"亩头"的妻子主持一种仪式后，才能开始劳动。也有记载：黎族女性在调解村民争端、化解矛盾方面有着重要的作用。① 黎族人民怀着对和平的渴望和对美好新生活的向往，拿起手中的武器在反封建和抗日战争期间，表现极其英勇。黎族女性作为革命的一分子，在战火纷飞的年代，用青春和热血谱写了一部史诗般的巨著。在抗日战争时期有黎族女性参加"红色娘子军"、崖涯纵队妇女运动会（据记载在1949年2—5月崖西150名参军者中有20名是女青年）② 等抗日救亡组织，并在这些组织中发挥重要作用。

（二）黎族女性的生产活动

在传统农业社会里，在农业生产中，黎族一直存在着"男不帮

---

① 清代张庆生所著《黎岐纪闻》记载："其俗贱男贵女，有事则女为政。言语不合辄持引矢标枪相向，势不可挡，有妇人从中间之，即立解。峒各有主管领，岁居人众，父死子继，夫亡妇主。"（《嘉靖广东通志初稿》卷三十六）。此外，《广东新语》《峒奚谷纤志》《琼黎一览》等均有相关记载。
② 据《海南史志》记载：在解放战争时期，琼崖各县妇联筹备委员会积极协助各县人民政府做好各项支前工作，广泛发动妇女群众。不少妇女争先恐后报名上前线，许多妇女都把自己珍藏的金戒指、金耳环拿出来，认购解放公债。农村里大部分青壮年男子都参加了民工队出发外地，黎族妇女承担了大部分的生产劳动和粮食运输任务。妇女们组织洗衣组、缝补组、炊事组招待过路的大军（http://www.hnszw.org.cn/xiangqing.php?ID=61713）。学者程昭星专门论述了海南少数民族对解放战争的贡献，指出仅1948年一年，白沙、保亭、乐东三县就有2000多名黎、苗青年参加"琼纵"，还有更多的人参加到地方武装和民兵之中［程昭星.海南少数民族对解放战争的贡献.中共党史研究，2000（03）：104-106］。由此可推论，黎族女性无论是在革命前线还是在革命后方，均贡献了力量。

女，女不帮男"的观念，即由男性干的农活，女性不干；应该是女性干的农活，男性也不干（不是男性或女性不会干，不属于自己应干的农活，风俗或习惯不允许他们"逾越"）。在农业生产中，黎族男性负责农活中的犁田、耙地、挑担、砍山栏、挖山栏穴等；黎族妇女负责拔秧、插秧、割稻、下山栏种等工种，如女子割稻后由男子挑回家，女子则空手而回。由于黎族这种男女性别之间的农业劳动分工成为黎族的传统习惯，也就有流传"女不干男活"的说法。在纺纱织布领域，妇女也是最主要的劳动力，她们采集原料（木棉、小桑枝、苎麻、树皮、荨类芙蓉花之心等），通过纺、染、织、绣等工序，将原料做成"广幅布""吉贝"等织物。此外，在传统的制陶工作中，全部工序都由女子完成，男子不参与。在纺织和制陶上，有着传女不传男的观念。可见，古代黎族女子是各领域生产劳动的主力军。当然，黎族农村男女在生产中的劳动分工也不是绝对的，存在着一些协作，但更多的是以某一方为主。

（三）黎族女性在商贸领域的工作

除了参加农业生产、狩猎、制陶等以外，黎族女性也参加到了商贸活动中，称之为"负贩"（担货贩卖）。明朝顾岕在《海槎余录》中记载：每到做买卖时，就可见黎族女性从四处带货物聚集在贸易处（市场、集镇等），女子负责货物运输和买卖。在海边、港口也能看到黎族女性负责买卖的情景。[①] 从前，黎族女性这种商贸活动被形象地比作"肩担贸易"。

[①]（清）陈梦雷所编《古今图书集成》（卷一三八〇）记载：出海头市、港口埠二处，女人能力田功。这里的"田功"指农事。

（四）黎族女性在家庭的分工

与汉族女性不同的是，黎族女性无论是家里还是家外，都能看到她们的身影。当她们外出种地时，男性则在家看护小孩。正如清朝张庆长所撰《黎岐纪闻》中记载：黎族妇女在外耕地，男人在家照看小孩、饲养家畜。① 虽然有着家庭分工，但黎族男女在家庭中的分工也不是绝对的，只是说女性与男性相比所要干的工作种类更繁多。

20世纪50年代以前，黎族地区经济处于较低水平、劳动力不足，男女的劳动分工一直沿袭旧时习俗。但是，早年黎族社会也出现劳动雇佣关系，在农村地区男女雇工（佃农）也都存在，但一般而言，女性雇工的收入要低于男子，如雇工女子一般每年200—300斤稻子，男子一般每年有400—500斤稻子；如果是劳役地租，女工只能抵利息，壮男子可顶地租。② 在劳动力的比例中，女性劳动力稍高于男性劳动力。③ 又因黎族的风俗习惯中存在着各种"禁忌日"，在农业生产中，劳动力就显得更加不足。此外，20世纪50年代以前黎族的手工业和副业还没有从农业中分离出来，只有在农闲时，人们才做一些用于满足自家需要的物品；只有当物品剩

---

① （清）张庆长《黎岐纪闻》（卷二）记载：黎妇多在外耕作，男夫看婴儿、养牲畜而已。遇有事，妇人主之，男不敢预也。
② 中国科学院民族研究所、广东少数民族社会历史调查组.黎族简史简志合编（初稿）.手稿影印本，1959：60-61.
③ 据《黎族简史简志合编（初稿）》手稿记载：以保亭黎族苗族自治县什玲乡新村和万坡村为例，当时男子84人，其中全劳动力41人、半劳动力20人，占男子总数的72.6%；妇女共有90人，其中全劳动力52人、半劳动力16人，占妇女总数的75.6%。一方面说明了劳动力不足，另一方面也说明了女劳动力稍高于男劳动力。（此手稿由中国科学院民族研究所、广东少数民族社会历史调查组1959年3月完成后，一直未公开出版，影印版由海南省民族宗教事务委员会保存，本内容引自影印本第54页。）

余时,女人们才拿出去交换,这些物品一般以织物、陶制品、生产用具为主。

二、20世纪50年代及人民公社时期黎族农村女性的劳动分工

海南岛解放后,社会主义制度确立,黎族同胞与全国人民一道完成了"社会主义改造",黎族同胞所处的劳动领域也逐渐发生变化,传统的习惯被现代文明和先进的管理体制所代替。随着我国对一切歧视性法规的废除,在各个领域均提倡"男女平等",黎族农村女性的劳动分工出现了一些变化。

(一)黎族农村女性在社会组织中的分布

参政是中华人民共和国政治体制的重要形式之一,据不完全统计,中国共产党在中华人民共和国成立初期(1951年2—5月)为白沙、保亭、乐东、陵水、崖县等五县培养了675名民族干部,其中就有一部分女性干部来自农村。[1] 女性除了在各级政府部门和群众组织中工作外,还参加地方人民代表大会和政治协商会议[2],据海南史志网记载:1950年9月1日至10日在海口市隆重召开海南第一届各界人民代表会议,第一次会议代表417人、候补30人,其中有64名女性代表、6名女性候补代表;第二次会议有510名代表、9名候补代表,其中有74名女性代表、1名女性候补代表。在

---

[1] 中国科学院民族研究所,广东少数民族社会历史调查组.黎族简史简志合编(初稿).手稿影印本,1959:78.
[2] http://www.hnszw.org.cn/xiangqing.php?ID=51187

村集体的管理中也有职务,如妇女队长。

(二)黎族农村女性在生产领域的劳动分工

中华人民共和国成立后,原有黎族依存的社会组织——"峒""村落"被新的政权组织形式所取代;传统的"合亩制"随着土地改革、农业合作化和人民公社的建立而逐渐"瓦解"。[①]1952—1957年是海南的农业合作化时期,在农业合作化初期,少数民族地区昌感(今昌江黎族自治县)、陵水、乐东等地开始试点农民以土地入股并按劳动力分配和按一定比例的土地分红,分配和分红的标准为在定产范围内按6∶4的比例进行分配、分红,即入股农民的劳动力报酬占60%、土地分工占40%。加入农业合作社的农户,男女劳动力按工计分,在具体分工上原则上不再以性别进行工种的细分。

1958年海南开始实行人民公社制度,人民公社是农业合作化的高级形式。据统计,1958年6月海南进入人民公社的农户达99.35%,基本实现全岛农民人民公社化。[②]在人民公社里,女性在农业生产中的人数及份额远超男性,且在劳动分工上,男女基本一致,并无男女分工禁忌。如抽调农村女性参加大炼钢铁[③]、兴修水利;在农业生产队女性还从事解放前由男子负责的耕田、耙地等工

[①] 1947年合亩制地区解放,合亩制开始瓦解;1953年政府开始采取行政手段,对合亩制进行社会主义改造,在1956年农村进行社会主义改造前,合亩制地区仍然实行合亩制;直到1958年8月试办人民公社,合亩制才真正完全瓦解。(王学萍.中国黎族.北京:民族出版社,2004:109-110.)

[②] 海南史志网 http://hnszw.org.cn/xiangqing.php?ID=46813

[③] 1958年海南约抽调50万农村劳动力炼钢铁,占农村劳动力的37.59%。(大炼钢铁群众运动和全面"大跃进"[EB/OL].见中国共产党海南历史(第二卷),http://hnszw.org.cn/data/news/2015/12/80212/.)

作，以及开拖拉机等。由于在人民公社时期，采取"三化管理"①，男女劳动力被编排在一起共同劳动，性别之间的劳动分工已不明显。由于实行人民公社后，集市贸易和家庭副业按规定被取缔，黎族农村原有的由女性兴起的"肩担贸易"也随之衰退。

（三）黎族农村女性在家庭的分工

由于海南的人民公社实行的"三化管理"，大多数农户均在公共食堂吃饭、在工地用餐，达到挣工分②的女性参加劳动，获取工分；没达到挣工分标准的适龄小孩送学校或是由兄长、姐姐或老人照看。

---

① 人民公社的三化管理，即人民公社实行组织军事化、行动战斗化、生活集体化的管理制度。在具体的生产实践中，组织军事化是指将劳动力按军队编制建立班、排、连、营、团，采取大兵团作战的方法从事生产活动；行动战斗化就是像打仗一样，把生产任务分成一个个战役、一个个战斗，组织兵团、突击连、专业队进行一场场夜以继日的会战；生活集体化主要是为了便于组织工农业生产"大跃进"，实行日常生活集体化。

② 工分制是中国农村集体经济组织内部计量农民参加生产劳动的数量以及计算劳动报酬的一种方法，亦称劳动日制，一般而言同样的工作男劳力比女劳力的工分要高。20世纪60年代，海南的工分制实行个人定额考勤、评工记分管理制度，将各等劳动力的工作定额不分工种等级，统一规定每个定额一律10分，每天按社员完成定额的多少发给工票，定期将社员应得工分记上劳动手册。1966年以后，开始学"大寨"，由于大寨式的民主评分，强调政治挂帅，加上等级差距小，劳动计酬上平均主义，干好干坏并没有多大差别，社员的生产积极性受到挫伤。（海南史志网 http://hnszw.org.cn/xiangqing.php?ID=46812）从黄英伟（2011）的研究来看，在具体的工分评定中，通常男女劳动力到了16岁就可以挣工分了，当时流传着"男十女八姑娘七，姑娘一出嫁，七分变八分"，男女劳动力在16-18岁间的工分是相同的，但到18岁以后，就有区别了，男性劳动力19岁变成9.5分，从20岁开始至60岁底分都是10分，61-62岁是9.5分，63-64岁是8.5分；而女性劳动力从18-58岁的底分都是8.5分；也就是说男性劳动力和女性劳动力在人民公社时期干同样的工仍然存在着挣工分上的性别差异。正如张乐天（2005）描述："女人们在干重活时常常发牢骚：'我们也挑粪担、垦田，男人做一天有十分，我们一天只有七分，这不公平！'"（黄英伟. 工分制下的农户劳动. 北京：中国农业出版社，2011：64-66.）

女性基本从家庭劳动中走出来,"全身心"投入到集体生产中。

应该说,在人民公社时期,黎族在农业生产中也出现了"农业女性化"现象。女性劳动涉及农业生产的方方面面,在具体的分工中早已失去了"合亩制"时期的男女农事中的"禁忌",女性的农业劳作领域得到了极大的拓展。

三、改革开放以后黎族农村女性的劳动分工

十一届三中全会的召开后,海南黎族地区农村经济体制也开始了改革,家庭联产承包责任制、改革开放等政策的推广,使得黎族农村女性可以进入更加广阔的劳作领域。改革开放后,经济社会快速发展、城市化水平加快、生产力水平提高,与之相对应的是对劳动力需求的增加,农村女性开始走出农村、离开农业,成为劳动力市场重要来源之一。据统计,1982 年黎族人口有 81.08 万人(男女分别为 407041 人、403808 人),劳动适龄人口(15—64 岁)占黎族总人口的 51.82%,92.70% 的黎族劳动者从事农、林、牧、渔业[1],高于广东省平均水平;而在 2016 年底,海南岛黎族人口有 1502415 人,农业人口和非农业人口分别为 5537666 人、3484110 人,主要黎族聚居区[2](五指山、白沙、保亭、陵水、琼中)从事第一产业的劳动者比例均在 60% 以上(五指山除外),远高于海南省 41.11% 的平均水平。

---

[1] 数据来源广东史志网中"人口志";1988 年以前,海南岛由广东省管辖,故统计数据源自广东省统计资料。
[2] 数据来源《海南统计年鉴 2017 年》,统计显示:五指山、白沙、保亭、陵水、琼中五个市(县)中黎族人口占各地总人口的比例均超过 50%,虽然以上五个地区不是黎族人口绝对量最多的,但是占比大。

为了进一步阐释海南黎族农村女性就业结构，反映她们就业结构的变化，笔者从海南省"五普""六普"中查阅到部分数据，进行分类比较，如表1。

表1 海南黎族"五普""六普"中分性别分行业从业人数

单位：人

行业	性别	"六普"	"五普"	性别	"六普"	"五普"
黎族从业总数	男	44453	36377	女	37105	32479
农、林、牧、渔业	男	36272	32348	女	29910	28763
采矿业	男	111	78	女	38	28
制造业	男	1863	567	女	1540	622
电力、燃气及水生产和供应业	男	181	131	女	81	75
建筑业	男	629	97	女	152	51
交通运输、仓储和邮政业	男	631	349	女	168	122
金融业	男	91	100	女	85	70
房地产业	男	172	11	女	107	9
批发和零售贸易、餐饮业	男	1702	440	女	2795	899

数据来源：笔者根据海南省历年人口普查资料整理。"六普"统计中将"批发和零售贸易、餐饮业"分为"批发和零售业""住宿和餐饮业"两个行业进行统计。注："五普""六普"中分行业人数为"表1"中的数据，按照统计规则，大约为10%的人口抽样结果，实际人数估算约为上述数据中的10倍。

从表1中可看出，其一，海南黎族从业人员以农业为主，"制造业""批发和零售贸易、餐饮业"行业从业人员占比较高。"六普"较"五普"黎族从业人员增加了12702人，其中男性增加了8076

人、女性增加了4626人;分行业来看,农业增加了5071人,其中男性增加3924人、女性增加1147人,农业是从业人数增加最多的行业;其次是"制造业""批发和零售贸易、餐饮业"男性女性劳动力分别增加了1296人、918人和1262人、1896人。从从业人数占比来看,农业从业人数占比从"五普"的88.75%下降到"六普"的81.15%;制造业则从1.73%上升到了4.17%;"批发和零售贸易、餐饮业"从1.94%上升到5.51%。

其二,黎族女性从业人员增加最多的行业是"批发和零售贸易、餐饮业"。"六普"黎族女性在农业仅净增加劳动力1147人,而在"批发和零售贸易、餐饮业"则增加1896人,成为增加最多的行业;第三是"制造业",增加918人。从从业人员占比来看,农业从业人员占比从88.56%下降至80.61%;"批发和零售贸易、餐饮业"则从2.77%上升到7.53%;"制造业"从1.92%上升到4.15%。由此可见,黎族女性就业主要集中于农业、"批发和零售贸易、餐饮业""制造业"。

其三,黎族女性从事的职业以农业为主。从"五普""六普"的统计数据来看(表2):(1)无论男女,黎族从业人员主要集中在"农、林、牧、渔、水利业生产人员",虽然从"五普"到"六普"有所下降,但在"六普"时仍高达81.24%。(2)女性从事"农、林、牧、渔、水利业生产人员"的比例要低于男性。"五普"时,男女比例均为88.70%,到"六普"时男性为81.62%、女性为80.78%。(3)男性从事"农、林、牧、渔、水利业生产人员"和"生产、运输设备操作人员及有关人员"增长最快。从"五普"到"六普",从事"农、林、牧、渔、水利业生产人员"和"生产、运输设备操作人员及有关人员"分别增加了4016人和2037人,成为男性从事职业中增加较多的两种职业。(4)女性从事"商业、服务业人员"则增速最快,超过了农业的增长人数。从"五普"到"六普",从事"商业、服务业人员"的女性净增 2130 人,从业人员占比也从 4.87% 增加到 10%;其次是农业,净增 1163 人。

表2 海南黎族"五普""六普"分性别分职业从业人数

单位:人

职业	性别	"六普"	"五普"	性别	"六普"	"五普"
黎族从业人员	男	44453	36377	女	37105	32479
国家机关、党群组织、企业、事业单位负责人	男	333	331	女	132	58
专业技术人员	男	1207	1265	女	1157	945
办事人员和有关人员	男	1371	749	女	484	298
商业、服务业人员	男	2112	632	女	3712	1582
农、林、牧、渔、水利业生产人员	男	36281	32365	女	29973	28810
生产、运输设备操作人员及有关人员	男	3140	1103	女	1635	749
不便分类的其他劳动者	男	9	32	女	12	37

数据来源:笔者根据海南省历年人口普查资料整理。注:"五普""六普"中分职业从业人数为"表2"中的数据,按照统计规则,大约为 10% 人口抽样结果,实际人数估算约为上述数据中的 10 倍。

四、黎族农村女性就业特征

(一)就业领域:以农为主的多元化就业

黎族农村女性劳动力就业以农为主,其他行业为辅。随着经济社会的发展,农民就业的行业已经发生巨大的变化,售卖种植的农作物不再是他们收入的唯一来源,他们走出农田,在工商业、建筑业、服务业等多个行业广泛分布。由于农业产出效益低,农民很难通过非规模、非高效的农业生产致富。因此,黎族农村女性劳动力会根据自己及其家庭的实际情况协调农业生产和非农务工之间的关系。如每年10月至次年的3月是海南旅游旺季,酒店、餐饮、居民服务等行业从业人员缺口较大,易出现"用工荒",其中服务员、洗碗工、家政服务人员缺口最大。[1] 这时黎族农村女性劳动力会进入这些行业,填补用工缺口。通过调研发现,黎族农村女性劳动力从事非农劳动通常会以三种模式出现:一是在农闲的空余时间段从事非农行业,即在农闲的空余时间在非农行业就业,待农忙时辞去非农工作继续从事农业生产;二是脱离农村的全职非农务工,即不从事农业生产且外出全职从事非农工作;三是合理分配个人劳动时间从事非农务工,即农业生产与非农就业均能兼顾。"闲时打工挣钱,忙时回家种地"正是时下对部分黎族农村女性劳动力就业的真实写照。

海南省农民工监测报告显示:2017年海南农民工就业以住宿和餐饮(22%)、居民服务(21%)等行业为主。[2] 据2015年海南省1%抽样调查显示,海南省乡村女性在统计的20个行业类别中,除了"国际组织"存在就业人口"缺失"外,其余19个行业均有乡村女性就业人口(28609人)分布,其中就业人口靠前的分别是农林牧渔(22090人)、住宿和餐饮(1812人)、批发和零售(1729人)、居民服务/修理和其他服务业(461人)、建筑业(451人)

---

[1] 海南服务业节后现用工荒 餐馆客人吃饭"半自助"[EB/OL].http://a.hinews.cn/page-030961952.html

[2] http://www.hainan.gov.cn/hn/zwgk/tjdc/hndc/zhfx/201803/t20180306_2565526.html

等。从海南省"五普""六普"的调查中,也可见黎族农村女性在不同产业、不同行业均有分布。

(二)就业局限:"三低一高"行业成聚集区

从上述分析结果来看,海南黎族农村女性劳动力就业分布呈现以涉农为主,住宿和餐饮、批发和零售、居民服务等为辅的多行业就业格局。而这些行业通常存在着"技能门槛低、学历要求低、待遇给付低、劳动强度高"的"三低一高"现象。从国家统计局公布的 2017 年全国 18 个行业的平均工资来看,目前黎族农村女性劳动力集中就业的农林牧渔、住宿和餐饮、居民服务等行业工资收入水平继续位列倒数第一、第二、第三位。但从近十年全国城镇私营单位用工水平来看,农林牧渔、住宿和餐饮、居民服务这三个行业平均工资分列倒数第一、第二、第三位有 9 次,仅在 2015 年时"居民服务"排在倒数第 5 位,较 2014 年上升了两个位次,而从 2016 年开始又排在倒数第三位。而从海南省统计局公布的 2017 年城镇非私营单位就业人员年平均工资来看,2017 年平均工资最低的仍然是"农林牧渔""居民服务、修理和其他服务业","住宿和餐饮业"则排在第 14 位;而从城镇私营单位来看,"农林牧渔""住宿和餐饮业""居民服务、修理和其他服务业"则分列第 14、第 9 和第 13 位(表 3)。

表3 2017年海南城镇分行业就业人员平均工资与全国水平对比

单位：元／年

行业	城镇私营			城镇非私营		
	海南	全国	全国－海南	海南	全国	全国－海南
平均	45640	45862	222	67727	74318	6591
农、林、牧、渔业	37383	34272	−3111	34665	36504	1839
采矿业	42132	41236	−896	58005	69500	11495
制造业	44316	44991	675	59599	64452	4853
电力、热力、燃气及水生产和供应业	35525	41510	5985	81116	90348	9232
建筑业	38543	46944	8401	44056	55568	11512
批发和零售业	38949	42359	3410	58403	71201	12798
交通运输、仓储和邮政业	44105	45852	1747	81288	80225	−1063
住宿和餐饮业	40038	36886	−3152	46769	45751	−1018
信息传输、软件和信息技术服务业	49456	70415	20959	104012	133150	29138
金融业	39648	52289	12641	117551	122851	5300
房地产业	62252	48025	−14227	62248	69277	7029
租赁和商务服务业	52211	51394	−817	60784	81393	20609
科学研究和技术服务业	42997	58102	15105	78517	107815	29298
水利、环境和公共设施管理业	32202	41061	8859	46733	52229	5496
居民服务、修理和其他服务业	37596	38417	821	36522	50552	14030
教育	35002	43263	8261	79753	83412	3659

续表
单位：元／年

行业	城镇私营			城镇非私营		
	海南	全国	全国－海南	海南	全国	全国－海南
卫生和社会工作	43610	47296	3686	79350	89648	10298
文化、体育和娱乐业	35683	41201	5518	67235	87803	20568

数据来源：海南省统计局公布的数据。http://stats.hainan.gov.cn/tjj/tjfx/ztfx/201805/t20180522_1607375.html

从海南省统计局公布的 2017 年数据来看（表 3），海南住宿和餐饮业就业人员工资水平高于全国水平；居民服务业的就业人员工资要低于全国水平；农业在城镇非私营单位低于全国水平、在城镇私营单位则高于全国水平。即便如此，也仍然无法掩盖作为普通就业者从事上述三个行业的低收入现状。据 2017 年海南省农民工监测报告显示，在"住宿和餐饮业""居民服务、修理和其他服务"就业的海南农民工月收入分别是 2583 元和 2732 元，远低于海南省在岗职工月平均工资 5755 元的水平。

（三）就业决策：从经济收入向综合发展转变

农村劳动力就业方式已形成多元化格局。从产业结构来看，农村劳动力从第一产业向第二、第三产业转移；从行业门类来说，从集中分布在农林牧渔业到建筑业、制造业、住宿和餐饮等行业均有分布。这种转移和分布过程实际是农村劳动力就业决策的最终结果。国内外学者对这种结果产生的原因进行了多角度分析。刘易斯的二元经济结构（现代经济部门和农业经济部门）、蔡昉经典理论认为：当现代经济部门工资水平高于农业经济部门一定水平时，农业经济部门（主要指农村）的劳动力就会到现代经济部门（主要指城市）谋职。而平衡这一局面很大程度取决于农业经济部门的劳动生产率，也取决于农业经济部门技术与现代经济部门资本存量。Anderson & Papageorgiou 认为经济原因是影响就业决策的主因，当然还取决于从事农与非农的边际产出的比较。吴连翠、陆文聪根据国内外学者的研究梳理出了经济发展、人口学特征、非农收入、家庭特征、地理特征、资源禀赋、农业补贴政策等对兼业农民[①]的非农决策产生影响。此外，社会习俗和传统观念等人文环境、心理认知、农村社会保障制度、农产品价格、农业技术、农业生产制度等均对农民就业决策产生影响。因此，当下农民就业决策可以看作是：主动超越了被动，从关注经济收入向考虑综合发展转变。通过对 130 名黎族农村女性劳动力的调查结果显示，43.08% 的女性认为外出务工收入高，6.15% 的女性认为外出务工是为了见世面，9.23% 的女性认为干农活很辛苦，41.54% 的女性认为是其他原因（教育、生活、就医、个人发展等）。

（四）新型农民：从身份到职业的转变

农民是相对于城市的一个概念。在我国，户籍是区分农民与非农民的一个显著标志；农民拥有农业户籍，非农民（城市居民）持有非农业户口簿，2014 年开始的户籍制度改革，使得以户籍区分"农"与"非农"的"标尺"变得模糊，而这些都是从身份上对

---

① 兼业农民是指集农业生产者和非农劳动就业者为一体的行为主体。[吴连翠，陆文聪.粮食补贴政策背景下兼业农户夫妻非农就业行为研究——基于粮食主产区的调查.劳动经济研究，2014（6）：111-125.]

农民进行界定。农业经济部门中劳动者、长期从事农业生产的劳动者，如主要收入来源于农林牧副渔业且生活在农村地区的居民等都可视为在职业上对农民的界定。也有学者从群体特征、性格特征来界定农民；陆学艺更是将农民划分为八个阶层[①]。无论是农民阶级的消亡、农村将被田园城市所代替，还是农民的终结，都给出了一条农民从身份蜕变向职业发展的理论道路。[②]中国原农业部部长韩长赋也提出要让我国农民实现从身份向职业的转变，更是提出了要培养新型职业化农民。因此，现在的农民更多应理解为一种职业概念。

　　长期的社会发展过程，对劳动性别分工产生影响。中国海南黎族所经历的社会发展阶段[③]为"原始社会—封建社会—社会主义社会"，这使黎族在劳动性别分工上保持着较为完好的状态，故在20世纪50年代初期的合亩制地区仍保留着母系氏族的遗迹。由于黎族社会长期劳动性别分工的存在，特别是身处海南腹地山区的黎族，

---

① 陆学艺将农民划分为八个阶层：农业劳动者阶层、农民工阶层、雇工阶层、农村知识分子阶层、个体劳动者和个体工商户阶层、私营企业主阶层、乡镇企业管理者阶层和农村管理者阶层。陆学艺.重新认识农民问题——十年来中国农民的变化.社会学研究，1989（06）：1-14.
② 张端在《农民的发展趋势理论：从马克思到孟德拉斯》一文中详细地论述了农民的发展趋势，他认为：中国的现代化农民是从事现代化的农业生产的，是知识化、职业化的现代公民意义上的新型农民。从农民的社会属性上看，新型农民是属于现代社会中的公民，是因为分工的不同而形成的现代农民职业。职业是农民，公民是农民的社会属性。张端.农民的发展趋势理论：从马克思到孟德拉斯.学海，2013（03）：213-216.
③ 《黎族简史》对这个问题进行了专门的讨论。虽然在黎族社会中存在着类似"奴隶"的印迹，如龙仔、工仔，但不同于奴隶社会的"奴隶"可以随便杀戮和买卖，龙仔、工仔结婚后可以拥有生产资料和从事各种副业。在黎族社会中，龙仔、工仔现象不占社会的主导，数量也不多。因此，不能称之为奴隶。由于文献记载，黎族与汉人开始交往时，海南岛以外的其他地区（如两广等地）已经是处于较高发展阶段的封建社会时期，因此，黎族可能直接跨过奴隶社会直接进入了封建社会。（《黎族简史》编写组.黎族简史.广州：广东人民出版社，1982：29-31.）在中华人民共和国成立后，实行"合亩制"的黎族地区直接进入社会主义社会。

由于接触外族文化、生产方式等较少,他们的劳动性别分工思想得以保留。进入社会主义社会后,传统的劳动性别分工被打破,居于农村的黎族女性在中国共产党的统一领导下开展社会主义现代化建设,就业上已无劳动性别分工的禁忌,如今已成为经济社会发展中的重要力量。

(作者单位:海南医学管理学院)

美孚方言黎族民居建筑变迁
——基于西方村的田野考察

张鹏

根据方言和文化特征，黎族内部分为哈、杞、润、赛、美孚五个方言。美孚黎又称长裙黎，主要分布在海南岛西部昌化江中下游流域的东方市、昌江黎族自治县，人口数量约占海南黎族的5%。西方村位于昌化江东方盆地的西部，隶属东方市东河镇，距东河镇约3千米。2010年第六次人口普查数据显示，西方村现有人口3283人、772户，全村均为符姓，除十几户为哈黎外，其余皆为美孚黎。村内有六个宗族，每个宗族有各自专属的名称。

20世纪50年代，作为黎族社会调查的一个调查点，西方村被当时的民族学者记录下来。[1] 60年后，沿着民族学先辈的足迹，笔者再次走访西方村，记录下西方村民居建筑及居住习俗的演变轨迹，希望能够从一个侧面反映黎族文化的变迁和广大黎族同胞生活水平的改善情况。

---

[1] 中南民族学院调查组.黎族社会调查（下卷）.南宁：广西民族出版社，1992：399-444.

一

据文献记载，黎族的居住经历了穴居、巢居、船形屋、半船形屋、"金"字形屋的变迁过程。其中"穴居""巢居"见诸《越绝书》《桂海虞衡志》《岭外代答》等古文献记载，船形屋建筑作为黎族文化保护遗产，目前仅存于东方市江边乡等少数几个村庄。西方村所在的东方盆地，由于宋代就曾在这里设置镇州，受汉文化影响较大，反映在民居建筑上，西方村所在的东方盆地很早就已经从干栏式的"船形屋"演变成"半船形屋"了。

西方村早期的民居建筑主要分为"bong'gong"（榜贡）和"bong'chuan"（榜穿）（美孚黎方言）两种类型。

"榜贡"是西方村的传统民居建筑，按照房屋的造型应归为半船形屋。"榜贡"是一种直接将房屋的柱子深埋在屋基之中，以四周和中间的圆柱为主要支撑，而后搭梁，覆以树枝为骨架，用树皮或藤条外皮缚绑，整个建筑无榫无卯，房梁的搭建完全靠天然的树木枝丫或者坎凿的叉口结合。房屋的支架搭好后，墙体支架糊以泥巴、稻草或茅草混合物，屋顶覆以茅草。建造"榜贡"，都是同一家族的人互相帮忙，一般八到十天即可完工。以前的房屋建筑是南北方向纵向延伸，大门开在朝南的方向，朝北开一个小后门。房屋内部由中间的一道隔墙分为前后两节，前厅主要用来放置农具、杂物等，也兼做客房；后厅面积较前厅小，为主人卧房，兼做灶房。建筑式样和室内格局如图1：

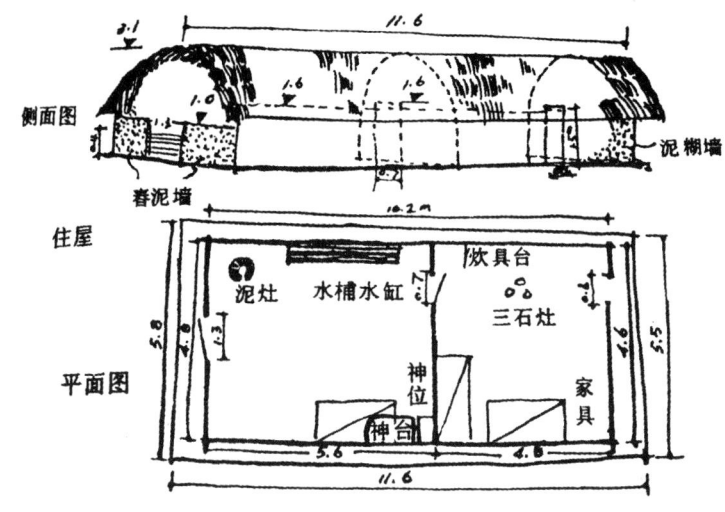

图 1 "榜贡"民居建筑造型及屋内布局图

整个住房建筑的墙高为 1.6 米,空高为 3.1 米,纵深为 10.2 米,加上房屋南北伸出的茅草有 11.6 米,房屋的外宽为 5.5 米左右,内宽为 4.6 米左右。前厅比后厅约长 1 米。整个房屋的外墙没有窗子,只有前门和后门,后门的大小仅为前门的一半,屋内的采光非常不好。房屋的前厅"在进门左手靠墙的位置设一泥密封灶,右边的墙角放几个鸡笼,梁上和墙壁则悬挂些竹雨帽、竹刀笠(刀囊)、镰刀和牛铃等杂物。'外厅'右边靠墙处放一张木床,作为招待客人或留给家里未婚男子住宿。床头正对的墙壁上设有一个神台和一个神龛,放香炉及祭品。左边靠墙的地方放陶水缸、木水桶和陶罐等,墙上有一长长的竹制杂物架""内室的使用情况:进门的右边靠墙处放两张木床,是家长夫妇两人寝息的地方,靠后门的墙边放着挑米的箩子和腌肉坛子、酿酒缸等。左边设三石灶,灶上悬一竹架,放置炊具和餐具"。① 这也是苏儒光先生在《黎族传统民居建筑类型与演变》一文中所述的美孚黎族与其他黎族地区纵向船形屋不同的地方。这种半船形屋是直接建筑在地面上,屋内是没有铺放类似地板之类的隔潮层的。这一点从日本学者尾高邦雄在1943年对重合盆地的美孚黎族的调查中,也可以得到印证,"屋内不铺地板,大多只有一室""这里的所有房屋都是直接建筑在地面上的,而且通常不铺地板,所以屋地只是夯实了的土地"。② 除此之外,从房屋的高度和面积来看,此地的建筑要比其他黎族地区的高大、宽敞。另外,与20世纪40年代重合老村的房屋相比较,同属美孚黎族民居建筑,西方村的房屋要比重合老村的高大,而且房屋内部也出现了布局上的变化,由一室变为中间有隔墙的前、后厅。显然这样的变化是受到周围汉文化的影响。在这细微的变化中,可以体会到黎族同胞在个人隐私方面的观念变化。

"榜穿"是传统民居建筑的另外一种形式,对此1954年的民族调查中并没有记录。符兴恩指出这种建筑形式作为美孚黎族的传统住宅形式仅仅在西方村所在的东河镇一带盛行。③ 这种房屋的房柱是放置在地面的石板或石墩之上,整个房屋的骨架为榫卯结构,造型精致,如图2所示。

"榜穿"的单排骨架利用榫卯技术搭建而成,整个房屋就是以2—3排骨架为基础,两排骨架之间以横木相连,起到互相支撑固定的作用;然后在此骨架上搭梁,覆以树枝为椽,围以竹篾、藤条、树枝为墙骨,再覆茅草为顶,敷泥巴为墙面。有别于"榜贡"建筑

---

① 中南民族学院调查组.黎族社会调查(下卷).南宁:广西民族出版社,1992:423.
② 尾高邦雄.黎族三峒调查.金山,译.北京:民族出版社,2009:107.
③ 符兴恩.黎族·美孚方言.香港:银河出版社,2007:259.

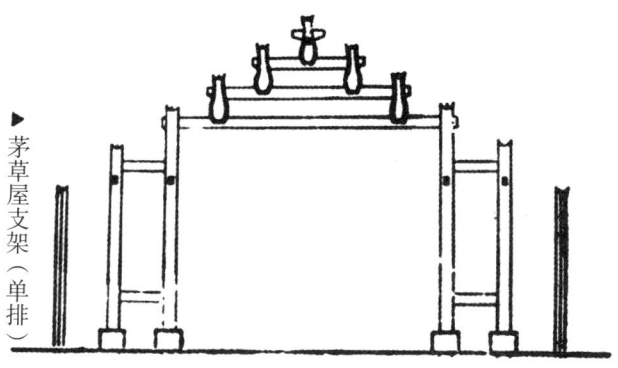

◀ 茅草屋支架（单排）

图2 "榜穿"房屋骨架

材料的选材，建造榜穿时选用的梁、柱均为格木①，其中尤以青梅格木为好，梁、檩要求笔直、对称。建造"榜穿"耗时要比"榜贡"长，打造骨架就需要耗时一个多月。

图3 现存的"榜穿"骨架②

---

① 格木，海南民间称"格"，即茎木中具带有某种颜色质地较硬的芯材部分。
② 村民符金昌的房屋内部，此房屋是村内唯一的保留榜穿骨架的房子。

图 3 所示民居保留了原有"榜穿"的骨架,按照汉族房屋建造方式,梁椽之上覆瓦,四周以砖砌墙。笔者认为,这种房屋兼具有黎、汉两种房屋的优点。首先,以砖瓦代替原来的茅草、泥巴墙,显然增加了房屋的耐用性和安全性;其次,保留原来的骨架结构,使得房屋内部通风,这在炎热的海南岛是非常有必要的;最后,房屋的外檐保留船形屋的风格,尽量向外伸展,屋檐与地面的距离相较汉族的砖瓦房要低,这样保证了热空气较少向屋内流动。整个房屋内部给人一种清凉的感觉。这种黎、汉结合的建筑,从一个侧面体现了黎族同胞的勤劳与智慧。①

"榜穿"的内部结构与"榜贡"类似,只是"榜穿"相较"榜贡"而言,房屋的纵长、外宽、空高尺寸都要稍微大些,房屋的建筑技术、建筑材料、内部使用空间以及房屋耐用程度都更加先进。两者有一个共同特点,就是开设前门和后门。究其原因,据符文进老人介绍②,一方面是因为无论"榜贡"还是"榜穿",都没有窗户,为了便于通风,所以开设前后门;另一方面,过去由于地界矛盾、土地纠纷和利益冲突等原因,村子之间或者村子内部的械斗时有发生,开设前后门也便于打斗时逃跑。

二

黎族民居建筑形式的演变过程中,有一种建筑形态——"金"字形屋。1954 年黎族社会调查记载,"全村有好几个'祠堂',有些是砖瓦房,有些是泥糊墙上盖瓦,最简陋的是泥墙茅草盖……但

---

① 这种黎、汉结合的建筑,笔者在西方村所见仅此一处。
② 2012 年 2 月 9 日,访谈村民符文进记录。

基本上是'金'字形，门向一边开，与一般汉族农民住屋相似"①。上述文献记载中，对于"金"字形屋的表述仅限于祠堂，而普通民居是否也存在金字形建筑，并没有说明。2011年7月29日，在走访村民符文春时，笔者曾观察到符文春老人的房屋正是典型的"金"字形屋。

  这座"金"字形茅草房，坐北朝南，由东向西分为三间，长度在6—8米，房门向南开，房屋的墙体由草泥混合物砌成，没有窗，屋顶搭盖茅草。从屋内观察，房屋的骨架建造与"榜贡"一致，屋内南北纵深大致在3米以内。中间堂屋，靠近北墙和东墙的地方，摆了一些用来腌制酸菜的罐子；西北角放了一个木柜，是用来装大米的，除了地上摆放的两个简陋的木制小板凳，再没有其他的物品。东边的房间是用来做饭的灶房，进屋的西南角摆放了几个石块，呈三角形，为"三石灶"；东南角放置了一个小水缸；从屋内檩子上悬下来几根绳子，绳子上挂了几个竹编的篮子，由于烟熏已经发黑。西边的房间是睡房。茅草房的东边是新盖的坐东朝西的三间砖瓦房。符文春老人告诉我们，新房目前是他的二儿子居住，因为老人住惯了茅草房，所以没有搬到新房居住，只是在台风来袭、大雨瓢泼的时候，为了安全暂住在那里。

  调查中，我们在村民符章球家中拍摄到了废置的"泥糊墙上盖瓦"的"金"字形屋，见图4。这座金字形屋是泥墙，屋顶覆之以瓦片，而不是符文春家那种传统"金"字形茅草房。整个房屋的墙体沿用"榜贡"的建筑材料和建筑方式，先用木架、竹篾等编造骨架，然后砌以草泥混合墙。房屋的屋顶则采用砖瓦房的建筑方式，

---

① 中南民族学院调查组.黎族社会调查（下卷）.南宁：广西民族出版社，1992：424.

图 4 "金"字形屋

覆盖瓦片。房屋坐北朝南,从外部观察,房屋的宽、高以及纵深与符文春的"金"字形茅草房相类似。房屋的正门开在朝南的方向,还开设了窗。符章球介绍,当时建造房屋时,为了使屋顶能够承受瓦片的重量,将房子屋檐向前伸出,用檐柱进行支撑,所以对比符文春的"金"字形茅草房,才有了门廊。房屋原来是家里的老人居住,后来老人去世,就用来堆放些杂物。由于风吹雨淋,房屋已经有了残败的迹象,用来支撑屋顶重量的檐柱也已经腐朽了。

　　虽然在村子里找到了两处"金"字形屋,分别代表了"金"字形屋的两种不同类型,但是在走访调查中并没有发现这种建筑形态曾经广泛存在过。对于这个疑问,符金昌老人告诉笔者,过去村民以能够建造和居住在"榜穿"中为荣,因为建造"榜穿"费时耗工,需要周围亲戚朋友的帮助,能够建造"榜穿"不仅仅是家庭财力的一种体现,同时也显示出某个家庭在村内的人缘好坏,所以只要条件允许,村民们都会尽力将住房建造或者改造为"榜穿"。另外,他还认为这种"金"字形屋与高大、宽敞的"榜贡""榜穿"相比,舒适度较差,只不过随着人口的增加,没有更多的土地用来建造"榜贡"和"榜穿",加上森林资源日益减少,有的村民才选择建造"金"字形屋。

有学者曾提出过这样的观点,"金字型的茅草泥巴墙房屋可以说是没有的。这些情况表明,美孚方言黎族传统住宅形式的演变,在汉族文化的直接影响下,没有经过横向金字屋这种形式便直接从'船形屋'—'半船形屋'—砖瓦房的历史演变过程"[1]。通过上述"金"字形茅草房的记述,笔者认为上述观点值得商榷。西方村民居建筑的变迁过程中并没有跨越"金"字形屋的形式,而是符合黎族民居建筑演变的一般规律,即由穴居—巢居—船形屋—半船形屋—"金"字形屋过渡到砖瓦房,只是"金"字形屋由于受当地建筑习俗和审美观念的影响,没有被西方村的黎族所广泛接受。

三

西方村传统民居建筑的改造,早在20世纪60年代就已经开始了。据符世强老人回忆,1965年政府部门在村外建立了窑厂,派驻了汉族工匠教当地的村民烧砖、烧瓦、烧石灰、盖瓦房,但是由于技术水平和当时条件的影响,所建砖瓦房不多。直到改革开放前,绝大多数的村民还是以居住茅草房为主。20世纪80年代初,距离西方村不远的"乒乓岭"(音译)发现了金矿,大部分村民将挖金矿获得的收益用来改善居住条件,改造茅草房为砖瓦房,其中

---

[1] 符兴恩.黎族·美孚方言.香港:银河出版社,2007:258.

还有村民建造了二层小楼。① 20 世纪 90 年代初,政府主导的茅草房改造工程,也是以建造砖瓦房为主,见图 5。

图 5　20 世纪 80 年代的砖瓦房

20 世纪 80—90 年代建造的砖瓦房,多是请广东电白的汉族工匠建造,建造房屋所用的砖瓦都是从八所镇购买。② 这个时期绝大多数的房屋也是坐北朝南、由东到西,以三间为主。中间为堂屋,东西两间为卧房。堂屋正门朝南开设,但沿袭了传统茅草房的建筑习俗,在堂屋正门对应处均开设有后门。建造中吸收了当时南方汉族地区建房的习俗,在房梁上书写建造时间,在大梁上悬挂包有糯米的红布,以保佑家宅平安。堂屋内的陈设基本相同。以村民符才利家为例:堂屋进门的右手边是一个盛放粮食的米柜,长约 1.5 米,

---

① 2011 年 1 月调查时,当时建造的楼房有 8 栋。
② 八所镇是东方市市政府所在地。

宽、高各约1米，门正对面的墙上约2米处是祖先牌位的神龛，东面墙上约2米处靠近东北角的位置有一根两头插进墙内的铁棍，铁棍上挂有猪的下颌骨，据说是每年祭祀祖先时留下来的，有保佑家宅平安的意思。紧靠东墙摆了一张大床，西墙的墙根处摆了一排腌制瓦罐，堂屋陈设大致如此。东边的卧房，靠西墙摆了一个大衣柜和一个组合柜，衣柜上摆了两三个衣篓，靠东墙摆了一张大床。西边的卧房是老人居住，床摆放在靠北墙的位置，床边放了一把木凳子，衣柜靠东墙，西墙的墙根有几个与堂屋相同的瓦罐。

2000年以后，随着外出务工人员的增加，西方村与外界的接触更加广泛，外面世界的各种信息随即进入西方村，模仿汉区建筑风格的房屋越来越多，如建造平顶房、使用雕花工艺砖、贴瓷砖等。近年来，浇筑技术也传入了西方村，这种省时省力的建筑技术被广泛用于新建平顶房或楼房的屋顶。

图6　正在修建的二层楼房（2012年拍摄）

图 6 是 2012 年西方村村民即将完工的二层楼房，房屋模仿了汉区的流行样式，建造过程中使用了浇筑技术，进门处的门廊以及二楼的阳台仿拟欧式建筑风格。第一层，进门是堂屋，东边有两个房间，前面是卧房、后面是厨房，西边是一间卧房和楼梯；二楼东西两边各有一个房间，由于房屋还没有建完，具体布局也未能完全看清，所以其功能还无法完整描述。这些新建的房屋内部不再像20世纪八九十年代那样房间里只有简陋的基本生活用品，此时的西方村，木质沙发、电视柜、整体衣柜、席梦思床等汉区流行的家具，以及电视机、音响、冰箱等家用电器，都已进入村民的日常生活之中。值得注意的是，20世纪八九十年代的砖瓦房还保留开设后门的习俗，但在 2012 年调查时，新建的房屋基本上不再开设后门。如果说 20 世纪八九十年代的砖瓦房开设后门是对传统习俗的固守，那么 2000 年以后在新建房屋中选择不再开设，则表明了西方村黎族在接受新事物时，心态更加开放，同时也意味着开设后门所追求的流通需要已经被洞开的窗户取代，而用于逃遁功能的械斗隐患也已经消除。此外，20世纪八九十年代建造房屋时曾移植汉区各种建筑习俗，如刻写建筑时间、悬挂包糯米的红布等，2000年以后新建房屋时，这些习俗已不再延续，原因是汉区和汉工匠已经不再沿用这些习俗，西方村的黎族也同步习得，说明他们与外部世界的交流日渐频繁，甚至在某些方面呈现出与时俱进的态势。

四

1954 年西方村的人口有 1000 余人[①]，2010 年全国第六次人口

---

① 中南民族学院调查组. 黎族社会调查（下卷）. 南宁：广西民族出版社，1992：399.

普查，村子的人口增加到3000余人。60年间，生存条件和卫生条件的极大改善，使西方村人口增加了2000余人。人口的增加，带来了耕地和居住空间的紧张。为了缓解这些压力和矛盾，政府曾在1976年主导了一次村子的搬迁，将村子东南部地势较低、易于改造成农田的茅草房搬迁至原村外西北方约200米之处。这次搬迁并没有得到大部分村民的支持，不久后，陆续有人搬回村内的祖宅，只有小部分村民没有搬回。2008年，为配合新农村建设，政府在村子的东南部由东河镇进入西方村村口的道路北侧划出一块宅基地，用于村民新建住房，这片居住区域被村民称为新区。此外，由于祖宅的面积有限，各家庭繁衍分家后的兄弟有的在祖宅周围建造房屋，有的则搬离祖宅另寻新址建造房屋。无论是政府主导还是民众自发建造，此地民居建筑呈现了黎族传统文化的变迁，反映了黎族地区生活条件的日益改善、黎族同胞生活水平的不断提高，以及黎汉同胞接触的更加密切。例如，村子的搬迁和新村的建立，突破了黎族传统上按宗派、家族聚居的习俗；同样，民居建筑格局中所体现的长幼有序文化传统，也被兄弟间的分址而居所分解。

综观西方村黎族民居建筑变迁的轨迹，可以发现以下两个方面的特点：

一是政府与民众都起到了推动作用。政府主导的村子搬迁和茅草房改造工程，无论是村民的配合与否，都极大地推动了民居建筑的变迁。改革开放后，随着黎族同胞对外交流的日益增多，富裕起来的黎族群众除了自发开展民居建造，还主动配合政府进行茅草房改造工程。政府和民众对于建设美好生活家园的期望，加速了民居建筑的变迁。

二是基本完成了从传统到现代的变迁。现在西方村的黎族同胞已经分别住上了砖瓦房、平顶房、楼房，传统的茅草房已消失或废置。现代民居建筑已被村民们普遍接受,他们在民居建造中不断地学习和模仿新式建筑风格。

　　民居建筑是民族文化的一种外在表现,人们对于自身生活场所的营造反映了利用环境的能力,同时也是生活水平和生产力的一种体现。西方村美孚黎族民居建筑的变迁,体现了黎族同胞对于美好幸福生活的热切追求,也体现了国家民族政策给黎族地区和黎族同胞所带来的翻天覆地变化。在此进程中,不论是政府部门还是西方村村民,在现代黎族民族建设中需要考虑海南的气候条件和环境因素,也需兼顾黎族传统民俗特色的保留,使未来黎族地区的民居既舒适实用,又能以独具特色的民族风情与黎族地区的旖旎风光相得益彰。

(作者单位:中南民族大学)

探析海南岛中部山区黎族居住地共享农庄的发展路径

杨春淮

对海南岛而言，共享农庄是在目前中国社会主义公有制国家体制的基础上，在党的十九大提出"乡村振兴战略"的强力催生下，当国家的城镇化水平达到一定程度时必然出现的一种生活居住模式，它同时也是化解海南岛中部山区黎族群众居住地生态保护与经济发展两难困境的一剂良药。与传统的房地产业所遵循的资本投资逻辑——追求投资利润最大化的商业模式不同，共享农庄的建设过程依据的是绝大部分投资商还不太适应的人本投资逻辑——追求投资带来的美好新生活。在操作层面，有许多方法和模式与以前的经验不太相同，所以有许多问题值得探讨。

自2017年以来，笔者供职设计机构一直在研究海南岛共享农庄的相关课题。知行合一，在理论层面，我们试图找出农村集体建设用地"三权分置"政策的推行对公有制下"二元"土地体制在乡村建设方面产生影响的内在规律；在实践层面，针对海南岛"东西南北中"五个不同区域的不同环境特征，我们积极探讨共享农庄发展的不同路径。

下面借助琼中黎族苗族自治县和平镇堑对村共享农庄的案例实践，介绍一下我们对中部贫困地区以共享农庄为抓手实施"乡村振兴"战略的初步思考。

一、共享农庄的建设思路与商业模式

（一）共享经济与共享农庄

1. 共享经济的概念

共享思想的萌芽，可以追溯到人类文明的早期。目前风靡全球的共享理念，是由于与互联网应用密不可分的信息化过程所引发的。信息化导致了"平台经济"的出现，互联网成为人们生产和交易的新的基础设施，也催生了共享经济时代的到来。共享经济（人本投资逻辑）对独享经济（资本投资逻辑）所遵循的法则有三个方面的颠覆：使用权比所有权重要；协作比雇佣重要；共有比私有重要。只有当收益是由参与者共享而不是由资本所独享的时候，才是真正的共享经济。

2. 共享农庄的定义

共享农庄是以充分涵盖农民利益的经济组织形式为主要载体，以各类资本组成的混合所有制企业为建设运营主体，以移动互联网、物联网等信息技术为支撑，以农业和民宿共享为主要特征，集循环农业、创意农业、农事体验、服务功能于一体，让农民充分参与和受益的乡村振兴综合经营发展模式在美丽乡村建设过程中形成的乡村居住农作社区。

3. 共享农庄的实施路径

在农村土地"三权分置"的政策背景下，通过流转农业生产用地（规模不小于500公顷）发展休闲农业与乡村旅游，利用其中农业5%（畜牧业7%）的附属设施用地指标适当配建设施临建，通过统筹村庄存量宅基地与村集体建设用地建设村庄民宿与乡村客栈，并争取美丽乡村建设中5%的增量建设用地指标配置田园旅馆与社区公建，最终形成完整的乡村居住社区，以吸引本岛城市居民、内地冬季候鸟人群与当地农民共地建房，以乡村旅游的方式进行周末休闲、以分时度假的方式完成养老过冬，进而促进海南岛的城乡一体化，推进乡村振兴战略，实施全域旅游目标。

4. 共享农庄的三大属性

共享农庄有三个基本属性，缺一不可：休闲农业、共享旅居、乡村旅游。共享农庄不仅要有吸引周边城市居民周末休闲度假的功能，还要有稳定北方"候鸟人群"在冬季长宿休闲康养的功能。在这种情况下，共享农庄就成为城市人到乡村重温乡愁、体验乡情的平台。乡村不同于城市，乡村没有那么多健全完善的公共服务设施，但是，如果长宿乡村，城市人的基本生活标准是不能因此而改变、而降低的。这种情况下，共享农庄就承担了平台服务的功能——为收入远比当地高得多的城市人尽可能提供长期的接近城市生活标准的日常服务，这其实一个巨大的商业机会。在此基础上，还要让这些城市人充分体验到有待进一步挖掘整理提升的本土地域文化（包

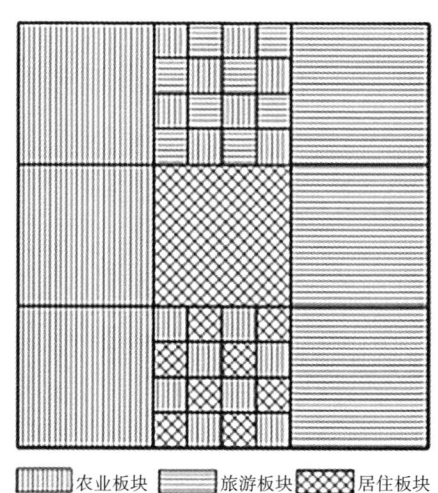

图 1　共享农庄功能结构示意图

括非遗文化）。这样共同的生活空间会促进城乡双方彼此的文化交流，进而达到心灵的融合，最终必将促进本地经济文化的全面复兴。

5. 共享农庄的六个角色

有六个角色参与共享农庄的建设与运营：地主——土地拥有者，由农民个体、村集体或农民专业合作社等不同主体构成；庄主——共享农庄的土地承包经营者；宿主——共享农庄中乡村民宿的使用者，也可能是部分项目的投资者，亦被称为"城里人"。除此之外，参与共享农庄经营的还有：管家——共享农庄的专业运营者；师爷——专门负责共享农庄整个建设运营流程服务的"研究、策划、咨询、规划与工程设计"的综合服务机构；金主——专门为共享农庄提供资金的资本运营机构。在这六个角色中，前三个对应了"三权分置"中的农村土地"所有者、承包者、使用者"，后三个角色是后台操作的基本岗位。

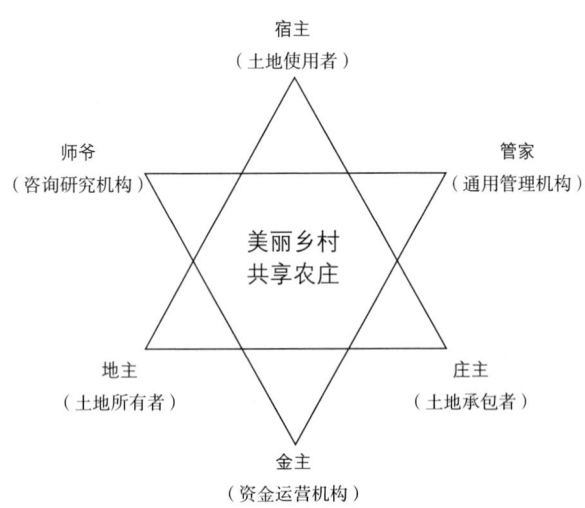

图2 共享农庄的六个角色

（二）共享农庄的基本类型

共享农庄需要企业实体来运作，按照企业在运作过程中所遵循的商业模式的差别来划分共享农庄，则有四种类型。

1. 农业生产型

所谓的农业生产型共享农庄，是以第一产业为赢利主体的共享农庄。其商业模式的主要赢利点在农业（高效农业、高科技农业、高附加值农副产品等）。它一般占地面积比较大，动辄几千亩甚至上万亩，以一种或几种农业产品为主打，甚至开始产、供、销一体化发展，往往还有农业高科技的研发能力，在此基础上发展共享农庄。总体上看，它更像农场。

2. 近郊休闲型

这类共享农庄一般位于城市近郊，或者就在城市规划建设区的边上，是以近郊休闲为目的的共享农庄。它的盈利模式在于为在城市中高密度、高容积率的楼盘中的中小户型居住者提供的郊野生态环境，通过一系列的经营活动而获得收益，在此基础上发展共享农庄。由于其交通便利、区位适中，有乡野田园景观特色的休闲娱乐场所，城市居民很容易，也愿意消费。它既可以让人们在周末或其他节假日游玩度假、友朋相聚、放松心情、轻松交流，也可以住宿、采摘、互联网交流，某种意义上，是城市功能的补充。本质上，它更像一个郊野生态游乐园。

3. 乡村度假型

这是一种以远郊美丽乡村建设为依托而发展起来的共享农庄。一般处于中心城市周边的乡镇之中，往往环境、生态、景观、人文等各个方面都比较好。商业模式是为冬季"候鸟"提供一个相对完整与安静的休闲度假场所（我们将其称之为乡村居住社区），投资者通过为居住其中的冬季候鸟人群提供综合服务、解决生活问题、经营社区物业而获得多种收益。

4. 景区配套型

这种共享农庄的建设目的，是用于弥补旅游度假区所缺乏的公共服务设施，并以此为动力，结合美丽乡村建设，按照共享农庄的实施路径，企业与政府共同努力，在实现乡村振兴战略的同时，化解旅游度假区本身所面临的困境。从区域上，这类共享农庄主要分布在海南岛东部海岸的滨海村庄之中，也可以存在于中部热带雨林国家公园的黎苗山寨之中。如果做得好，共享农庄会成为旅游度假区的组成部分。

（三）对共享农庄涉及的其他相关概念的简单解释

1. 冬季候鸟人群

冬季候鸟人群特指冬季以旅居（也有叫长宿的）方式来海南避寒的人群，相对而言，老人及准老人居多。与国内其他地区不同，海南岛共享农庄的推动者是冬季候鸟人群，有明显的群居行为特征。为了更好地在海南度假休闲，对于同一地域的老人（准老人）们来说，共享居住养老就成为一个共同的心理需求。如果说，简单的购房是纯粹房地产市场行为，很多人由于房价太高而难以承受，那么共享农庄的"共享形式"由于分享了由地方政府让渡的土地财政红利而使得他们的投资数额大幅降低，同时居住的自然环境条件大为提高，生活方式又有所变化，因而对候鸟人群有相当的吸引力。

2. 乡村民宿

所谓乡村民宿，是指利用农村、农林场居民的合法住宅，以及村集体用房、农林场房等闲置资源，为消费者体验乡村生活、游览观光、休闲度假等提供住宿接待服务的经营场所。一般来说，在村民闲置宅基地上建设的乡村民宿称为村庄民宿，通过整合村集体经营性建设用地建设的乡村民宿称为乡村客栈。

3. 一户一宅

海南省住建厅、自然资源与规划厅在琼建村〔2018〕267号文件《关于进一步推进农房建设规划报建管理工作的通知》中，明确了"一户村民只能有一块175平方米的宅基地，宅基地上的建筑限高12米"的要求。由于一户村民一般用不完360平方米的建筑空间，多余的建设指标存量在"三权分置"的背景下，可以由共享农庄统筹，让冬季候鸟们共享入住村庄民宿。

4. 分时度假

分时度假是消费者在某一特定的度假村或酒店，以较优惠的价格购买特定年限内一周或数周的度假时段使用权，并可以通过时段交换网络机构提供的服务，与网络中的其他度假村或酒店的度假时段使用权进行置换使用的一种度假旅游方式。

5. 三权分置

土地权可以拆分为土地的"所有权、处分权与经营权"，这就是"土地三权"。2016年12月31日发布并实施的《关于深入推进农业供给侧结构性改革加快培育农业农村发展新动能的若干意见》明确了农村土地"三权分置"政策，意味着集体建设用地的使用权将可以通过承包经营的方式流转。虽然农村集体所有建设用地的所有权不能"买断"，但可以在合同约定的期限内使用其处分权与经营权。从投资建房的角度来看，就是共享。

如果仔细分析，"农业种植地、村集体经营性建设用地、村民宅基地"三种土地"三权分置"的分权主体还不完全一样。其基本关系如表1：

表1 三种土地"三权分置"的分权主体关系表

土地 主体	农业种植地	村集体经营性建设用地	村民宅基地
村集体	发包方	发包方（地主）	
个体农户	承包方		发包方（地主）
种田能手	经营方		
共享农庄		承包方（庄主）	承包方（庄主）
冬季"候鸟"		使用方（宿主）	使用方（宿主）

6. 多规合一

简单地说，多规合一的编制是将在同一地域（地块）上的很多不同系列的规划成果统一于一张蓝图上的工作，是一个十分复杂的统筹协调过程。海南省是国家层面的省级多规合一试点省份，其多规合一是通过"十线控制"划定覆盖全岛的建设边界与生态边界的，目前已经初步完成村庄边界的确定工作。由多规合一确定的村庄建设用地红线成为共享农庄乡村民宿建设的空间边界。

（四）共享农庄商业模式的顶层设计方案

笔者拟出一个共享农庄商业模式的顶层设计方案，见图3。因这不是我们本文讨论的重点，不作展开。

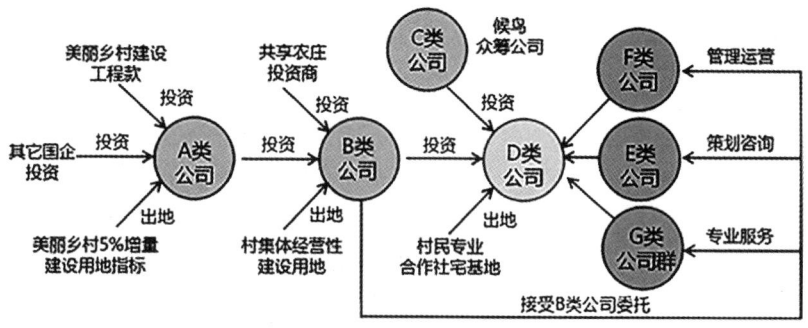

图 3 共享农庄商业模式的顶层设计方案

二、利用生态优势和地域特色发展共享农庄

（一）海南岛中部呼之欲出的"热带雨林国家公园"

种种消息表明，参照国家公园的基本管理制度和运作模式，保护中国唯一一块成片的海岛热带雨林区域，海南省将在中部山区建立"热带雨林国家公园"。对居住在当地的百姓而言，这件事情有几个明显的好处。一是山区的生态环境会进一步得到保护，环境景观会更加吸引人。同时，特色热带雨林探险旅游也会应运而生，这会给村民提供类似"旅游向导、农家乐"类的就业机会，乡村民宿也会得到很大发展。二是国家层面会有投资建设基础设施，黎族同胞的居住条件会得到很大的改善。第三，也许还会有一系列的利好政策，甚至资金补贴。

（二）共享农庄在海南岛的地域分布及特色

共享农庄在发展过程中，会依据不同的地域环境特征选择合适的商业模式，并对应相应的类型。从全岛范围来看这种趋势已初步形成，通过对海南岛东、西、南、北、中五个地区的共享农庄进行初步研究,可看出它们彼此不同的特征。

1. 海南岛东部地区的共享农庄

整个海南岛东部——从文昌的铜鼓岭至陵水的清水湾——滨海旅游度假区的开发模式,大都是通过合法的城乡规划,将原来位于度假区内一线的滨海村庄集中搬迁至远离岸线的二线地区,腾出滨海用地,集中优质资源进行统一开发旅游地产建设。同时,建设过程中,会在度假区内最大限度地多建房子,以尽可能多地获得投资回报。然而这些滨海度假区内大都缺乏为居民服务的公共服务设施。当年,由于大量购房者并不是常年居住在这里,这一矛盾相应地没有那么突出。但这些年,冬季来海南过冬的人越来越多了,这一矛盾渐渐地就凸显起来。

解决这一问题的思路是明晰的。即以共享农庄为抓手,在政府投资美丽乡村建设成果的基础上,按照乡村旅游景区的配套要求,将农村建设用地"三权分置"的政策红利空间与企业解决上述矛盾的积极性结合起来,通过与村民合作,在补齐旅游服务设施的短板的过程中实现乡村振兴战略,完成全域旅游目标。

因此,在东部滨海旅游度假区的二线地区,共享农庄会紧密结合美丽乡村建设,配套公共服务设施,既缓解冬季高峰时期旅居人口的服务压力,同时为村庄的脱贫致富提供机会。

2. 海南岛西部地区的共享农庄

从临高至东方的西部地区,虽然高铁、高速公路都经过这里,但其站点布局并未与城镇分布有效结合。相比之下,西部缺乏影响力较大的中心城镇;同时西部地区的村庄规模相对较大,动辄上千人的村庄在这里并不少见。因此,西部地区整体呈现"城镇规模小、村庄人口多、交通无重点、区域少中心"的特点。

以儋州为例,虽然时常号称海南第三大城市,其 GDP 仅相当海口的 0.17—0.2，三亚的 0.2—0.4，同时，洋浦、儋州、白马井滨海新区各执一端，王五、东成、南洋、中和等城镇分布零散、布局均匀。所以，它无法形成像海口、三亚等围绕中心城市分布共享农庄的局面。故它们共享农庄需要配套的公共服务设施就比较多，规模也相对大些。但西部地区自然环境良好，地域文化丰富多彩，如认真挖掘提炼，是可以出现一批有特色有规模的共享农庄的。

3. 海南岛南北两极地区的共享农庄

在海南岛的北侧，是省会大海口，现在在打造"海澄文"一体化区域，进而形成以海口为中心、带动周边市县共同发展的格局。但是，笔者以为这只是海口的第一步。从其在全省的影响力而言，下一步，应该包括临高、定安甚至屯昌，将整个北部地区带动起来。具体到共享农庄，这个区域的分布十分有特点。它有几个中心，一是围绕海口市中心区的半小时车程范围，二是围绕美兰机场的半小时交通圈。其共享农庄的地域特点也很丰富，既有南洋风格，也有琼北民居和火山石民居。用心打造，是有很多创新空间的。至于类型，则以近郊休闲型为主。

"大三亚"不再仅仅是一个理论概念，现在已经开始变成了一个完整的地域了：三亚、乐东、陵水与保亭，四个市县组成了大三亚地区。它正好是海南岛上真正的热带地区。这里海水湛蓝，阳光灿烂，海风清凉，植被茂密，是多少人梦中的度假天堂。其共享农庄以景区度假型为主，候鸟的季节性特征也很明显。

4. 海南岛中部地区共享农庄

海南岛中部山区，由于生态保护政策的实施，导致建设用地资源稀缺、建设条件严苛，共享农庄的发展空间变小，可以共享的成分也会降低。在这种情况下，共享农庄会与小城镇共同发展，最终演化成为高端低奢的村庄型乡村旅馆（群）。

（1）依据环境禀赋塑造特色共享农庄。在中部山区，相对郁闭的小环境比较多，或是一条河流、一个山坳，都可以成为外人视为世外桃源的地方。这个时候，就要依据这个场地、这个村落的小环境特点，完整按照乡村旅游景区的建筑设计标准，来因地制宜地打造有特色的共享农庄。不仅要让"候鸟"们居住得生活方便，还要在"候鸟"北归的时段里，吸引其他游客到此旅游。

（2）非物质文化遗产以"共享农庄"为载体的有效传承。黎族人民有非常多的非物质文化遗产，舞蹈、黎锦、情歌、游戏、手工、陶艺等，需要文创人员深入探访、挖掘整理，使之能融入共享农庄日常生活之中。

（3）以县域为界打造全域旅游特色板块。比如琼中黎族苗族自治县，就在全县范围内打造乡村旅游的"奔哥内"民族风情旅游示范区，以强化地域性认知。类似的，其他市县也可参照学习。最终形成在"热带雨林国家公园"范围内的多个区域全域旅游区域，以加深外界的印象，吸引游客，扩大收入。

三、和平镇堑对村的共享农庄规划实践

（一）乡村旅游规划：将绿水青山转化为"金山银山"

为了能让外地人在这里住下来，同时又不违背生态保护区限建政策，只有一个办法，把现状村庄变成乡村度假景区。充分利用"多规合一"给堑对村安排的30公顷村集体所有的增量建设用地，在这里建设旅游休闲业的配套设施，把村民的住房（至少其中一部分）改造成乡村民宿，并以共享农庄的名义，使北方"候鸟"长住于此；另一部分的增量建设用地可以改建成为高端低奢酒店，让那些高收入冬季候鸟群体住在乡村民宿中，静下心来，慢慢欣赏真

图 4 堑对村建设状态

正的绿水青山。人来了、心安了,才可能将绿水青山变成"金山银山"。

（二）经济发展策略：共享农庄与特色小城镇双轨驱动

在有关机构的规划设想中,和平镇的滨河地区有一些旧厂房可以改造成为像云南丽江那样的民族风情旅游街。由于和平镇与堑对村两地距离很近,将交通条件适当提升后,游客既可住在村里欣赏大自然、体验乡情,也可以在镇上分享必要的公共服务、体验地域风情,由"村、镇"两级居住单元共同形成一个在功能上可以相互促进的旅游综合体。

在操作层面,共享农庄的投资者可以在和平镇为堑对村的农民兴建集体公寓,使村民可以选择居住在那里,以有效适应客流量的变化。客流高峰期为"候鸟"提供服务,客流少时仍然居住在村里从事农业生产。这种模式,由于稳定了游客,共享农庄就可以从容地做接待准备工作。比如，根据市场需求定制生产各种农副产品；有意识地挖掘整理地域文化遗产，尤其是"非遗"项目。最终，使整个村庄在乡村振兴的大战略背景下，能够与市场经济的需求对接；通过冬季"候鸟"的"长宿"行为，把"市场需求"对接到家门口，村、镇两轮共驱，城乡两级互补，在共享农庄的基础上成就全域旅游。

四、乡村振兴和全域旅游双重背景下的黎族文化再生

（一）实施乡村振兴战略的历史意义

乡村是具有自然、社会、经济特征的地域综合体，兼具生产、生活、生态、文化等多重功能，与城镇互促互进、共生共存，共同构成人类活动的主要空间。乡村兴则国家兴，乡村衰则国家衰。我国人民日益增长的美好生活需要和不平衡不充分的发展之间的矛盾在乡村最为突出；我国仍处于并将长期处于社会主义初级阶段的特征很大程度上表现在乡村。全面建成小康社会和全面建设社会主义现代化强国，最艰巨最繁重的任务在农村，最广泛最深厚的基础在农村，最大的潜力和后劲也在农村。实施乡村振兴战略，是解决新时代我国社会主要矛盾、实现"两个一百年"奋斗目标和中华民族伟大复兴中国梦的必然要求，具有重大现实意义和深远历史意义。

由于中国巨大的国土版图，农村的情况不一。仅就海南岛共享农庄而言，前面就概括出来了五种不同的发展类型。要将乡村振兴战略真正落地，就一定要深入一线、充分调查研究，找到该地域真正能够与市场有效对接的资源接口，并将其提升为"有个性的"商业模式，乡村振兴才有可能成功。

（二）推进全域旅游理念的现实价值

对广大乡村而言，海南岛地方经济的发展，由于受海岛地形、环境、气候等多种因素的制约，在全球化的大背景下，很难有产业能够具有比岛外其他地区更强的竞争力。工业，缺乏基础；农业，没有规模。显然，第三产业是突破口。全域旅游理念就是在这样一个背景下提出来的。从理论上说，在海南推行全域旅游是促进旅游业发展并带动其他领域发展的一条行之有效的路径。但是，全域旅游在岛内的推广并不尽如人意，原因何在？

其实，原因很清楚。那就是全域旅游的国民收入在区域经济的角度是平衡的，游客们可以把集中花在封闭景区的钱等量地花在某一区域中。对政府而言，地方税收也许并未减少，但针对某一项被全域化分解的服务业而言，他们收入可能并没有增加，或者减少，比如封闭景区。也就是说，这一设想并未达到所有参与者经济收入的"纳什平衡"状态。

全域旅游在海南的实施需要一个有力的抓手，而共享农庄就是通过共享乡居将休闲农业和乡村旅游组合在一起的那个无形的手。它有效地将分为三个层次的农民实体（村集体、农民专业合作社、个体农户）通过乡村民宿专业合作社这样一个平台与接口与城市资本有效地对接起来。

一个共享农庄就是一个乡村旅游景点；若干个景点就会形成一个乡村旅游景区；结合新型城镇化建设，就可以打造成以"特色小城镇为核心，若干个共享农庄为成员"的新型乡村居住社区。在农业层面，它是高效农业、生态农业、循环农业的田园综合体；在居住层面，它是城乡一体化的养老休闲社区；在旅游层面，它是全域旅游示范区、旅游文化综合体。这也许就是未来海南可能会出现的乡村振兴的美好画面吧。

（三）以共享农庄为抓手促进黎族地区的文化创生

到目前为止，在谈到黎族作为一个民族的文化特色和价值观时，往往把注意力集中在艺术门类上和产品、语言、风俗等方面，当然这是十分重要的内容。但是，我们必须深刻地认识到：上述许多文化传统的产生，都是来源于生产力相对落后、对外交流相对不变的刀耕火种社会发展阶段。黎族人民不应该长久地背负这样的文化传统，是应该与时俱进的，应该积极地融入现代文明所带来的新生活中去。

那么，就要寻求更深层次的文化内涵，从生命观、价值观的角度去找寻它的内在本质，并按照黎族人民的生活习性和审美特点进行再创造。那么，黎族生命价值观到底是什么呢？那就是"崇尚自然、尊重女性、友好环境、天人合一"的基本特征。只有在这种认知的基础上，才能有效地完成黎族文化的创生——在现代文明成就基础上的再创造、再生成：在美丽的海南岛中部象征黎族母亲的黎母山下，五个方言系的黎族同胞手挽手、肩并肩，像兄弟般地依偎在一起成为五指（子）山。五指山构成"热带雨林国家公园"的主体，黎族同胞将世世代代守护在这里，并以热情和淳朴迎接来自四面八方的朋友，共享美丽的绿水青山，共同创造美好的金山银山。

结语

概括地说，我们提出的海南岛共享农庄建设的基本思路，就是在"一户一宅"政策落实的基础上，充分利用村民宅基地上的建设存量指标，按照"三权分置"的思路，将部分城市人引入到农村与村民合作投资建房，最终形成成片的乡村居住组团，通过获得一定年限的使用权，结合农事体验、养老过冬，从客观上促进城乡一体化进程，推动海南省全域旅游。

具体到中部山区,就是建议将共享农庄建设与"乡村振兴""全域旅游""热带雨林国家公园"和"特色小城镇"建设统筹起来，在生态保护与搬迁安置的同时，优化村庄布局、提升旅游品质，并使黎族群众在这一过程中存下一份家产，找到一份新的社会角色定位，真正脱贫、永远脱贫。

（作者单位：海南中元设计机构）

乡村振兴战略视域下海南黎族美丽乡村建设研究

李安辉　张俊

2018年是贯彻党的十九大精神的开局之年，是改革开放40周年，也是海南建省和兴办经济特区30周年。[①]十九大报告明确把"实施乡村振兴战略"作为决胜全面建成小康社会、全面建设社会主义现代化强国的七大国家战略之一。美丽乡村建设作为乡村振兴战略的重要组成部分，是当前学术界的一个重要研究领域，有一定的研究基础[②]，但有关海南美丽乡村建设多见于网站、报纸等新闻媒体报道与事务性工作研究[③]，理论与田野调查相结合的实证研究较少。本文在对乡村振兴战略与美丽乡村建设进行理论探讨的基础

---

① 中共中央国务院关于支持海南全面深化改革开放的指导意见.北京：人民出版社，2018：1.
② 王卫星.美丽乡村建设：现状与对策.华中师范大学学报，2014（1）.韩喜平，孙贺.美丽乡村建设的定位、误区及推进思路.经济纵横，2016（1）.于法稳.实施乡村振兴战略的几点思考.国家治理，2018（1）.吴理财，吴孔凡.美丽乡村建设四种模式及比较——基于安吉、永嘉、高淳、江宁四地的调查.华中农业大学学报，2014（4）.唐珂，闵庆文，窦鹏辉主编.美丽乡村建设理论与实践.北京:中国环境出版社，2015.徐文辉.美丽乡村规划建设理论与实践.北京：中国建筑工业出版社，2016.
③ 海南推进美丽乡村建设危房改造变旅游度假村庄.城市规划通讯.2014（14）.余秀冰.贫穷守不住绿色——对海南中部地区美丽乡村建设的思考.今日海南，2015（5）.海南省外事侨务办公室.海南村官"走出去"，促进美丽乡村建设.国际人才交流，2018（8）.

上,以海南省保亭黎族苗族自治县三道镇什进村为研究个案,运用民族学田野调查方法展开研究,试图呈现海南美丽乡村建设的基本情况,总结其主要经验,剖析当前面临的困境,并针对问题提出建议,为美丽乡村建设提供实践案例与第一手资料,为新时代乡村振兴战略提供理论支撑。

一、乡村振兴战略与美丽乡村建设规划及主要内容

(一)乡村振兴战略背景、规划与主要内容

1. 实施乡村振兴战略的背景

乡村振兴战略是在中国特色社会主义进入新时代,党和国家围绕新时代"三农"问题,加快农业农村现代化步伐、推动我国农业大国向农业强国迈进的重大战略举措。"新时代"中国农业农村发展进入新阶段,城乡之间发展呈现新特点,但"三农"问题在现代化国家建设中依旧是短板,不平衡不充分发展问题仍然突出。实施乡村振兴战略是以习近平为核心的党中央领导集体坚持优先发展农业农村、解决"三农"问题的国家战略。

2. 乡村振兴战略规划

乡村振兴是一个长久的振兴计划,也是党和国家长期的历史任务。2017年12月,中央农村工作会议上,对当前我国"三农"工作形势做了全面分析,研究部署如何推进乡村振兴战略。2018年中央一号文件《关于实施乡村振兴战略的意见》是谋划新时代乡村振兴的顶层设计,对乡村振兴战略分阶段进行部署:计划到2020年,乡村振兴取得重要进展,制度框架和政策体系基本形成;2035年,乡村振兴取得决定性进展,农业农村现代化基本实现;2050

年,乡村全面振兴,农业强、农村美、农民富全面实现。① 2018年9月,中共中央国务院印发《乡村振兴战略规划(2018—2022年)》对实施乡村振兴战略首个五年工作作出了全面系统的部署。理解乡村振兴战略逻辑体系,关键在于理解党的十九大所提出的决胜全面建成小康,分两个阶段实现第二个百年的奋斗目标和产业兴旺、生态宜居、乡风文明、治理有效、生活富裕"新的二十字总要求"。这一奋斗目标和总要求是根据新时代我国社会的基本国情所作出的决定,反映了我国现阶段乡村振兴还处于起步阶段,对如何开展和实现乡村振兴还处于探索过程。

3.乡村振兴战略主要内容

乡村振兴战略主要是加快农业农村现代化、农村土地制度改革,繁荣发展乡村文化、乡村生态建设、农村基层工作队伍建设、自治法治德治建设等诸多方面多层次的战略部署。乡村振兴战略中关键是将工业现代化和农业现代化同步推进,将农业农村现代化工作放在与城镇化、工业化、现代化建设同等重要位置,推动城镇化和村镇化协调发展,促进城乡资源良性互动,实现城乡一起迈向现代化。因而,乡村振兴是全方位、多层次、立体性的战略发展目标。

(二)美丽乡村建设的理论来源、规划与主要内容

1.美丽乡村建设理论来源

我国是一个农业大国,农业、农村、农民"三农"问题是中国共产党人关注的热点与重点问题。从1922年《中国共产党第二次全国代表大会宣言》分析了农民和农村局势开始,1925年《中国

---

① 中共中央国务院关于实施乡村振兴战略的意见.北京:人民出版社,2018:5-6.

共产党第五次全国代表大会关于土地问题的决议案》《中国共产党告农民书》、1927 年毛泽东同志《湖南农民运动考察报告》、1947 年《中国土地法大纲》、1950 年《中华人民共和国土地改革法》、1955 年以后掀起的中国农村社会主义高潮以及改革开放以来的新农村建设，都是中国共产党人对我国乡村革命与建设的艰苦探索与实践。"中国乡村建设，无论就其思想史还是运动史而言，自有其独特的内涵与时代特征"。① 而 21 世纪初的新农村建设是基于改革开放后，城乡之间差距不断拉大，我国工业生产力水平有了极大提升，进而以工业反哺农村、改变农村落后面貌成了迫切需要解决的问题。

"美丽"一词运用于"乡村"，开始建设美丽乡村，始于 2007 年浙江省安吉县的"美丽乡村"探索。在 2013 年中央一号文件《关于加快发展现代农业 进一步增强农村发展活力的若干意见》强调："加强农村生态建设、环境保护和综合整治，努力建设美丽乡村"。据相关部门统计，2000 年中国有 360 万个自然村，到 2010 年已减少为 270 万个，十年间有 90 万个自然村落消失了。美丽乡村建设的提出是从理论和政策视角思考当代乡村衰落的根源。它是针对现代化进程中城乡差距扩大、城镇和农村资源分布不均、农村空心化问题严重、人才大量外流、乡村脏乱差现象突出等问题而提出的新的解决方案。

2. 美丽乡村建设规划

2015 年《美丽乡村建设指南》指明"美丽乡村"是"经济、政治、文化、社会和生态文明协调发展，规划科学、生产发展、

---

① 王先明.中国乡村建设思想的百年演进（论纲）.南开学报（哲学社会科学版），2016（1）：1-26.

生活宽裕、乡风文明、村容整洁、管理民主，宜居、宜业的可持续发展乡村（包括建制村和自然村）。"[1] "美丽乡村"注重的是人与自然的和谐相处，既要绿水青山也要金山银山，目的在于提升农村居民的生产生活质量，推动地域经济与环境协调发展，是社会主义新农村建设的升级，是加快推进生态人居、生态经济、生态环境、生态文化的综合体，促进农村的全面建设，创建和谐美丽的人居生活环境。

3. 美丽乡村建设主要内容

"美丽"是美丽乡村建设的前提与重点，是从乡村外在的建筑形式与生态环境到内在的文化传承与内涵都需有美的体现。十九大报告有 8 次提到"美丽"，15 次提到"绿色"，11 次提到"生态环境"。要做到"我们既要绿水青山，也要金山银山。宁要绿水青山，不要金山银山，而且绿水青山就是金山银山"[2]。新时代美丽乡村建设，不仅要突出乡村面貌的焕然一新，也要"让居民望得见山、看得见水、记得住乡愁"[3]，更要保护好、传承好传统村落建筑以及乡土文化。美丽乡村建设的主要内容不仅包括传统乡村房屋重建维修、道路、绿化等基础设施的完善，要从生态环境上去改善农村"脏乱差"现象，也要对农田、水源、厕所、垃圾等污染物质进行规模化清理，还要注意乡村乡风、习俗、乡约等文化的传承，实现"人的回归"。

---

[1] 中国标准化委员会. 美丽乡村建设指南. 北京：中国质检出版社，2014：1.
[2] 中共中央宣传部. 习近平总书记系列重要讲话读本. 北京：学习出版社，2016：230.
[3] 新华社. 中央城镇化工作会议习近平、李克强作重要讲话 [EB/OL].（2013-12-12/13）[2013-12-14]. 中央政府门户网站 http://www.gov.cn/ldhd/2013-12/14/content_2547880.htm.

（三）乡村振兴战略与美丽乡村建设的关系

美丽乡村和乡村振兴的重点都在乡村。乡村振兴战略和美丽乡村建设是相辅相成的。美丽乡村建设是乡村振兴战略部署的一个举措、实现路径和手段，侧重于乡村精神风貌的改变，侧重于乡村生态环境的治理，也服务于乡村振兴战略。乡村振兴战略是解决"三农"问题的全局性部署与治理乡村的全局性举措，既要实现农业强、农村美、农民富，也要解决好农村的土地、农业生产、农村基层工作、乡风建设、农民致富等问题。它们的共同目标都是致力于人与自然和谐共生的现代化，致力于美丽中国目标的实现。乡村振兴战略视域下美丽乡村建设是新时代基于我国农村发展新问题，国家为当前乡村治理提出的新方案与新战略。

二、海南美丽乡村建设基本情况与实践经验

（一）海南省美丽乡村建设基本情况

海南省作为我国最大的经济特区和唯一热带岛屿省份，在打造国际生态旅游岛的方针指导下，围绕着美丽乡村改善海南人居生态环境出台了相关文件，如《海南省改善农村人居环境实施意见（2015—2020年）》（琼府办〔2015〕11号）、《海南省美丽乡村建设五年行动计划（2016-2020）》（琼府〔2016〕18号）、《海南省美丽乡村建设考核办法》（试行）、《海南省美丽乡村建设三年行动计划（2017—2019）》（琼府〔2017〕23号）等文件。这些文件明确了海南省美丽乡村的考核指标，通过科学规划布局美、设施配套功能美、生态人居环境美、产业发展生活美、乡风文明和谐美等

"五美"全面考核美丽乡村。① 对已获命名的村庄实行动态管理,每两年复查一次,对于复查不合格的,撤销命名称号或降级处理。对低星级村庄,通过创建达到高星级标准的,可申请重新考核定级。

十九大以后,在乡村振兴战略的指导下,海南省为促进乡村经济发展和生态环境建设,颁发了《关于促进乡村民宿发展的指导意见》(琼府〔2018〕8号)、《关于支持美丽乡村建设的若干意见》(琼府〔2018〕10号)、《海南省深化生态环境六大专项整治行动计划(2018—2020年)》(琼府办〔2018〕58号)。同时,海南省把贫困地区营养改善纳入健康扶贫工作范畴,颁发了《海南省国民营养计划(2018—2030年)实施方案》(琼府办函〔2018〕267号)。这些政策性文件通过乡村振兴和美丽乡村建设使农民实现幸福感、获得感的提升,实现物质生活、精神生活的真正富裕。

据相关数据统计,截至2018年9月,海南分三批共建成410个美丽乡村示范村。2016年11月第一批美丽乡村40个,其中五星级5个、三星级29个、一星级6个;2017年11月建成第二批美丽乡村171个,其中五星级10个、三星级80个、一星级81个;2018年9月建成第三批美丽乡村199个,其中五星级12个、三星级64个、一星级123个。海南计划建成不少于1000个美丽乡村村落。

(二)保亭三道镇什进村美丽乡村建设的实践

什进村位于海南省保亭黎族苗族自治县三道镇,是甘什村所属的一个纯黎族传统农业村落。全村有48户、203人,土地面积共

---

① 海南省美丽乡村建设考核评分表,总表共23项评分内容,为百分制考核,主要围绕着"五美"来考核海南美丽乡村。

767.65亩，主要以种植水稻、槟榔、橡胶作为经济收入。① 2010年以前，什进村是保亭黎族苗族自治县有名的贫困村。村民居住的是低矮无窗的茅草房，生活条件极差。经过多年的茅屋改造和特色村寨建设，该村居民住上了具有现代特色的黎族船形屋造型的房屋，且以大力神、甘工鸟等黎族传统文化符号装饰着庭院周围。现在的什进村已经发展成为"布隆赛旅游景区"；2014年被海南省确定为"美丽乡村示范村"。有的村民还把家里改造为黎族特色民居，发展乡村民宿。有的村民住宿和餐饮月收入就有1万元以上，经济收入由传统的第一产业逐步过渡到一、三产业相结合的可持续的发展模式。因此，2010年前后的什进村是海南完成从贫到富华丽转身而成为美丽乡村建设的典型代表。保亭黎族苗族自治县三道镇什进村美丽乡村建设主要有四个方面实践经验：

一是重视基础设施建设，注重改善生态环境。什进村美丽乡村建设首先是改造建设工作，即整体拆迁或重建工作。过去黎族村民居住的是低矮的土砖无窗茅草顶船形屋，采光、通风、卫生条件极差。美丽乡村建设的首要任务是解决黎族村民住房保障问题，改善村庄基础设施建设和农村"脏乱差"现状，培育村民的环保意识。2013年，在当地政府的引导下，由企业出资、统一规划，共建设了42栋黎族特色独院楼房。耕地以田园景观形式呈现出来，解决了农村"脏乱差"问题。改造后的什进村是集度假旅游为一体的生态旅游自然村寨，体现了生态人居的生活方式。

二是以旅游带动村寨建设，转变发展思路。什进村临近槟榔谷和呀诺达两大景区，依托自身的区位优势、文化特点，开展"大区

---

① 海南省住房与城乡建设厅印发.海南特色风情小镇.美丽乡村.2016.

小镇新村"[①]建设。以"旅游 + 农业"的发展模式,引进北京春光集团和巅峰文旅两大企业,让村民足不出村就能实现就业增收。这种以社会资本和产业注入的建设方式,既解决了美丽乡村建设过程中的资金问题,缓解了政府的资金压力,也实现了企业、政府和村民的互利共赢。

三是保存黎族历史文化,激发村民共同体意识。历史文化是一个民族的资源与财富。"黎族文化仍在黎族社会中产生影响,它体现了黎族文化的深邃和古远,反映了历经几千年的冲刷和洗礼仍根深蒂固的韧性。黎族的文化成了海南岛最具特色和最有生命力的一种地方性文化。"[②]什进村美丽乡村建设重视历史文化传统,保存了一些黎族传统文化特色,如象征着多子多福与保证粮食增产增收的青蛙雕塑随处可见;过去的房屋作为历史记忆被陈列出来,记录着什进村的历史演变;通过展板的形式向过往旅客讲述黎族祖先崇拜、大力神开天辟地、甘工鸟的故事和原始合亩制等村寨的历史。既继承了村寨的历史文化,保存了黎族传统文化特色,又促进了黎族村寨的发展,也激发了村民热爱故土建设家乡的情怀。

四是增强黎族村民的公民意识,提升其教育水平。成熟完善的基层民主生活和民主政治是塑造健全公民态度的重要环节。什进村被保亭黎族苗族自治县三道镇党委确立为"思想文化教育工作示范村",定期组织村民到内地发达地区学习考察,开阔村民视野。还利用村委会党员群众活动中心场所,邀请专家、学者为村民上法律

[①] "大区"是指复合型的旅游景区和旅游度假区,"小镇"是指依托"大区"形成有地方少数民族风情和文化特色的原居型旅游村镇,"新村"是指以第一产业为基础,将第三产业,特别是旅游业与第一产业有机结合的社会主义新农村。
[②] 高泽强. 略谈黎族文化发展的特点. 琼州学院学报,2009(1):31-33.

课、文化课、旅游服务知识等，定期组织村民培训，提升村民知识文化水平。同时，借助海南省旅游委的培训资源，每年选派部分村民参加能力素质提升中专班、大专班的学习，转变传统思想观念，增强责任意识与公民意识，逐步把村民打造成为海南国际旅游岛新型农民、文化农民，使村民成为美丽乡村建设的主体。

三、海南美丽乡村建设面临的问题

近年来，海南美丽乡村建设在改善农村基础设施与环境卫生等方面取得了较好的成效，但是，无论在宏观还是微观方面，都面临着一些问题。

从宏观来看，海南美丽乡村建设从制度、规划、执行等层面存在一些问题。在制度层面，海南省颁发了《海南省美丽乡村规划建设技术导则》《海南生文明生态村创建标准（试行）》《海南省美丽乡村建设标准》等一系列美丽乡村建设规划或政策性文件，但对于这些政策宣传不到位，对于如何建设、执行、监督、任务分配等相关问题，没有明确的规定，而且缺乏针对实际情况而制定的操作手册。在规划层面，重建设轻规划，统筹规划重视不够，有的乡村设计单一、规划标准偏低，村庄规划编制有待完善。在执行层面，参与部门涉及住房与城乡建设厅、农业厅、交通厅、财政厅、旅游委以及美丽乡村办公室等多部门。因管辖单位不同与权限分工各异，各部门在具体工作中通力合作存在一定的困难，如对于传统古村落保护，可能与农村危房改造与美丽乡村建设相冲突。

从微观来看，海南美丽乡村近千个，每个村都有自己的特色，问题各异，其中共性的问题主要体现在"小农意识"、趋利心理、缺乏产业链与可持续发展、村民主体意识不强等方面。以保亭黎族苗族自治县三道镇什进村美丽乡村建设为例，什进村美丽乡村虽然取得一定的成效，被誉为"美丽乡村示范村"，但是在建设发展过程中仍然面临着一些新情况与新问题。

一是"小农意识"成为美丽乡村建设中旅游景区持续发展的障碍。费孝通先生曾提到"乡土社会在地方性的限制下成了生于斯、死于斯的社会。常态的生活是终老还乡。"① 有的村民一辈子没有离开过村庄。过去什进村村民与外界接触较少，人们思想观念中"小农意识"根深蒂固，容易安于现状。村民一般习惯把钱存放在家里，不愿存在银行或投资，总觉得放在手里安全。还有黎族民间仍然传承着的土地崇拜方面的生产生活禁忌，对于黎族人民的思想和生产生活实践的影响是非常大的。② 什进村美丽乡村建设以来，村落社会变迁，村民的工作从以前耕地种田转变为酒店管理服务行业，从第一产业直接过渡到第三产业，外界的人流大量涌入，但安于现状的"小农意识"与"小富即安"思想仍然影响与制约旅游景区的创新管理，不利于乡村的可持续发展。

二是商业化给村民带来趋利心理。民宿行业是什进村村民重要收入来源，大多数村民反映"旅游旺季一天的收入，可以顶过去一个月辛辛苦苦的收入"。现在公司为村民提供12平方米的商铺，商铺收入所得为村民自己所有。村民现在不失地，也不失家，就业在村寨，产业经营也在村寨，还能依托槟榔谷和呀诺达两大旅游景区的人流量，实现致富。旅游开发同时也是一把双刃剑，村民物质富裕的同时，不可避免地引发趋利现象。重商业化的现象实际上会使

---

① 费孝通.乡土中国.北京：生活·读书·新知三联书店，1985：7.
② 王启芬.黎族土地崇拜中的生产生活禁忌初探.海南热带海洋学院学报，2018（6）：33-37.

什进村缺乏可持续发展的动力来源,也可能导致民族文化失去特色,最终不利于美丽乡村的长远发展。

三是旅游产业没有形成自身体系,缺乏效益。旅游活动是旅游者离开惯常环境到异地停留的空间移动,它是一个涉及经济、环境及社会的复杂的人类活动,其对旅游目的地产生的影响日益受到关注。[1]旅游业是当今社会发展的朝阳产业,但什进村单独发展成景区的条件有限,主要依托周边的旅游资源,自身的产业没有形成体系,产品没有特色,效益也不好,缺乏可持续性。目前,什进村的旅游发展主要以亲子活动和共享农庄为主,如农家乐、绿色瓜果采摘、游乐园等。这些活动虽然结合村子的实际,但黎族民族文化与地域特色文化不突出,没有精品与品牌,一旦游客对此没有新鲜感,什进村的发展也会面临困境。

四是美丽乡村建设的主客地位倒挂现象严重,村民的主体意识有待提升。什进村美丽乡村建设属于整体拆迁和重建类型,其建设都是依靠政府与企业,政府负责规划、招商引资、组织与监督,企业主要跟政府协商与负责实施。乡村建设本应该是村民作为建设的主体,结果村民变成了客位或旁观者;政府和企业应该是客体,主导与参与乡村建设,结果变成了乡村建设的主体。乡村建设使大多数村民收入增加了,生活环境改善了,各方面条件得到提高;但是,这是一种被动的进步,村民对政府相关政策与实施方案缺乏了解,参与不多,积极性不高。从长远来看,这种主位与客位倒挂现象不利于村民未来的自主创新,对村寨的永续发展极其不利。

---

[1] 乔淑英,陈卓.民族文化旅游对少数民族女性发展影响研究——以海南槟榔谷黎苗文化旅游区为例.海南热带海洋学院学报,2018(6):44-50.

四、完善海南黎族美丽乡村建设的建议

美丽乡村是乡村振兴战略的重要一环，也是美丽中国建设的重要组成部分；物质生活的提升只是一方面，更重要的是建设人与自然和谐共生的生态宜居环境。针对海南保亭黎族苗族自治县三道镇什进村面临的困境，结合保亭黎族苗族自治县加茂镇毛林村等地美丽乡村的田野调查，建议如下：

第一，加强部门间协调合作，完善美丽乡村建设政策过程。一是美丽乡村建设是一项复杂的系统工程，需要各有关部门通力合作、协调配合，各司其职。二是美丽乡村建设办公室对各乡村深入开展调查工作，处理好传统古村落保护、农村危房改造与美丽乡村建设之间的关系。三是美丽乡村建设要科学规划，既做到科学统筹，又要结合地方黎族文化特色来考量，真正形成"一村一品、一村一景"。四是根据美丽乡村相关政策，针对海南乡村实际情况，制定操作手册与注意事项。最后，制定美丽乡村建设相关的奖惩机制、监督评估和验收机制，完善政策过程。

第二，处理好乡村"拆"和"建"的关系，突出民族文化特色与人文生态环境。美丽乡村建设必然会涉及黎族茅草屋的拆迁和重建，而拆迁和重建必然会遭遇传统与现代的冲突，既面临现代化的挑战、不能排斥现代化，但也要注重传统文化的保护。对于民族传统村落而言，拆掉的建筑可能是过去珍贵的民族历史文化或历史记忆，如何利用好这些拆掉的材料是当前美丽乡村建设需解决的问题，即把握好"改造"与"再造""移植"的关系，注重原生态文化保

护。① 也就是要解决怎样拆、如何建的问题，进而保障原有的村落环境风貌，突出当地民族特色。如对于黎族村落，直到20世纪50年代初，村民还保留依靠血缘关系为纽带的共耕经济，也称合亩制。合亩制下的农业生产、生产工具、耕作方式随着时代的变迁逐渐淡出人们的视野。因而，在拆迁过程中，对于过去生产劳作工具注重收集、保护，它们是时代发展与民族历史演变的记忆。

第三，重视教育与人才培育，发挥村民的主体地位。首先，重视民族文化教育。黎族织锦、黎族钻木取火、黎族民歌、打柴舞等都是黎族居民劳动的结晶，也被列入国家级非物质文化遗产。这些文化遗产需要作为主体的人来传承。"民族传统文化的传承要实现最优化必须依靠教育。"② 通过教育促使黎族村民改变传统的日出而作、日落而息的小农思维。其次，加强村民的职业技能培训。既重视民族文化传承人所开展的民族文化知识培训，又要重视技能培训，以文化振兴乡村。再次，积极培育乡土建设带头人、领路人。本土化的人才懂黎语，在乡村建设中具有较强的亲和力，容易与人沟通，且有家乡感情，留得住。政府部门要积极营造良好的就业环境，改善村民回乡创业的渠道，吸引外流人员回乡就业与创业，让乡村流走的人才重回乡村、建设乡村。最后，通过教育与培训，完善村民自治，提高村民的主人翁意识、主体责任，增强村民民族文化自觉意识以及村寨的认同感，为乡村贡献自己的力量。

第四，坚持以可持续发展理念贯穿招商引资、产业发展及村寨建设的全过程。乡村振兴战略与美丽乡村建设，经济发展是基础，

---

① 李安辉.少数民族特色村寨保护与发展政策探析.中南民族大学学报（人文社会科学版），2014（4）：42-45.
② 苏德.民族教育政策：文化思考与本土建设.北京：教育科学出版社，2014：13.

也是关键。经济的发展不能是短期的发展、缺乏后续的发展动力,这就需要可持续发展理念贯穿其中。海南省美丽乡村建设招商引资工作做得比较好,很多企业都愿意在海南投资建设,但目前招商质量与乡村现代化建设是需要政府部门优先考虑的。美丽乡村建设不同于景区建设,投入进去就看得见产出,它是一个系统工程,投入大、回报周期长,只有综合实力较强的企业才能有承受能力。政府应根据不同村寨来注入社会资本,以保护开发为主,加快农业农村的现代化建设。黎族村寨过去的生态环境、居住环境、房屋质量都比较差,这就需要把改善人居生态环境为首要目标,解决了其生活问题,再充分考虑村寨区位优势、地理优势、资源优势,以此带动经济发展。比如黎族村寨靠山、山水资源比较丰富的,可以发展一些养生、旅游、探险、露营的旅游企业;比如村寨不靠山、农田比较多的,可以经营一些田园产业,引进一些种植基地,发展观光、采摘、旅游。因地制宜,繁荣发展乡村生态建设,促进乡村的可持续发展。

总之,乡村振兴战略视域下美丽乡村建设是新时代国家乡村治理的新方案,需要充分发挥乡土人才的积极性,全面振兴乡村,实现农业强、农村美、农民富,创建美丽的人居生活环境,推进美丽乡村建设的可持续发展。

(作者单位:中南民族大学)

海南黎族地区旅游收入效应及提升策略研究

陈祖海　罗君名　梁世夫

近些年来，民族旅游作为旅游业的一种重要形式，发展势头如火如荼，给旅游目的地少数民族居民的生产、生活带来深刻的影响。从学术界来讲，为了准确把握民族旅游的发展规律，需要以辩证的思维全面地研究与总结这些影响，它关系到民族文化旅游未来的发展前景、少数民族的利益诉求、政策配套支持等许多方面问题，也是改善少数民族民生、提高少数民族经济与社会地位必须关注的一个重要课题。

一般而言，民族旅游有广义与狭义之分。狭义的民族旅游就是少数民族地区旅游，即旅游目的地分布在少数民族聚居地区的旅游活动；广义的民族旅游是指一切与少数民族群体高度相关的旅游活动，包含民族自然观光旅游、民族文化旅游、民族商务及会展旅游、民族康养及休闲旅游等在内，可能比较集中在少数民族地区，也可以零星分散在其他非少数民族地区。在各种研究文献中，由于研究的目的不同，学者们表述的有关少数民族旅游的概念不尽统一。对有关文献进行梳理，可以得到一个比较清晰的研究逻辑：一方面，学者们以旅游对少数民族居民收入、福利、就业、生活质量等领域的影响为核心展开研究。比如，Freya 认为旅游在提升居民幸福感的同时，会促进文化交流与保护等[①]；Mayer等认为，旅游业的快速发展提升旅游地区的就业机会与国民收入，提升当地居民的消费能力，对社会福利产生积极的影响[②]；罗明义指出，旅游业具有获得旅游收益、增加就业与商业机会、改善群众生活质量的民生功能[③]；麻学锋、孙根年认为旅游业对当地居民的社会福利水平会产生正面的刺激效应[④]。另一方面，旅游对少数民族居民的影响程度与少数民族居民自身对旅游活动的参与行为与旅游互动等紧密相关。比如，汪德根将旅游社区参与分为以一般就业为表现的表层参与及以介入旅游决策、管理为表现的深层参与，认为参与度、感知度对旅游的支持度产生显著影响[⑤]；王汉祥等指出，应当确保旅游地民族在旅游中居于主体地位，享有充分的参与权、决策权和收益权，使旅游地民族文化发展具有自主性、时代性和进步性[⑥]。一般来讲，在上述旅游参与过程中形成大量的旅游主客互动，包含经济交流互动、文化交流互动等，从而构建出旅游对少数民族居民影响的各种直接渠道。为了便于开展实证研究，这里专门探讨海南黎族地区旅游的收入效应这一课题。

[①] Freya Higgins-Desbiolles, More than an industry: The Forgotten Power of Tourism as a Social Force, Tourism Management, Vol.27, No.5, 2006.

[②] Marius Mayer, etc., The Economic Impact of Tourism in Six German National Parks. Landscape and Urban Planning, Vol.97, No.5, 2010.

[③] 罗明义．旅游业的民生功能探讨．旅游学刊，2010（7）．

[④] 麻学锋，孙根年．20年来张家界旅游发展的民生福利考察．统计与信息论坛，2011（7）．

[⑤] 汪德根．乡村居民旅游支持度影响模型及机理——基于不同生命周期阶段的宿州乡村旅游地比较．地理学报，2011（10）．

[⑥] 王汉祥，王美萃，赵海东．民族与旅游：一个历史性发展悖论．内蒙古社会科学（汉文版），2017（4）．

一、民族旅游收入效应及其形成机理

一般来讲，民族旅游的收入效应包括宏观层面与微观层面。在宏观层面，民族旅游与地区经济增长的关系密切，通过前向、后向与旁侧效应与农业、交通、商贸、通讯、文化创意等产业形成广泛关联，成为重要的经济增长引擎；在微观层面，民族旅游的发展在短期对少数民族居民家庭及个人的收入变化形成直接或间接的影响，在长期对少数民族居民家庭及个人的生计资本积累形成直接或间接的影响。从经济学原理分析，在居民家庭及个人的生计资本函数中，净收入是重要的影响因素。因此，民族旅游收入效应研究的核心内容是该旅游经济活动对地区 GDP 增长、居民收入的贡献或乘数效应问题。从实证分析的角度看，人均指标相对于总量指标而言具有实际解释力；同时，由于某地区人均 GDP 与人均收入高度相关，故而只要选择人均 GDP 或人均收入中的一个变量进行系统分析，就能大致揭示该类收入效应。

那么，民族旅游收入效应具体是如何形成的呢？形象地讲，民族旅游收入效应是民族旅游经济活动创造并向当地居民、当地产业部门、当地整体经济外放的一种收入流量，它的中心聚合力是旅游目的地居民在整个民族旅游过程中的感知、参与和互动活动，从而形成旅游收入转换或创造的内在机制。现在来看该中心聚合力的三个重要的内在因子，即感知、参与和互动。所谓感知，就是旅游目的地居民对民族文化旅游自觉产生的利益共鸣，即是说，民族旅游经济活动中外来经济主体（旅游者、投资者等）在多大范围内、多高程度上与旅游目的地居民产生了利益交集，这个交集也称为利益共鸣。所谓参与，就是旅游目的地居民以什么方式、在多大范围、多高程度上参与了民族旅游经济活动，比如文化元素参与、就业参与、投资参与及民族旅游资源资本化、社区服务、整体族群融入、景区综合治理、生态文明维护、民族政策及制度诉求等的参与。所谓互动，就是通过旅游目的地的主客互动、各种领域的多维立体互动来演绎民族旅游的内涵实质与综合作用，具体互动内容包括经济互动、文化互动、价值观互动、全方位交流学习、社会行为模式调适等。总之，通过上述感知、参与和互动，形成强大的、持久的中心聚合力而不会分离、耗散、消亡，能长期持续地维持着民族旅游对地区收入完整、系统的运行机理。

二、海南黎族地区旅游收入效应的时空分布特征

（一）时间分布特征

从 2010 年[①]到 2018 年，海南黎族地区旅游收入效应呈现逐年强化趋势。

从旅游收入规模上看，六个自治县的旅游收入逐年增加（表1）。陵水的旅游收入从 2010 年 3.37 亿元增加到 2018 年 35.87 亿元，后者约是前者的 10.64 倍；乐东的旅游收入从 2010 年 1.01 亿元增加到 2018 年 8.09 亿元，后者约是前者的 8.01 倍；昌江的旅游收入从 2010 年 0.85 亿元增加到 2018 年 5.90 亿元，后者约是前者的 6.94 倍；琼中的旅游收入从 2010 年 0.23 亿元增加到 2018 年 5.47 亿元，后者约是前者的 23.78 倍；保亭的旅游收入从 2010 年 2.30 亿元增加到 2018 年 15.10 亿元，后者约是前者的 6.57 倍；白沙的旅游收入从 2010 年 0.91 亿元增加到 2018 年 2.39 亿元，后

[①] 2010 年是海南国际旅游岛发展战略正式实施的开局之年。2010 年 1 月 4 日，国务院正式发布《关于推进海南国际旅游岛建设发展的若干意见》。

者是前者的 2.63 倍。从总体来看，整个黎族地区旅游收入从 2010 年 8.67 亿元增加到 2018 年 72.82 亿元，后者约是前者的 8.40 倍；整个黎族地区旅游收入占全省同期比重从 2010 年 3.37% 提高到 2018 年 7.66%，对全省旅游收入的贡献逐年提升。

表 1 海南黎族地区旅游收入统计

统计年度	旅游收入（亿元）							占全省同期比重 %
	陵水	乐东	昌江	琼中	保亭	白沙	地区总计	
2010 年	3.37	1.01	0.85	0.23	2.30	0.91	8.67	3.37
2011 年	6.08	1.11	1.47	0.26	3.00	1.00	12.92	4.00
2012 年	6.95	1.41	1.90	0.34	3.98	1.10	15.68	4.14
2013 年	7.70	1.60	1.92	0.75	4.87	1.20	18.04	4.22
2014 年	11.40	1.91	2.46	1.40	6.07	1.30	24.54	5.06
2015 年	13.56	2.22	4.31	3.01	8.20	1.39	32.69	5.72
2016 年	15.13	5.35	5.22	3.76	9.68	1.55	40.69	6.08
2017 年	29.50	6.51	5.58	5.10	13.70	2.01	62.40	7.69
2018 年	35.87	8.09	5.90	5.47	15.10	2.39	72.82	7.66

资料来源：根据海南省及各自治县同期统计数据整理。

从人均旅游增加值统计指标上看，六个自治县虽然略逊色于全省同期水平，但人均旅游增加值逐年上升（表 2）。陵水的人均旅游增加值从 2010 年 0.0925 万元增加到 2018 年 0.9827 万元，后者是前者的 10.62 倍；乐东的人均旅游增加值从 2010 年 0.0233 万元增加到 2018 年 0.1670 万元，后者约是前者的 7.17 倍；昌江的人均旅游增加值从 2010 年 0.0339 万元增加到 2018 年 0.2588 万元，后者约是前者的 7.63 倍；琼中的人均旅游增加值从 2010 年 0.0108 万元增加到 2018 年 0.2399 万元，后者约是前者的 22.21 倍；保亭的人均旅游增加值从 2010 年 0.1516 万元增加到 2018 年 0.8813 万元，后者约是前者的 5.81 倍；白沙的人均旅游增加值从 2010 年 0.0330 万元增加到 2018 年 0.1390 万元，后者约是前者的 4.21 倍。

从旅游增加值占地区 GDP 比重来看，六个黎族自治县的统计指标总体逐年上升（表2）。陵水的比重指标从 2010 年 6.72% 增加到 2018 年 22.54%；乐东的比重指标从 2010 年 1.18% 增加到 2018 年 6.25%；昌江的比重指标从 2010 年 1.40% 增加到 2016 年 5.06% 之后略下降，2018 年为 4.71%；琼中的比重指标从 2010 年 1.00% 增加到 2017 年 11.31% 之后略下降，2018 年为 10.95%；保亭的比重指标从 2010 年 12.01% 增加到 2018 年 31.03%；白沙的比重指标从 2010 年 3.16% 增加到 2018 年 4.76%。与全省同期比较，陵水的比重指标在 2017—2018 年超过全省同期水平，保亭的比重指标在 2012—2018 年超过全省同期水平。

表2　海南黎族地区人均旅游增加值统计

统计年度	人均旅游增加值（万元）						全省同期水平
	陵水	乐东	昌江	琼中	保亭	白沙	
2010 年	0.0925	0.0233	0.0339	0.0108	0.1516	0.0330	0.2965
2011 年	0.1668	0.0258	0.0585	0.0114	0.1876	0.0550	0.3694
2012 年	0.1906	0.0328	0.0758	0.0147	0.2489	0.0639	0.4273
2013 年	0.2112	0.0372	0.0766	0.0330	0.3046	0.0688	0.4782

续表

统计年度	人均旅游增加值（万元）						全省同期水平
	陵水	乐东	昌江	琼中	保亭	白沙	
2014年	0.3127	0.0444	0.0981	0.0614	0.3796	0.0758	0.5371
2015年	0.3718	0.0516	0.1719	0.1316	0.5128	0.0810	0.6279
2016年	0.4150	0.1244	0.2081	0.1649	0.6060	0.0903	0.7296
2017年	0.8093	0.1514	0.2225	0.2237	0.8568	0.1171	0.8758
2018年	0.9827	0.1670	0.2588	0.2399	0.8813	0.1390	1.0263

统计年度	旅游增加值占地区GDP比重（%）						全省同期水平
	陵水	乐东	昌江	琼中	保亭	白沙	
2010年	6.72	1.81	1.40	1.00	12.01	3.16	12.72
2011年	8.57	1.85	2.00	1.02	12.58	3.35	12.88
2012年	9.32	1.95	2.34	1.30	14.45	3.50	13.27
2013年	9.04	1.98	2.10	2.68	16.67	3.63	13.60
2014年	10.37	2.04	2.60	3.91	16.54	3.75	13.85
2015年	11.37	2.15	4.76	7.69	21.36	3.48	15.45
2016年	11.27	4.55	5.06	8.66	22.50	3.50	16.54
2017年	19.75	5.38	4.87	11.31	30.38	4.26	18.17
2018年	22.54	6.25	4.71	10.95	31.03	4.76	19.84

资料来源：根据海南省及各自治县同期统计数据整理。

（二）空间分布特征

从2010年到2018年，海南黎族地区旅游收入效应的地区差异非常明显。

从表1、表2的统计指标可以看到,陵水、保亭的旅游收入效应处于前列,明显强于乐东、昌江、琼中、白沙。从旅游收入、人均旅游增加值、旅游增加值占地区GDP的比重三项指标来看,呈现非常明显的立体分化状态。从旅游收入统计指标的最高值与最低值比较来看,2010年,陵水的旅游收入最高(3.37亿元),琼中的旅游收入最低(0.23亿元),两者相差3.14亿元。从2010—2018年,陵水一直处于旅游收入创收领先水平,保亭紧跟其后,琼中从原来的末位上升到中等水平,乐东、昌江比琼中稍好,白沙的旅游创收增长较为缓慢。到2018年,陵水的旅游收入最高(35.87亿元),白沙的旅游收入最低(2.39亿元),两者相差33.48亿元。从人均旅游增加值的空间差异来看,与旅游收入的空间差异基本保持一致。2010年,陵水的人均旅游增加值最高(0.0925万元),琼中的人均旅游增加值最低(0.0108万元),两者相差0.0817万元。从2010—2018年,陵水一直处于人均旅游增加值领先水平,保亭紧跟其后,琼中从原来的末位上升到中等水平并超过乐东;乐东在2015年之前落后于白沙,从2016起乐东开始超过白沙;此期间昌江处于中等水平,但昌江比琼中、乐东稍好;白沙的人均旅游增加值增长比较为缓慢。到2018年,陵水的人均旅游增加值最高(0.9827万元),白沙的人均旅游增加值最低(0.1390万元),两者相差0.8437万元。2010年,保亭的旅游增加值占地区GDP的比重最高(12.01%),琼中最低(1.00%);2010—2018年保亭一直处于领先水平,陵水紧跟其后,琼中从原来的末位上升到中等水平并超过乐东、昌江;白沙的变化较为缓慢,但在2018年超越昌江。2018年,保亭的旅游增加值占地区GDP的比重最高(31.03%),昌江最低(4.71%)。但是要注意,昌江是六个自治县中第二产业最发达的地方，其旅游增加值占地区 GDP 的比重下降，仅说明其他产业的 GDP 创造能力更强而已，因为在旅游收入、人均旅游增加值统计指标上，昌江都处于中等水平。

以 2010—2018 年海南黎族地区的人均 GDP 与人均旅游增加值做 LS 回归分析（表3）可看到，陵水、乐东、昌江、琼中、保亭、白沙的对应回归系数分别为 3.1035、8.7538、10.0423、4.4416、2.0400、17.7689。该系数是人均 GDP 对人均旅游增加值的强度系数，系数越大表明人均 GDP 与人均旅游增加值的差距越大；反之，系数越小表明差距越小。显然，就该回归系数估算结果而言，旅游发展的正向排列顺序为保亭、陵水、琼中、乐东、昌江、白沙。此外，以 2010—2018 年海南全省旅游收入与黎族地区旅游收入做 LS 回归分析（表3），对应的回归系数为 10.1446。该系数是全省旅游收入对黎族地区旅游收入的强度系数，系数越大表明全省旅游收入与黎族地区旅游收入的差距越大；反之，系数越小表明差距越小。采用两次叠位回归比较，即 2010—2014 年、2014—2018 年各 5 年回归估算，对应的回归系数分别为 14.7295、9.1065，呈下降趋势，说明全省旅游收入与黎族地区旅游收入差距减少，黎族地区对全省旅游收入的贡献成上升趋势。

表3 海南黎族地区旅游对应变量回归估算

项目	人均 GDP 对人均旅游增加值回归估算					
	陵水	乐东	昌江	琼中	保亭	白沙
回归系数	3.1035* [0.5263] (5.8966)	8.7538* [1.9175] (4.5652)	10.0423* [1.7459] (5.7520)	4.4416* [0.4118] (12.0548)	2.0400* [0.2672] (7.6336)	17.7689* [2.0165] (8.8118)

续表

项目	人均GDP对人均旅游增加值回归估算					
	陵水	乐东	昌江	琼中	保亭	白沙
截距	1.6782* [0.2570] (6.5296)	1.4754* [0.1746] (8.4519)	2.4118* [0.2699] (8.9348)	1.1060* [0.0487] (22.6912)	1.2143* [0.1408] (8.6252)	0.6824* [0.1732] (3.9393)
R^2 (R^2)	0.8324 0.8085	0.7486 0.7127	0.8254 0.8004	0.9540 0.9475	0.8928 0.8744	0.9173 0.9055
F值 P值	34.7702 0.0006	20.8414 0.0026	33.0859 0.0007	145.3180 0.000006	58.2715 0.0001	77.6477 0.00005
项目	2010—2014年 黎族地区对全省旅游贡献		2014—2018年 黎族地区对全省旅游贡献		2010—2018年 黎族地区对全省旅游贡献	
回归系数	14.7295* [1.5128] (9.7366)		9.1065* [0.6178] (14.7391)		10.1446* [0.5157] (19.6698)	
截距	139.0656** [25.4548] (5.4632)		272.9416* [30.9209] (8.8271)		216.4549* [19.8534] (10.9027)	
R^2 (R^2)	0.9693 0.9591		0.9864 0.9818		0.9822 0.9797	
F值 P值	94.8007 0.0023		217.2421 0.0007		386.9026 0	

注：*、** 分别为1%、5%显著水平，[]内为标准误，( )内为t值。对全省旅游贡献强度，来自全省旅游收入对黎族地区旅游收入的回归估算。各模型对应变量检验同阶协整，模型符合经典假设。

二、海南黎族地区旅游收入效应与其旅游效率的协同性测度

（一）样本指标技术处理方法

采用的处理步骤及具体方法如下：

1. 对原始数据进行极差无量纲标准化处理

$$X_s = \frac{[X_j(t) - MIN(X_j)]}{MAX(X_j) - MIN(X_j)}（正向指标标准化）$$

$$X_s = \frac{[MAX(X_j) - X_j(t)]}{MAX(X_j) - MIN(X_j)}（负向指标标准化）$$

其中，X_s 代表标准化处理后的数据；$X_j(t)$ 表示在 t 年份中第 j 项指标的原始数据；$MAX(X_j)$ 是第 j 项指标的最大值；$MIN(X_j)$ 是第 j 项指标的最小值。

2. 运用熵值法确定各评价指标权重

先计算各个评价指标熵值：

$$Y_{ij} = X_{ij} / \sum_{i=1}^{m} X_{ij}；e_j = -[\sum_{i=1}^{m}（Y_{ij} \ln Y_{ij}）]/\ln m$$

然后确定各个评价指标的权重：

$$d_j = 1 - e_j；W_j = d_j / \sum_{j=1}^{n}（j=1）d_j$$

其中，Y_{ij} 是第 j 项指标在第 i 年份的比重；e_j 是第 j 项指标对应的熵值；m 是各个对应的指标观测值数量；$\ln m$ 是 m 的自然对数；d_j 是第 j 项指标的差异系数；W_j 第 j 项指标的权重。

3. 构建综合评价函数与构建协同模型

$$T(X) = \sum_{j=1}^{n} W_j M_{ij}；C(Y) = \sum_{j=1}^{n} W_j N_{ij}；U = \alpha T(X) + \beta C(Y)；R = \sqrt{\frac{T(X) \times C(Y)}{T(X) + C(Y)}}；H = \sqrt{R \times U}$$

其中，T（X）为民族旅游效率评价函数；j 为评价指标个数；W_j 为权重；M_{ij} 为对应的第 j 个指标在第 i 年的标准化值。C（Y）为收入效应的综合评价函数；N_{ij} 为对应的第 j 个指标在第 i 年的标

准化值。U 为初级评价指数，反映民族旅游某特定权重条件下的综合发展水平；α、β 为待定系数，此处均假定为 0.5。R 为民族旅游效率与其收入效应的协同值；H 为综合评价指标指数，是民族旅游效率与其收入效应协同程度的总评价定量指标。一般认为，当 H 取值为 0.00-0.19 时，表示协同程度极低；当 H 取值为 0.20-0.39 时，表示协同程度较低；当 H 取值为 0.40-0.59 时，表示协同程度中等；当 H 取值为 0.60-0.79 时，表示协同程度较高；当 H 取值为 0.80-1.00 时，表示协同程度极高。

（二）样本指标设计、计算与分析

以海南省六个自治县旅游发展最高水平的 2018 年为研究基点，按照科学性、系统性、代表性与可操作性等原则，设计协同性指标评价体系并选取对应指标样本数据进行综合分析与评价（详见表 4）。这里所言科学性是指按照一定的科学理论依据与信息量最大化要求，在指标评价体系的设计上尽可能准确、全面，具有比较严密的逻辑性；系统性是指设计的指标体系是完整的，涉及范围广、包含要素多，与特定对象联系紧密；代表性是指所选指标能够比较显著地反映和描述特定对象的状态及基本特征；可操作性是指所选指标在统计上比较规范，样本数据收集较为方便，能确保数据的原生性与真实性。

表4 协同性评价指标体系及其计算结果

一级指标	一级权重	二级指标	二级权重	指标属性
旅游效率评价指标A	0.5286	旅游收入，A_1	0.0551	正向
		旅游业增加值占GDP比重，A_2	0.0652	正向
		旅游投资收益率，A_3	0.0612	正向
		旅游业固定资产投资，A_4	0.0698	正向
		年接待游客人次，A_5	0.0577	正向
		旅游目的地星级宾馆数量，A_6	0.0581	正向
		公路站台覆盖密度，A_7	0.0295	正向
		民族旅游资源产业化比重，A_8	0.0252	正向
		旅游从业人员基本素质，A_9	0.0611	正向
		旅游从业人员占全部社会就业的比例，A_{10}	0.0457	正向
收入效应评价指标B	0.4714	城镇人均可支配收入，B_1	0.0433	正向
		农村人均纯收入，B_2	0.0842	正向
		城镇人均可支配收入与全省同期水平差距，B_3	0.0433	负向
		农村人均纯收入与全省同期水平差距，B_4	0.0945	负向
		人均GDP水平，B_5	0.0650	正向
		城镇居民人均居住面积，B_6	0.0283	正向
		农村居民人均居住面积，B_7	0.0217	正向
		广播电视覆盖率，B_8	0.0291	正向
		手机普及率，B_9	0.0355	正向
		网络普及率，B_{10}	0.0265	正向

续表

一级指标	一级权重	二级指标			二级权重	指标属性
统计指标	陵水	乐东	昌江	琼中	保亭	白沙
旅游效率评价指标 A	0.4876	0.1040	0.1082	0.0901	0.2563	0
收入效应评价指标 B	0.2475	0.1812	0.3862	0.0683	0.0977	0.0375
A 对 B 的 H 值	0.4168	0.2620	0.3197	0.1980	0.2813	0

旅游效率指标反映某一地区民族旅游市场发展效率或者活跃程度，表明当前旅游的综合发展水平。按照旅游实际效率排序，2018年陵水高居首位，依次为保亭、昌江、乐东、琼中、白沙。就旅游的收入效应指标而言，按照影响的显著程度排序，2018年昌江高居首位，依次为陵水、乐东、保亭、琼中、白沙。该指标解释旅游的发展对旅游目的地居民经济收入的正向影响情况。同时，根据 A 对 B 的 H 值的大小，可以判断某地区民族旅游与其收入效应的协同情况，即在现有旅游效率水平下，旅游收入效应的强度与旅游效率是否实现同步对称的作用。此时，陵水处于中等协同水平，昌江、保亭、乐东处于较低协同水平，琼中、白沙处于极低协同水平。

三、海南黎族地区旅游收入效应的提升策略

如何提升海南黎族地区旅游收入效应，是一个重要的现实课题。基于前文的分析，提出以下策略：

一是针对生态管控造成的旅游效率差异、旅游收入效应差异，采取加大内陆黎族地区生态补偿的做法。乐东、琼中、白沙是海南

重要的生态屏障、水源地,应当积极探索新的下游对上游生态补偿机制,以弥补内陆山区旅游业发展不足。

二是按照区域协调发展战略的总体部署,并重点结合供给侧结构性改革,黎族地区的旅游业要继续完善旅游基础设施,推行现代旅游发展与服务理念,积极打造各自的特色旅游精品,比如丰富陵水的珍珠海岸、乐东的凭海临峰、昌江的山海黎乡、琼中的黎苗乡情、保亭的奇幻雨林、白沙的原真山水等旅游内涵,全面增强旅游业的吸引力、竞争力。

三是实施新的开放发展战略,加大交通设施改造力度,推动交通沿线地区的共享发展、融合发展,通过外引内联共享旅游资源,彰显黎族旅游文化的特色与张力,延长旅游产业链,拓展新的发展机会,促进旅游业与文化、娱乐、体育、农林、工业、商贸、会展、交通等相关产业的融合发展。

四是积极构建合理的利益共享机制,尊重黎族居民的利益诉求与其他相关主体的利益诉求,在黎族地区旅游开发中,保证当地居民获得公平的市场机会,在就业、投资、民族旅游资源资本化等多重参与中得到相应的回报。只要达成新的利益均衡、惠及当地民生,必然促进黎族地区旅游的健康持续发展。

(作者单位:中南民族大学)

黎族音乐乡村旅游开发的考察与研究

刘厚宇

乡村旅游是"依托乡村资源开展的一切游憩、休闲、体验、娱乐活动"[①]。为了提高旅游的体验性、愉悦性，音乐常常被作为重要的资源，成为旅游产业争相开发的对象。"音乐旅游资源是在自然和人类社会中能够激发音乐旅游者的音乐旅游动机并进行音乐旅游活动，为旅游业所利用并能产生经济、社会、生态效益的客体"[②]。音乐旅游资源不等同于旅游音乐。有人认为，"所谓旅游音乐，就是指与旅游有关的、表现旅游特点的、能够充分体现旅游意蕴的、用以满足人们旅游精神需求的音乐的总和"[③]。笔者以为，旅游音乐是指以游客为消费群体的音乐产品。广义的旅游音乐泛指用于游客消费、欣赏的各种音乐，狭义的旅游音乐是指"在各种旅游景点演出的音乐"[④]。旅游音乐，包括乡村旅游音乐的开发已有部分讨论，具体到海南黎族乡村旅游的音乐开发，则较少论及。本文以田野调查为基础，梳理黎族乡村旅游音乐开发现状及存在的问题，剖析其产生的原因并尝试提出对策。

---

① 唐代剑，池静.中国乡村旅游开发与管理.杭州：浙江大学出版社，2005：1.
② 唐嫚丽.音乐旅游开发研究.中国海洋大学，2008：11.
③ 马艳霞.旅游音乐及其在旅游开发与规划中的应用初探.重庆师范学院学报（自然科学版），2000（S1）：78.
④ 冯光钰.旅游音乐资源开发与民族传统音乐保护.音乐探索，2005（3）：4.

一、黎族乡村旅游音乐开发的现状

黎族乡村旅游规模性开发始于 2010 年，由于投入不足、交通等基础设施滞后等原因，黎族乡村游只是"星星之火"，未呈燎原之势。2016 年之后，海南各市县加大了对乡村旅游建设的投入，乡村旅游开发全面铺开。海南全省共有乡村旅游点 516 家，乡村旅游示范点 134 个，海南新入选"中国少数民族特色村寨"11 个村。[①]这些村寨的音乐活动有两种类型：一类是乡村旅游点文艺队开展的歌舞演出；另一类是政府产业等相关单位主办的节庆活动，即为促进黎族乡村旅游在黎族乡村开展的音乐活动。

（一）黎族乡村旅游点文艺队的歌舞演出

目前海南政府重点扶持有知名度的黎族旅游乡村主要有琼中黎族苗族自治县"稻梦梯田"便文村、"秋冬之海"堑对村、"中国最美乡村"什寒村；三亚市中廖村；白沙黎族自治县罗帅天涯驿站、老周三黎寨、芭蕉美丽乡村、付俄美丽乡村；保亭黎族苗族自治县番道村；五指山市初保村；陵水黎族自治县坡村等。黎族乡村旅游基本都是按照"自然资源 + 特色美食"的方式开发。一些具备留宿条件的乡村寻求用歌舞演绎丰富夜场活动，自发组织了文艺队，希望通过黎族歌舞音乐表演提高旅游收入。什寒村、罗帅村、中廖村三个知名度较高的黎族乡村旅游示范点的歌舞活动情况具有代表性。

琼中黎族苗族自治县什寒村自 2010 年开始乡村旅游建设，政府累计投入资金超亿元，实现硬件改造。如今什寒村在全国的知名

---
① 数据来源：海口网 .http://www.hkwb.net, 2018–04–03

度有了,游客也多起来了。琼中黎族苗族自治县文化馆原馆长何丕杰告诉笔者:"游客到村里转一圈,吃一顿饭,然后下山,很少在村里过夜。少数留宿的游客吃过晚饭就后悔了。因为晚上没有娱乐活动,游客很是无聊。"① 原村党支部书记李文进说,琼中黎族苗族自治县旅游委原主任邓开杨在什寒村组织了一支文艺队,从该县什运乡红光村请来黎族歌舞能手王进明,由政府出资,对文艺队成员免费开展歌舞表演培训,以期增加旅游项目,提升旅游文化品质,但效果不佳。他说原因是该村村民并不擅长歌舞,且性格内向,怯于上台表演。② 据该村农家乐经营者李政富说,曾经有游客在什寒村因为晚上实在无聊,愿意花钱请人表演,但组织不来表演人员。笔者于2015—2017年先后四次前往什寒村,未见到村文艺队的表演,村民的说法基本属实。

白沙黎族自治县罗帅村旅游开发始于2010年,为公司化运作。笔者在罗帅村留宿一晚,了解到公司文艺队由该村6位老年妇女组成,被纳入公司管理。她们平时做保洁等杂务,如有游客另外付费要求增加歌舞活动,她们就在村里表演。当晚,白沙黎族自治县一中八四级同学会在罗帅村开展,6位黎族妇女在村内所设的"人民公社餐厅"唱歌,为客人敬酒,晚上在驿站办公楼前广场舞台唱黎歌、跳竹竿舞。③ 该村有时也有从县城来的歌舞表演,如2017年10月2日,由白沙文化旅游商务局主办了"情满中秋,礼赞国庆"星火之夜篝火晚会活动,"旨在推动白沙文体旅游产业发展,打造白沙原生态资源和特色文化精品旅游路线,丰富乡村旅游,推进全

---

① 访谈时间:2018年4月20日。
② 访谈时间:2015年7月25日。
③ 调研时间:2016年11月13日。

域旅游"[①]。

三亚市中廖村从2015年10月起开始建设，按照"不砍树、不拆房、不占田、不贪大、不求洋"的原则着力打造"望得见山、看得见水、记得住乡愁"的文明和谐新黎村。华侨城海南公司舞蹈演艺团队招收一些具有文艺特长的村民，进行系统演艺培训，让村民蜕变成为"演艺人员"，成为公司员工，以增加村民收入。笔者多次前往中廖村。村民反映，村民通过旅游创收有限，演绎收益更少。中廖村旅游产业发展尚处于起步阶段，真正实现农民靠旅游支撑富裕梦尚需要时日。黎族音乐的介入，并未能从根本上解决中廖村靠旅游创收的困境。

五指山市番茅村黎锦传承人刘香兰2014年成立了文艺队，在该村的农家乐表演黎族歌舞。该村黄女士说，文艺队曾经红火过一阵子，到2016年已经解散，同村的黄女士也予以证实。

（二）政府及产业在黎族乡村主办的节庆音乐活动

黎族乡村代表性的节庆活动主要有保亭黎族苗族自治县南旺村的"渔猎节""山栏节"，东方市白查村的"山栏节"，白沙黎族自治县的"白沙意象民俗游"。还有政府主办的延伸到黎族乡村的节日，如"三月三""海南乡村旅游文化节"等。这些节日均有黎族歌舞表演，对黎族乡村旅游具有推动作用。

毛感乡南旺村每年4月举办"渔猎节"、11月举办"山栏节"，已经连续举办了三届。这两个节日旨在"打造特色民俗节庆品牌，传承民族传统文化"。

[①] 白沙罗帅村篝火晚会闹国庆 游客大呼过瘾. 海南在线，2017-10-04.

每年 12 月在东方市江边乡白查村举办的"山栏节",有东方市黎族歌舞展演。

2018 年 4 月在五指山市主会场的海南省"三月三",将海南省非物质文化遗产的传统舞蹈"共同舞"表演活动设置在毛阳镇毛贵村,黎族传统对歌设在番阳镇昌化江畔以及水满乡、畅好乡,其目的也是带动地方乡村旅游经济。

2018 年 1 月 20 日三亚海棠区举办首届美丽乡村旅游文化节,表演了黎语对唱的情歌竹竿舞、黎族竹木器乐①。

2018 年,陵水群英乡、提蒙乡、本号镇、文罗镇、隆广镇、英州镇等 6 个乡镇均举办了多场"三月三"节庆活动。

海南乡村旅游文化节连续举办了六届,节庆现场常有黎族音乐活动。如第六届陵水会场有"黎苗模特大秀、竹竿舞表演、陵水歌舞团演出等海南本土民俗风情文艺表演、海南椰级乡村旅游点授牌、骑行车队发车仪式等活动"②,没有黎族原生态音乐活动。

白沙黎族自治县自 2014 年开始的"白沙意象民俗游",串起该县黎族苗族乡村"非遗"名录所在的村落,"为加大白沙旅游市场营销力度,全方位、多层次地展现白沙民俗之美,诠释白沙深厚的民族文化内涵,积极塑造白沙民俗文化品牌"③。

黎族乡村举办的节庆活动多由地方政府主导、企业出资主办,通过展示黎族文化,以实现通过节日系列活动,既展示包括音乐在

---

① 刘丽萍,叶俊一.三亚海棠区举办首届美丽乡村旅游文化节 黎族歌舞飞扬 [EB/OL]. 南海网,2018-01-20.
② 海南在线,海南旅游.2018 海南乡村旅游文化节 4 月底陵水举行九大活动精彩纷呈. http://news.hainan.net/zixun/2018/04/03/3635454.shtml.2018-04-03.
③ 白沙黎族自治县人民政府办公室关于印发县 2015 年白沙意象民俗游活动方案的通知, http://xxgk.hainan.gov.cn/bsxxgk/bgt/201503/t20150319_1536379.htm

内的黎族文化,又活跃经济,提升当地知名度,促进旅游业发展的目的。表面上看,是文化与经济共同搭台、共同唱戏,实质是黎族歌舞"搭台",地方农产品展销"唱戏"。"文化旅游产品分为两类,一类是深层次文化旅游产品,以经济收益为工具,目的为文化保存;另一类是浅层次文化旅游产品,以文化为卖点,经济成长为目的"。① 显然,第一类才是可持续发展的旅游开发,海南黎族乡村旅游音乐的开发恰恰属于第二类。

二、黎族乡村旅游音乐开发存在的问题

黎族乡村旅游音乐开发的目的是通过歌舞演绎提高旅游点的吸引力、提升游客的愉悦感,进而延长游客在乡村的停留时间,从而增加旅游收入。从现有黎族旅游音乐开发现状来看,未能达到预期目的,旅游音乐未能起到应有的拉动作用,只成为黎族乡村旅游文化开发的点缀。

(一)重硬件,忽视文化投入

忽视文化规划。如什寒村投资上亿,大部分花在乡村道路等硬件建设上,对于黎族苗族民俗文化上,尤其是在地方特色歌舞演艺方面的打造上投入严重不足,其他乡村也存在这一问题。一些特色乡村本来可以通过地方历史文化特色,结合本土音乐,开发出独具一格的演艺旅游产品。还有一些黎族音乐类"非遗"名录,经过规划、投入部分资金,就可以借用高科技重新打造成旅游产品。

---

① 宗晓莲.旅游开发与文化变迁——以云南省丽江县纳西族文化为例.北京:中国旅游出版社,2006:182.

（二）轻视黎族音乐文化传统，盲目求新、求洋

有些管理者认为，传统黎族歌舞"太老了、不时兴"，在具体的开发过程中，要求用创作的歌舞音乐替代黎族农民原生态的表演，导致了黎族乡村的旅游音乐失去了原真性。海南很多有关黎族歌舞的舞台演艺，除了服装是黎族的，音乐、舞蹈等均与黎族文化无关。某县"三月三"对歌现场，有人向笔者说，有的乡镇选拔黎族歌手，即使是老太太，也将"是否漂亮"作为重要的入选条件。许多黎族乡村旅游点自发组织的文艺队和节庆活动的黎族音乐歌舞，其节目以创作的音乐为主，原生态音乐较少。其结果是游客在黎族不同方言区的不同乡村旅游点的体验大同小异：吃的是长桌宴；观赏的是创作歌曲《久久不见久久见》《捡螺歌》《我们是五指山人》《美不过黎家三亚市》；听的是黎族竹木器乐、吹树叶。篝火映照下的"竹竿舞"遍布全岛，往往成为最后集体狂欢的标配。2015年2月8日，笔者现场观看了五指山市毛路村举办的新年文艺汇演，其表演的20个节目，歌曲与器乐没有一首是黎族旋律，所谓的黎族舞蹈，极少有黎族音乐或舞蹈动作元素。黎族乐器"伦"的传承人王进兴表演的是竹笛独奏。笔者后来造访他家才知道，他还能制作并吹奏黎族传统竹木乐器"灼八""哩咧"。笔者询问他舍黎族乐器而表演竹笛的原因，他回答："落后了，没人听。"

（三）黎族乡村旅游歌舞的指导者本土文化素养不够

黎族乡村旅游歌舞的指导者大多来源于市县歌舞团等演艺机构，他们所接受的是体制教育下的"正规"训练，相关策划、指导人员的专业黎族音乐文化素养不够。2016年保亭黎族苗族自治县农民文艺汇演，其节目大多是县民族歌舞团派下去编排的。这些体制下培养出来的专业歌舞人员走的是舞台艺术，其训练出来的节目

必定大同小异，与原生态的黎族音乐相去甚远。新政片区一共报送了 19 个节目，与黎族原生态音乐相关的只有 3 个。黎族舞蹈 8 个，均为创作的，几乎没有黎族舞蹈动作元素。

三、对黎族音乐乡村旅游开发的思考

海南乡村旅游开发与整个海南旅游业一样，过于依赖自然资源，文化含量不足，需升级改造。另一方面，丰富的民间文化，尤其是独具热带海岛特色的黎族音乐藏在民间，没有被开发。黎族地区急需通过乡村旅游开发脱贫致富，已经开发的少数黎族乡村旅游同质化严重，需差异化的特色旅游项目提升品质。因此，地方政府应当转变观念，加大文化投入，让黎族乡村旅游回归"乡村"属性，充分发挥乡村民间音乐能人的作用。

（一）回归黎族乡村旅游音乐的乡村性

乡村旅游的特性是乡村性，"民族性、历史性和地域性的乡村文化是乡村旅游的本质属性"[①]。突出乡村旅游的特性是避免同质化的一剂良方。海南黎族乡村旅游的开发业已形成特色，以黎族民俗为代表的黎族文化作为突破口，彰显了黎族乡村这一特定区域的文化特色。"十里不同风，百里不同俗"。黎族乡村不同的风俗造就了不同的黎族音乐。这些差异性的黎族民俗音乐恰恰是旅游市场所需要的异质文化。具体到黎族乡村旅游中的音乐开发，最能彰显黎族特色的无疑是黎族音乐。不同方言的黎族音乐具有不同的特征。为避免海南各市县旅游景区开发的同质化，有必要全岛一盘棋，统筹

---

① 赛江涛，乌恩. 试论乡村旅游的特点及本质属性. 河北林果研究，2006（1）：102.

规划，分片开发。

  黎族音乐可分为原生态、次生态及创作三种形态，不管是哪种形态的黎族音乐，其前提是旋律必须有黎族原生态音乐的元素，即黎族音乐的 DNA 不能少。按照这一原则开发黎族音乐，自然会形成差异化的旅游音乐体验。仅仅是用黎语方言演唱、或反映黎族人生活的音乐，而没有黎族原生态音乐元素，则不能界定为黎族音乐。

（二）将黎族音乐类"非遗"纳入乡村旅游开发

  "非物质文化遗产和传统文化只有融入当代生活才能得到传承与发展，许多的文化历史和遗产都成为了建构当代社会新文化的基础，它们需要保护，但更可以成为开发利用的人文资源"。[①] "非遗"的旅游开发争议很多，但在海南黎族乡村，部分黎族"非遗"已经进入了旅游开发的行列，黎锦、黎族制陶已经开始产业化开发，民歌、乐舞类的"非遗"已经失去了其原生环境，旅游开发对于传承保护具有一定的正向作用。三亚市郎典村的"打柴舞"，五指山市毛阳镇毛栈村的"共同舞"，白沙黎族自治县细水乡坡生村"老古舞"，南开乡牙佬村的"老婚礼舞"，上安乡作雅村的"黎族民歌"，这些黎族"非遗"作为政府节庆展演、黎族民俗游策划活动的线路，已经进入到旅游市场之中；只是受制于旅游市场的拓展，尚未成为热门线路。有的黎族旅游乡村的村民并不擅长歌舞，如什寒村，可以将黎族传统体育竞技活动作为主要开发项目，不必追求全面开发。现有歌舞之乡的黎村开发不到位，如琼中黎族苗族自治县民歌传承基地的作雅村；另有完全没有被开发的琼中黎族苗族自治县什运乡

[①] 方李莉. 当前中国艺术人类学研究中的几个问题——兼评 2015 年"费孝通艺术人类学奖"获奖论文. 内蒙古大学艺术学院学报，2015（4）：6.

红光村。三亚市不擅长歌舞的中廖村被开发；擅长并作为打柴舞传承基地的郎典村却至今没有被开发。许多黎族乡村的民俗保护与开发出现了错位的尴尬局面。笔者所见到的这些"非遗"传承人，由于表演机会少，有的已经技艺生疏。如白沙黎族自治县"非遗"名录"老古舞"传承人王有春说，他们在当地重要节庆或考察队伍到达时才有机会表演①；郎典村"非遗"名录"打柴舞"传承人黄家近、黄其华应笔者要求在村里表演"钱铃双刀舞"，放慢速度的表演明显失去了武术竞技特征。他们说："很久没跳了，确实生疏了"。②

（三）充分调动黎族村民的积极性，使其成为乡村旅游音乐活动的主角

"社区参与是族群文化保护的有效途径，旅游开发过程中的社区参与协调了社区文化保护与发展的对立关系"。③海南黎族社区参与音乐活动具有得天独厚的优势。与大陆很多地方不同，海南的年轻人结婚后多在岛内就近打工，如有歌舞表演活动，就请假回家参加。黎族人对于歌舞活动具有先天优势和热情，海南黎族乡村自发的民间歌舞活动十分活跃。

保亭黎族苗族自治县的许多黎族村民以种菜为业，晚上自发到村文化站跳广场舞。如五指山市水满乡举行的海南"三月三"固定仪式"黎祖祭祀大典"的保留节目《跳娘舞》，原为保亭加茂村赛方言黎族民间巫医表演的"打碗舞"，中老年妇女将祭祀内容改为

---

① 访谈时间：2016 年 4 月 8 日；访谈地点：海南省"三月三"主会场，白沙黎族自治县非遗展示现场。
② 访谈时间：2014 年 3 月 8 日。
③ 孙九霞. 传承与变迁——旅游中的族群与文化. 北京：商务印书馆，2012：274.

祝福吉祥唱词，在加茂农场场部大院以健身娱乐的形式展示。《共同舞》则是黎族村民在乡村自发娱乐的乐舞，原为五指山市水满乡毛栈村杞方言黎族村民祭祀神灵、祈求平安的原始乐舞《平安舞》，被列入海南省非物质文化遗产目录。近年来作为集体健身娱乐活动在村篮球场经常表演。这两个黎族乡村健身舞被"三月三"活动组织者发现，请到黎祖大殿前作为祭祀大典的保留节目。

琼中黎族苗族自治县民族文化示范村已经成为典范。据该县文化馆原馆长何丕杰说，该县文艺队有 65 个，散布在各乡村。笔者自 2010 年至今，多次现场观看过他们的表演，文艺队歌舞各具特色，乡土气息浓厚。黎族音乐的旅游开发可以将其纳入乡村旅游开发，直接将这些示范乡村开发成旅游景点。这种民间音乐文化的资源开发与市场直接对接的方式，有利于黎族音乐直接进入旅游音乐市场，实现民族音乐的旅游开发与保护、传承，形成良性循环。

结语

如何在乡村旅游开发和黎族传统音乐保护之间搭起一座桥梁，是需要政府规划、引导、投入，学界关注，产业、黎族乡村跟进实施的系统工程。只要政府更新观念，遵从黎族乡村文化的传统，遵照黎族乡村旅游开发的市场规律，尊重黎族乡土音乐人才，完全有可能将黎族传统音乐的传承保护与黎族乡村旅游开发有机地结合起来。唯有回归"乡村性"，黎族乡村旅游才能避开同质化。黎族音乐的乡村旅游开发对于其他民族乡村文化的旅游开发亦具有借鉴意义。

（作者单位：广东湛江岭南师范学院）

加强海南黎族优秀传统文化教育的几点思考

张俊　李资源

海南黎族是中国南方一个历史悠久且富有独特传统文化的民族，海南中南部及其周围地区是该民族世居之地，也是该民族主要聚居之地。关于海南黎族优秀传统文化的记载主要散见于中国历代官方编纂的文献资料、地方编写的文献资料、文人学士的私人作品、世系家谱、民间野史等内容中。

一、海南黎族优秀传统文化概述

"大约在七千年前，海南岛上就有了最早的土著居民——黎族先民"[1]，他们通过原始的狩猎、捕捞海产品、采集野果等方式生活，通过辛勤的劳动实践习得生产生活知识，创造了丰富多彩的最早期文化；黎族地区传统文化就是在继承和发展黎族先民早期文化的基础上而来的。勤劳智慧的黎族人民在长期生产生活实践中不断学习、思考、总结，形成了一系列与大自然、与其他族群和谐相处的经验和体会，进而创造了丰富多彩的文化。从目前考古发现的各类有关黎族地区的资料得知，黎族地区民众古代并没有自己的文字，但这

---

[1] 朱逸辉.略论海南文化之发展.海南大学学报（社会科学版），1994（03）：12.

丝毫不影响黎族地区传统文化的绚丽夺目。黎族地区优秀传统文化形式多样、婀娜多姿，既包括饮食服饰、建筑艺术、传统织艺等物质文化的内容，也包括传统节日、歌曲舞蹈、文身习俗等非物质文化的内容。

（一）独具特色的物质文化

黎族地区独具特色的物质文化不仅反映该地区民族创造的历史，也体现其创造的文化。黎族地区优秀传统物质文化主要融入当地民众的衣、食、住等各方面。

1. 织锦艺术

据史料记载，黎锦在春秋时期就负有盛名，堪称中国纺织史上的"活化石"。黎锦有头巾、花带、包带、筒裙、床单、被罩等，色彩以棕、黑为基本色调，白、黄、蓝、青、红等其他颜色相间其中。黎锦的图案主要反映了黎族地区民众生活生产、爱情婚姻以及宗教活动中的事物等。这些精美的织品充分体现了黎族地区民众高超的创造才能和艺术造诣，也包含着当地人民对美好生活的憧憬。

2. 饮食文化

过去由于生产力水平低，黎族地区民众以渔猎采集和刀耕火种的生产生活方式为主，加之海南的热带海洋性季风气候，一年中分为旱季和雨季两个季节，这形成了当地独具特色的饮食文化。当地民众以稻米为生活主食，竹筒饭在黎族地区流传久远，其制作方法是将稻米灌入新采制的竹筒中，放在火上慢烤，待稻米软熟后破竹、取之食用，清香扑鼻，令人食欲倍增；当地人腌制的酸肉、酸鱼味道独特，也是深受人们喜爱的美味佳肴。

3. 建筑艺术

黎族地区早期先民世代居住的船形屋，是根据当地自然地理环境和古代生产力水平,由黎族地区的民众因地制宜创造的居住形式。属于干栏式建筑。该类型的建筑与当地的海洋文化密切相关,"黎族民间故事《雅丹公主》描写了雅丹公主坐小船漂流到海滩上,把小船拉上岸,底朝天放在木桩上做屋顶,又割来茅草遮住四周,住于船形屋中。由此可见,船形屋具有船的象征性。"[①]

(二)丰富多彩的非物质文化

黎族地区不仅物质文化独具特色,非物质文化也丰富多彩,集中体现了黎族地区群众的勤劳、勇敢、智慧以及对美好生活的追求和期待,具有鲜明的地方性特征和浓浓的生活气息。

1. 传统节日

黎族地区的传统节日有很多,岁时节日、爱情节日、宗教节日,还有象征性节日,多种多样,如"三月三""军坡节""牛节""山栏节""禾节"等。其中"三月三"是黎族地区群众最盛大的传统节日,"也是黎族青年自由交往的好日子,又称爱情节、谈爱日,每年农历三月初三举行,也是海南黎族人民悼念勤劳勇敢的祖先、表达对爱情幸福向往之情的传统节日。"[②]

2. 歌曲舞蹈

黎乡人民性格豪爽热情,能歌善舞,欢度传统佳节、举行宗教仪式、闲暇娱乐都喜欢歌舞助兴。如《五指山五条河》《黎家酒歌》,歌曲悦耳动听,歌词意向贴切,洋溢着当地群众热爱生活、热爱家乡的真情实感。而在"三月三"节庆活动中独具特色的"跳竹竿"舞蹈,也就是人们熟知的"竹竿舞",它被改良后已成为今天全国

---

① 董国皇.论黎族传统文化的传承与发展.四川民族学院学报,2012,21(01):21.
② 余杰.海南黎族符号文化概观.民族论坛,2015(03):88.

各地舞台上经常出现的舞蹈节目。

3. 文身习俗

"文身习俗是黎族母系氏族社会遗留下来的一种最原创化的习俗"[①],被称为"刻在血肉之躯上的文化"。文身是黎族妇女成年礼的重要仪式形式,有着固定的步骤和图纹,往往由当地技艺娴熟的老年妇女担任文身工作。文身使用的工具主要是植物的锐刺和木棒,颜料多来源于烟灰或者染色草的汁液。黎族地区民众中的老一辈人认为,文身是女性之美的一种体现。

二、海南黎族优秀传统文化教育现状

（一）黎族地区优秀传统文化的教育功能

黎族地区优秀的传统文化是中华文化的重要组成部分,充实了中华文化的宝库。黎族地区的优秀传统文化是当地群众物质文化和非物质文化沉淀下来的成果,深深烙上了黎族地区社会发展的历史印记,为推动当地经济社会发展发挥着不可替代的作用,具有积极的教育功能和价值。

1. 黎族地区优秀传统文化增强当地群众的归属感

"黎族聚居地区包括海南岛著名的五指山、鹦哥岭、黎母岭、霸王岭、雅加大岭等山区地带"[②],自古以来黎族地区群众创造了历史悠久、灿烂辉煌的传统文化,是本民族文明发展的真实写照和历史见证,生动地反映了本民族在各个不同历史时期生产生活状况和

[①] 侯莹莹,张帆.黎族文化保护与旅游开发——以海南省洪水村为例.云南地理环境研究,2009,21（03）：109.
[②] 陈光良.黎族农耕文化探源.三亚日报,2017-06-25（B02）.

当地政治、经济、人文、地理等各个方面的发展状况，具有极高的历史价值和传承意义。黎族地区群众正是通过几千年传承下来的本民族优秀传统文化不断加深对本民族历史、思想、精神信仰的了解和认识，可以说黎族地区优秀传统文化为人们连接过去与现在提供了一座桥梁，为人们知晓自己从哪里来、走向哪里去提供了方向指引，增强了黎族地区群众的归属感。

2. 黎族地区优秀传统文化砥砺当地群众的奋斗精神

黎族地区优秀传统文化闪烁的光芒穿越时空的隧道，折射出当地群众历史上形成的共同的心理特征、思想意识和生活习惯，从此种意义上讲，黎族地区优秀传统文化是当地群众民族精神的象征。它对黎乡儿女能够产生强大的凝聚力和激励作用，成为千百年来黎乡儿女维护本民族尊严、争取本民族解放和复兴、不断砥砺奋进的强大精神支柱。由此可知，黎族地区优秀传统文化是提高当地群众自信心、激励当地群众奋斗精神、进行爱国主义教育的生动教材，为当地乃至海南广大人民群众特别是青少年进行爱家乡、爱民族、爱祖国的教育发挥着巨大作用，成为黎乡儿女在中国共产党的带领下大力推进改革开放、全面建成小康社会的强大精神动力。

3. 黎族地区优秀传统文化助力当地群众实现向往的美好生活

随着时代的发展，如今越来越多的国家和地区把文化作为产业来开发，千方百计地将古代历史文化遗产和现代经济生活密切联系起来，以实现"文化搭台，经济唱戏"。这些做法既为传统文化保护和发展提供物质保障和可持续发展的动力，又为经济社会建设提供新的增长点，还能增加当地群众就业机会、扩大收入来源、助力广大人民群众实现向往的美好生活。如黎族地区群众每年欢庆传统节日"三月三"，通过节日庆祝活动开展多方面的招商引资与经贸合作，使当地群众越来越认识优秀传统文化的非凡魅力和巨大潜力，更加重视传统文化的保护、传承和发展，为当地落实精准扶贫、决胜全面建成小康社会产生了良好的教育效果和社会效益。

（二）黎族地区优秀传统文化教育现状

1. 黎族地区优秀传统文化教育取得巨大成绩

中华人民共和国成立 70 年来，尤其是海南经济特区成立 30 多年来，黎族地区政治、经济、文化、教育等方面发生了翻天覆地的变化，为优秀传统文化教育提供了人财物等多种条件，黎族地区优秀传统文化教育取得了巨大成绩。一是党和政府高度重视黎族地区优秀传统文化教育，上至党中央与国家层面、下到地方均出台了一系列旨在进一步促进优秀传统文化教育的政策、措施，不断增加人力、财力、物力等方面的资源投入；二是形成了从基础教育到高等教育再到职业教育等多个层次关于优秀传统文化教育的体系；三是产生了一系列关于黎族地区优秀传统文化的作品、制品，扶持了一批从事黎族地区优秀传统文化传承发展教育与实践的相关单位，进一步促进了其文化品牌的形成和发展；四是通过"走出去和请进来"，创造条件鼓励黎族地区优秀传统文化与其他地区其他国家的交流交往，不断增强黎族地区优秀传统文化的能见度和影响力。

2. 黎族地区优秀传统文化教育存在亟待解决的问题

一是传统文化宣传教育工作还有待提高。由于自然地理条件和历史现实原因，黎族地区更多资源和精力放在自然资源的开发方面，如此减少了对优秀传统文化资源的开发利用和宣传教育工作。比如网络上、屏幕中铺天盖地宣传海南以及黎族地区优美风光的片子，而系统地反映有关黎族地区优秀传统文化传承发展的片子相对较少，反映有关黎族地区优秀传统文化教育的片子就更少。二是传统文化教育有过于功利化的倾向。目前黎族地区优秀传统文化教育过程中普遍存在的一种现象是功利化倾向较为严重，这与当前的市场经济环境和人们的急功近利思想有着密切的关系。市场经济的驱动是必要的，人们渴望发家致富的迫切要求也是可以理解的，但如果传统文化教育过于"快餐化""商品化"，必然导致黎族地区优秀传统文化教育千篇一律、缺乏特色、缺失内涵，进而导致传统文化本身的扭曲和变异，使其得到保护发展创新的条件遭到破坏。三是传统技艺后继乏人，进而动摇优秀传统文化教育的基础。后继乏人是黎族地区优秀传统文化发展最为严峻、最为急迫的现实。受市场经济和现代化的影响，黎族地区能够熟练掌握传统技艺的人越来越少了，且多为老年人。随着年岁的增长，优秀的传统技艺人员将离世，技艺面临失传，而年轻人又不愿意继承这些优秀传统技艺，甚至不再穿黎锦、不讲黎语、不唱黎歌，而当优秀的传统文化在现实生活中难觅踪迹时，其教育必然缺乏鲜活生动的内容，教育本身必然苍白无力，教育的意义也就难以体现。

三、加强海南黎族优秀传统文化教育的建议

海南黎族地区人民群众在千百年的生产劳动、生活实践中创造了独具特色的传统文化，它是海南文化的重要组成部分，也是中华文化的重要组成部分。改革开放以来特别是海南经济特区创办以来，黎族地区发生了翻天覆地的巨大变化，随着全球化、现代化的冲击，加之传统文化教育的缺失，黎族地区优秀传统文化逐渐式微，部分传统文化甚至有面临消亡的危险。而要保护好这份历史上留存下来的宝贵文化遗产，必须要加强黎族地区优秀传统文化教育，提高党、政府、群众的参与程度，提高保护和弘扬、发展优秀传统文化的自觉性和责任感。

（一）加强群众教育，充分发挥黎族地区群众的主体性作用

在全球经济一体化进程加速发展的今日，民族传统文化在与外来文化交流碰撞的过程中被涵化、呈现淡化和衰退是一种较为普遍的趋势。黎族地区优秀传统文化是当地群众在长期的生产生活实践中积淀而成的宝贵财富，蕴含着民族的价值观、伦理道德和思维方式等深层次的族群意识。面对外来文化的冲击，国家和地方要联手出台政策、措施加强对群众的教育，唤起和增强广大人民群众的文化保护意识，充分发挥黎族地区群众自觉保护本民族、本地区优秀传统文化的主体性作用，不断巩固和扩大文化保护的群众基础。如利用好传统媒体、新兴媒体、家庭、学校等多种形式、多种渠道开展优秀传统文化的教育普及工作，使黎族地区广大人民群众认识优秀传统文化是维系本民族情感的精神纽带，是本地区、本民族生存和发展的根本，从而不断提高其保护优秀传统文化的自觉意识。

（二）加强干部教育，充分发挥党和政府的主导性作用

毛泽东同志曾说："政治路线确定之后，干部就是决定的因素。"① 党的十八大以来，习近平总书记也多次强调要抓住领导干部这个"关键少数"，发挥党员干部的"领头雁"作用。因此要切实保护好黎族地区优秀传统文化，必须要加强对党员干部的教育，充分发挥党和政府的主导性作用，才能最大限度地为保护和弘扬优秀传统文化创造条件。如通过黎族地区党员干部学习交流的机会，增加优秀传统文化有关理论与知识的学习和教育，增强党员干部保护、传承、发展黎族地区优秀传统文化的责任意识和担当精神，进而将

---

① 毛泽东. 毛泽东选集（第二卷）. 北京：人民出版社，1991：526.

优秀传统文化的保护、发展、创新的理念转化为党和政府意志,在法律法规、方针政策、规划举措的层面上予以落实。如"对不是国家法定假日的黎族传统节日'三月三'举办各种大型庆祝活动;同时,给予黎族同胞一定的假期以保障他们庆祝自己节日的权利"①等。

(三)加强文化资源的挖掘和保护,使优秀传统文化教育更具说服力

习近平总书记在党的十九大报告中强调:"深入挖掘中华优秀传统文化蕴含的思想观念、人文精神、道德规范,结合时代要求继承创新,让中华文化展现出永久魅力和时代风采。"②黎族地区优秀传统文化不仅是中华优秀传统文化的重要组成部分,更是当地文化的根基和灵魂,是当地文化的本质和魅力所在。在全球化、现代化潮流不可逆转的趋势下,只有将黎族地区优秀传统文化资源的挖掘和保护放在首位,才能确保黎族地区文化的内涵、精髓得以原汁原味地继承,并在继承中实现发展、创新。此外,黎族地区优秀传统文化的保护与传承也不能仅停留在历史资料中、停留在博物馆里,黎族地区优秀传统文化的传承与发展还应展现在鲜活生动的现实生活中,使优秀的传统文化融入黎族地区现代生产生活之中,实现创新性发展和创造性转化,这样的文化保护和传承才更有意义,这样的传统文化教育才更具说服力。

(作者单位:中南民族大学)

---

① 董国皇.论黎族传统文化的传承与发展.四川民族学院学报,2012(01):23.
② 习近平.决胜全面建成小康社会 夺取新时代中国特色社会主义伟大胜利——在中国共产党第十九次全国代表大会上的报告.光明日报,2017-10-28(001).

刍议海南黎族竹木器乐的生态人文

张巨斌　丁岩

　　海南黎族的传统音乐中，竹木器乐是独具特色的一个类型。无论是日常生活劳动，还是"三月三""七月七"等节庆活动或交际活动，黎族人都喜欢带上简易自制的竹木乐器，或是在山间田野、房檐屋下独奏，获得休闲娱乐、排忧解难；或是在各种交际活动中相互对奏，表达爱意；或是在各类节庆活动中为歌舞伴奏。这种古朴自然的竹木乐，一方面反映了黎族人民崇尚自然、依赖自然的竹木生态文化观；另一方面，又反映了远古乐器的功能及演进过程。黎族竹木器乐是远古音乐的历史遗存，是黎族人崇尚自然的生动体现，是黎族淳朴民风民俗、礼仪信仰、文化生活与社会生活的写照。正因如此，黎族竹木器乐于2008年被列入国家级非物质文化遗产保护名录。

一、黎族竹木乐器及其运用

　　据统计，海南黎族地区曾流行的乐器不少于50种，大多都是以当地的竹木材料制作的，有传统的、有改良的，也有后来制作的。[①]

[①] 参见王学萍.中国黎族.北京：民族出版社，2004：438-431；保亭黎族苗族自治县文化广电出版体育局、海南省非物质文化遗产研究会.黎族竹木器乐.海口：海南出版社，2010：351-367.

（一）代表性吹管乐器

哩咧 "哩咧"为黎语音译，由于黎族语言差异，又称"遭咧""罗咧""口哨"等。它是黎族最喜爱的一种竹制竖吹的单簧气鸣乐器，多以山竹尾竿为制作原料，管身是由长短粗细不同的短竹管以小管套大管、节节相套的方式连接而成，上端为吹嘴节，留有簧片。民间常用的哩咧多为 7 节六孔，包括吹嘴在内，全长约 20 厘米，上细下粗，共 6 个按音孔，多为单独制作的簧哨，插入管身上端吹奏，簧片多以芦苇片制成，或用竹片削薄后绑在竹管的背面制成。

哩咧的音色透亮、委婉而悦耳，清脆甜美中略带一些嘹亮粗犷的活泼劲儿，极富欢乐气息，宜于表现欢快、热情的场面或情调。它的高音区明亮而富有特色，非常动听，富于歌唱性，但稍显尖锐单薄；中音清晰柔和；低音丰满圆润。

哩咧既适宜独奏，也常用于合奏。不论是在务农的路上，还是在放牧途中，或者在劳动闲憩或喜庆之时，黎族人喜欢用哩咧来表达劳动的快乐或互吐喜悦情怀。黎族民间还有一个习惯，就是在水稻下种以后更要吹奏哩咧，黎家认为它会使稻子长得茂盛，获得好收成。男人们在上山守护山栏稻或上山打猎寂寞时，也会吹起心爱的哩咧，给生活增添快乐。黎族青年更是对哩咧怀有特殊的感情，青年男女谈情说爱时，总是用哩咧演奏优美动听的曲调，以此作为相约的暗号。哩咧音色的响亮明快使之成为黎族民众节日欢庆、婚丧嫁娶中不可或缺的乐器。器乐合奏或舞蹈伴奏中，每当哩咧的音乐旋律出现，听众总是称赞"黎家姑娘在歌唱"。

筒哨 它是一种竹制竖吹管乐器。有两种形制和两种吹奏方法。一种是用山藤竹制成的，管身长短不一，有的长达 130 厘米，管的头尾两端都挖通，首端开有一个吹音孔，上方开有 3 个按音孔，下方开有一个按音孔（前三后一），由这 4 个按音孔控制着发音。吹奏时，用露兜叶套着"哨"头，控制着吹气孔以调节音量的大小。另一种是用一根约 1.5 厘米粗、33 厘米长的细管插进吹孔，并用露兜叶套着，吹奏者口含着细管吹奏。筒哨的中音区音色宽厚、圆润、优美。由于筒哨可大可小、可长可短，因而造成吹奏姿势也各异，大而长的筒哨往往因于管身过长，最下端的按音孔只好用脚趾按音。一般情况下，大多数吹奏者喜欢正坐着吹奏，亦有站着吹奏的，甚至还有躺着吹奏的。

筒哨的音色柔美，在夜深人静时吹奏，有一种倾吐心声的魅力。因而男女青年谈情说爱时，都喜欢用筒哨来表达爱慕之情。另一方面，筒哨的中低音区善于表达低沉诉说的情感，因此每当遭受不幸或内心悲痛之时，如村寨里遇上凶灾之年，中年丧妻、丧夫、丧子等，人们常常吹奏筒哨来表达忧伤之情。

鼻箫 因用鼻孔吹奏而得名，黎语称"虽劳""屯卡""圆哈"等，这些都是黎语的音译。箫管用石竹制作，其长短、粗细规格不一，民间多用一根无节的细竹管，管长 60—70 厘米，管径 1.6 厘米左右，在距两端管口 8 厘米处，各开一个圆形按音孔，按音孔既可开在管身一侧，也可前后各开一个。如果使用两端带竹节的竹管，需在节隔中心开一圆形通孔，多节竹管制作就要打通竹节，吹孔在竹管的细端。在黎族民间，偶尔也能见到管身很长的鼻箫，最长者竟达 160 厘米，需要躺着吹奏，用脚趾来按下面的音孔。鼻箫演奏时，管身竖置，左手拇指按上孔，右手拇指、食指分别按下孔和底孔，将上端吹孔斜放右侧鼻孔，靠着鼻孔呼气振动管内空气柱而发音，有时也可用手堵住左侧鼻孔吹奏。鼻箫吹孔及管底 3 个孔，可吹出 6 个左右的音，音量较小，音色清幽低沉，低音犹如洞箫，但更柔和。

由于吹奏鼻箫气流较难控制，声音时有时无，从而给人一种若有若无、断续缥缈的意境，听来颇有仙乐韵味。在夜深人静时吹起鼻箫，整个村寨隐约可闻。鼻箫更是黎族青年寻觅爱情时常用的乐器，青年男女都会吹奏鼻箫，一般多为即兴吹奏，曲调因人而异。黎族姑娘可以根据乐曲和音色的不同，在很多的箫声中辨认出自己恋人独特的箫声。黎族民歌唱"抛个石头探水深，吹曲鼻箫试侬心"，可以看出，鼻箫与黎族青年的爱情生活有着密切关系。

毕达 毕达为竹制竖吹管乐器，传统毕达为单管四孔簧管乐器，20世纪50年代原海南黎族苗族自治州歌舞团陈文仲先生将其改良发展为8个按音孔（前7后1），把两支长短、大小、音高相同的毕达并排捆绑在一起，故又名排箫。管身长22厘米，内径长0.3厘米，外径长0.5厘米；顶端留节，节下正面或背面削薄2.8厘米，刻一长2厘米、宽0.3厘米的簧片，簧舌朝上；根部与管体相连，或将管身头部剡去0.2厘米，使竹节下露出管道，再嵌以竹质簧片，下端用铜丝捆绑；背孔距顶端4.2厘米，第七孔距顶端约5.7厘米，第一孔距尾端2.5厘米。演奏时，右手拇指同时按两管背孔，食指、中指、无名指按两管下四孔，口含簧片，吹气鼓簧片发音。毕达的音色清脆明亮，多用于独奏、合奏。

牛角哒 牛角哒是用牛角制成的吹管乐器。制作时，在牛角尖（尾端）锯一小节，留一个吹孔，接着在吹孔内插入1—2个竹篓管，用于缠绑树叶来作为吹片，从吹孔下方开8个按音孔（前6后2，也可前5后3）。牛角哒可以合奏、齐奏，也可以独奏。主要流行于保亭、陵水、五指山等市县。

椰乌 椰乌用椰壳制作，选比较成熟的老椰子，然后在壳上挖开一小孔，把里面的椰汁倒掉，取出椰肉洗净，接着在椰壳的首端挖开一个1.2—1.5厘米的孔，当吹音孔，装上一个吹竹管，粘固后，再在椰壳前方开 6 个按音孔，后方开 3 个按音孔，能吹七声自然音阶。椰乌不是黎族传统的乐器，它是海南黎族竹木器乐传承人黄照安制作的，取名为"椰乌"，曾参加各种文艺活动演出，深受黎族同胞的欢迎和认可。

（二）代表性拉弦乐器

朗多依 外形与汉族地区流行的二胡相似，但琴筒、琴杆均采用当地生长的竹材料，其规格尺寸很不统一，全长 60—80 厘米，琴筒长 10-12 厘米，直径 8 厘米左右。琴筒的前口蒙着用竹笋壳制成的板面或蛇皮，筒后端敞口，琴杆为竹制，竹竿较粗的一端为琴头，平顶无饰；上端设二轴，弦轴为木制，圆锥形，轴长 10 厘米；琴杆中部没有系弦，下端插入琴筒并外露系琴弦；琴面中央置竹制的空心琴码，张开两条琴弦，弓杆用细竹制作，弓毛和琴弦均采用海南特有的被称作"鸡螺丝"的棕色细藤来制作。由于是用细藤弓摩擦细藤弦，发音较粗糙，音色不及二胡圆润、丰满，表现力也较黎族的其他气鸣乐器逊色。

椰壳胡 以大的和老的椰子壳为胡筒的二弦胡琴，音色较二胡沙哑，常出现在民间的乐队中，主要流行于保亭、五指山等地区。

牛角胡 用牛角为胡筒的二弦胡琴，音色接近椰壳胡，常出现在民间乐队中，主要流行于保亭地区。

（三）代表性弹弦乐器

令东 形似月琴，琴杆、音箱用桐木制作，音箱呈圆形，琴颈设 6—7 个品位，琴头设 4 个弦轴，左右各 2 个，弓有 4 根丝弦，每 2 弦定同音高，五度定弦。演奏时，左手持琴柄，置琴于身前，右手拇指、食指挑拨弹奏。令东音色圆润优美，常用于合奏或独奏。

口簧 小型吹奏乐器，亦称"口弦""口弓"，黎语称"改""太波"。以竹制作，长3.3厘米，宽1厘米左右。吹奏的方法需手口配合，手指弹击可分为食指弹，拇指弹，拇指、食指交替弹，食指、中指交替弹，食指、中指、无名指交替弹等多种；口簧发音微弱，需应用口腔共鸣加大音量，并通过唇、舌动作变化和嘘气、吸气加以调节才能奏出动听的音乐，音域不宽。常用于青年男女的情爱活动。

（四）代表性打击乐器

椰棹柃 黎语称"椰勺"或"牛柃"，长20—30厘米，宽15—20厘米，中间空心，空心口内安装两个小木柚吊绑，摇动起小木柚撞击两边空口发出"咯咯"响声。大的椰棹柃发出的声音低沉，小的发出声音高亢响亮。常用于民间礼俗活动或演出。

独木鼓 黎语称"根龙""大皮鼓"，它是用一段粗大的圆木挖空为鼓身，两端蒙牛皮或鹿皮，鼓高约100厘米，鼓面直径约35厘米，中间大两头稍小。有的独木鼓的鼓身和鼓面还绘有动物纹和人形纹。独木鼓常用于娱乐、传信、祭祀等活动。

蛙锣 由铜铸成，为圆形，形似盘子，一般直径30厘米左右、厚度为5厘米左右。有两种类型，因在锣体外缘一侧铸上青蛙（2只或3只，3只较珍贵）而得名。多在举行宗教仪式中使用，平时将蛙锣收藏在家中或埋在地下。蛙锣在黎族传统社会中是身份地位和财富的象征，哪家拥有的蛙锣越多，哪家的财富就越多、身份地位就越高。

叮咚 黎语称"朗贡"，由木杆和木架组成，木杆是发音体，多采用红木或其他质地坚硬的木材制成。杠长200—240厘米、直径10—20厘米，用绳索吊在刻有花纹图案的三脚木架上，有两根木杆、三根木杆、四根木杆、五根木杆等形状。一般每根木杆能发出五度关系的两个音。演奏时，演奏者站立在叮咚架前，两手各执一根圆木棍敲击。叮咚的音色清脆嘹亮、淳朴动听。

二、黎族竹木器乐的生态与人文背景

器乐的概念一般包括乐器、乐器组合、演奏、乐曲等内容。从现有的资料《黎族竹木器乐》[1]一书和我们田野调查[2]的情况看，专门为竹木器乐而产生的乐曲较少，所奏乐曲大都是由黎族民歌曲调改变而来，有关黎族民歌的相关内容在此不赘述。[3]作为一种文化现象，黎族竹木器乐具有浓郁的地域生态和人文特征。

（一）竹木文化是竹木器乐生存的生态背景

黎族主要居住在海南岛的中南部山区，这里光照充足、雨量充沛，是同纬度世界上降雨量最多、水资源最丰富的地区之一；在全岛独流入海的154条河流中，黎族地区集水面积在500平方千米以上的河流有11条，其中流量较大的是南渡江、昌化江、万泉河、陵水河、藤桥河等。这种山地、丘陵的地形地貌与强光、高温、多雨气候结合的特征使得黎族地区生长着种类繁多的竹木类植物。

黎族同胞善于利用身边的自然资源，创造了丰富的"竹文化"。竹子属于高大禾本科植物，全世界有1500多种，海南岛有100多

---

[1] 保亭黎族苗族自治县文化广电出版体育局、海南省非物质文化遗产研究会.黎族竹木器乐.海口：海南出版社，2010：10.
[2] 2012年笔者三次到保亭和五指山黎族地区做田野调查，一次到东方市黎族地区调研.
[3] 有关黎族民歌的相关内容请参看张巨斌.黎族传统民歌的分类特征.琼州学院学报，2013（4）：50-58；黎族传统民歌的音乐形态刍议.琼州学院学报 2013（6）：56-63.

种,占全国的四分之一;竹子可广泛应用于建筑、造纸、家具、园林绿化和祛病保健,它比其他植物能多释放35%的氧气。黎族的竹文化大多发源于江河、湖泊周边地区,尤以昌化江、陵水河、宁远河三大河流两岸为主,因为这些地方适宜竹子生长,孕育了丰富的竹资源,为竹文化的产生和发展提供了物质条件。

在黎族人的生活中,"宁可食无肉,不可居无竹"。竹子渗透到黎族人生活的方方面面,与黎族人的关系非常密切,由此产生了悠久的竹文化。每年"三月三"节庆,到海南岛中部黎族地区旅游或做客的人们,都能吃到香喷喷的竹筒饭;在山区徒步或探险,也常常能够看到腰间挂着竹篓的黎族同胞,竹篓里一般装着砍刀或镰刀等劳动工具;进入黎族村寨,房前屋后、家里家外目之所及的竹凳、竹篮、竹筐和竹屋,总让人感到竹子简直就是黎家生命和生活中不可或缺的一部分。以东方市江边乡的俄查村为例,可以说,竹子与他们的生活是非常密切的。

走进俄查村,看到的是清一色井然有序的茅草房,屋子门多用竹子编扎,能够做到密不透光;走在村道上左顾右盼,竹编的生产工具和生活用品随处可见,有挂在檐下的竹鱼篓和竹摇篮,有闲置门前的竹鸡笼和竹筐,还有横放在房顶的竹筛和竹簸箕。在主人的同意下,进入任何一家的屋内,都能看到不少竹制的器具,小至吃饭用的竹筷和坐得油光发亮的竹凳,大至挑米、挑谷用的竹篮和简易固定的竹床,不一而足。最叫人叹为观止的是该村最擅长竹编工艺的老人符亚九家里竟有一个高约1米、口径也有半米之宽的竹缸。据符亚九老人讲,村里多数人都会竹编手艺,他们不仅把竹子用来盖房、编制各种生活用具,还把竹管相连引水灌农田;从前黎族妇女生育时,往往用竹刀割断脐带;民间常用竹筒拔火罐,治疗风湿、中风等病症。

黎族百姓不但用竹子来制作劳动工具和生活用品,还将竹子应用于艺术和娱乐活动当中。前面提到的鼻箫、长箫、芦笛、直笛、哩咧、口簧等竹木乐器,都是黎族竹文化的具体表现。源于黎族祭祀,后来演化为节庆和迎宾时跳的"竹竿舞",也离不开竹子。正是丰富多彩的竹文化的生态背景,产生了黎族独具特色的竹木乐器。

(二)青年男女社会交往文化是竹木器乐流行的文化土壤

在黎族的情爱习俗里,"三月三"也是集体性交往活动的节日,平时则以隆闺①习俗为代表,无论是"三月三"节日活动,还是平时的隆闺活动,黎族青年男女都习惯带上自己喜欢的简易乐器,要么用歌声来表达自己的爱意,要么用乐器声来回应对方。

黎族青年的交往活动中最常见的乐器是筒哨、鼻箫、口簧、哩咧等吹奏类的。其中音量特别小而音色又很柔和的筒哨、鼻箫和口簧最为常用。可以说这三种乐器的物理性能与它们的社会文化功能相辅相成。由于音量特小、音色柔和,这些乐器的声音离远了就听不到;演奏时很适于两个人依偎在一起、轮流吹奏,有如窃窃私语、密密情话,这就特别适合于情感交流。每当夜幕降临,寂静的黎寨里,不时传来阵阵的纤细而清幽的鼻箫声,这或是黎家小伙子在吹箫召唤女友,或是姑娘以箫声回答男友,或是一对情侣相依偎在槟榔树下轮流吹着鼻箫互诉衷情。而音量稍大的哩咧更常用于男子在女子隆闺外吹奏情歌曲调、询问可否进入隆闺。这些乐器在男女交往活动中起了重要的作用,而且相应地在不同程度上具备了某方面

---

① 隆闺是黎族青年男女居住的不设灶的小屋,一般建在父母大屋旁边或村头,有供一个人住的小隆闺,也有集体住的大隆闺。男子的隆闺一般也作为公共座谈娱乐的场所,女子的隆闺同时也是谈情说爱的场所。

的象征性意义。这种音乐的交际恋爱活动被著名音乐人类学家杨沐教授称为"音乐性民俗"[①]。在黎族传说中，口簧象征人的舌头，人们通过它来表达口舌不便传达的爱意，因而它也象征爱情。正是青年交往活动的需要，这类乐器在黎族民间越来越流行，并逐步被用于各种场合，产生了不同的类型。可以说，青年男女社会交往及恋爱文化是竹木乐器流行的社会土壤。

（三）实用自娱是竹木器乐产生的社会功能

海南黎族和中国南方的许多少数民族一样，能歌善舞，他们可以随手摘一片林间小溪旁的树叶，吹奏一段或排忧解闷、或表达自己心绪的曲调。这类所谓的乐器大多具有实用、自娱的社会功能，大多是由自然的竹木简略加工而成，有些是由生活器皿或宗教法器逐渐变成为乐器的。如独木鼓，是黎族祖先在打猎时，击打遭雷击起火的树木被烧成的大木洞发声，以呼众围猎，后来用鹿皮蒙住木洞口，变为鹿皮鼓，成了一种打击乐器。再如蛙锣，最初是宗教仪式中使用的器皿，后来则逐渐成为一种打击乐器。

再如叮咚，最初是黎族用来恐吓野兽的木棒，后来逐渐成为人们喜爱的打击乐器。在刀耕火种的年代，人们拿起钩刀，到山上砍除荆棘和莽丛，清出一小片一小片的土地来种植山栏稻和玉米。可是，山里森林密布、野兽成群，人们辛辛苦苦种上的庄稼，经常被野兽破坏，特别是当山栏稻成熟时节，野猪便来偷食，往往一夜功夫能把大片的山栏稻啃个精光。为了保护劳动果实，黎家人便在山中搭起茅棚、看守庄稼，还砍下两根近两米的木杆吊在棚前，再用

[①] 杨沐.性爱音乐活动研究——以海南黎族为实例.中央音乐学院学报，2006（3）：71-82；2006（4）：83-91.

两根短木棍不停地敲打,以恐吓野兽。

打叮咚的原始形式是与劳动有着密切关系的。先将叮咚木杆吊在守山栏园的守棚上,另在离叮咚较远的地方立着两根劈开的竹子,用一根绳子系住竹子,再将绳子的另一端绑在守棚里,人们打叮咚时,中间穿插着拉绳,而绳子便拉动两根竹子发出响声,可将较远处的鸟兽吓跑。叮咚对驱赶猴子最有效,只要叮咚一响,猴子准会立即溜走。

后来,打叮咚成了黎家日常生活中的一种娱乐形式,不论男女老少都爱打叮咚,还编了许多叮咚民歌。每逢过节或集会,就一边演奏,一边歌唱。直到今天,每逢佳节,黎家人用叮咚伴奏歌舞,欢庆丰收。

(四)神话传说使竹木器乐增添了神秘色彩

当我们走进黎族村寨,或是在"三月三"的活动场地,看到身着民族服装的黎族同胞演奏竹木乐器时,深切地感受到这种音乐除了具有原生态的魅力外,还具有某种神秘的色彩,似乎把我们的想象带入到一种神秘的、梦幻的、或远古的、未知的境地。这也许与这类乐器本身在黎族中有许多神话传说有关。

1. 鼻箫的传说

黎族地区有许多关于鼻箫的传说,其中一个说:在很久很久以前,一对黎族青年相爱了,临结婚前,姑娘到槟榔园采槟榔时被恶霸洞主抓去,小伙子得知后焦急万分,他找了三天三夜,终于发现姑娘被关在密林中的一个山洞里,两人无法相见,小伙子只好唱歌传情。洞主察知,又把小伙子抓起来,割了舌头,发配到一个荒远的山林里。一个月后,小伙子又在山洞边出现,虽不能唱歌了,但他砍了一节白竹,用鼻子吹出了自己的痛苦和思念之情,姑娘心领神会，感泣不已。后来，小伙子被洞主抓去处死。死前，托人将白竹做的鼻箫转交给姑娘。姑娘接过鼻箫，悲痛欲绝。不久，姑娘在看守的帮助下逃出虎口，跑到小伙子坟前，把小伙子生前吹奏过的鼻箫曲吹奏了一遍又一遍。然后，姑娘怀揣鼻箫，安息在小伙子坟前了。从此，鼻箫便一代代传下来，成了青年男女表达情意的乐器了。①

2. 哩咧的传说

关于哩咧的来历也有多种传说，其中一个传说和上面的鼻箫传说类似，主人翁换成了一个小伙子，乐器换成了哩咧。此外，还有一个传说：很久很久以前，五指山上有个会吹哩咧的人，他吹奏的美妙音乐飘到大海，让龙王听到了。龙王请他到龙宫里去教龙子吹哩咧。三年后，在他离开龙宫时，龙王送他两件宝物，一个竹篓和一件竹叶衣。只要他吹起哩咧，竹篓里便会盛满好吃的东西，竹叶衣会把他带到他想去的地方。这两件宝物给受苦的黎族百姓带来了许多福运，可惜他死后龙王把两件宝物收回，只剩下一把哩咧。后来，人们为了纪念他，每当上山狩猎或砍山栏时，尤其在欢庆传统节日，都要吹奏哩咧以寄托情思、寄托对幸福生活的向往。②

黎族竹木器乐是黎族人民社会生活与人文生态的反映，表现的是黎族人民的真情实感。它是一种原生态的文化，是一种纯自然的艺术、纯民间的音乐。

（作者单位：三亚学院、丁岩海南大学）

---

① 参见符桂花.黎族民间故事大集.海口：海南出版社，2009：186.
② 参见符桂花.黎族民间故事大集.海口：海南出版社，2009：187.

海南黎族鼻笛文化探求

徐升

中国民族器乐在中华数千年的文化积淀及发展过程中，各民族乐器及起源是极为多样的，也同样是极为有价值的。作为民族器乐重要组成部分的民族管乐器有着自己的发展年轮，最为普及的管乐器莫过于传统六孔笛，其自身亦承载着中华文化几千年的文明。相对于吹响中华文明前奏的传统笛，海南黎族的特殊管乐器鼻笛，从可知的历史发展考证上看，自唐代已知"振州"有黎人吹奏鼻笛，距今约有一千三百多年，至今仍基本保持着原始的特征。其独特的口腔驱动鼻孔的吹奏形式，成为中国管乐器边棱音振动乐器中的文化奇葩。对黎族鼻笛文化的推求探讨，对其他传统管乐器文化研究大有鉴照，亦对于我国少数民族濒临消亡的特殊乐器得以传承与延续有积极作用。

一、乐器本体

（一）基本形制

鼻笛就其历史渊源，可以算是本土乐器。深入调查后，得知此类乐器亦有中国传统竹笛形制的六孔竖笛，也有四孔横笛，皆为石竹①所制，没有中国传统竹笛的笛膜助声；两种形制的笛子，因皆为边棱音振动乐器，除了用鼻演奏以外，也可唇吹，其中四孔鼻笛较为常见。日本冈田谦、尾高邦雄著《黎族三峒调查》中记载"黎族有各种乐器……笛子可分为六孔竖笛 tiu（长约 25 厘米）和四孔横笛 chop（长约 60 厘米），后者主要用鼻子吹奏"②，记载中所提及鼻笛也是现今演奏的鼻笛长短形制，但是乐器早期形制上比现今使用的鼻笛更为简约，现今鼻笛由于商业演出或者外形上的需要，多在鼻笛外套有黎锦或刻有相关图腾式花纹，其形制从演变角度没有太多变化。

（二）取材及音色

鼻笛乐器取材石竹，其竹材壁厚、坚韧、有弹性，类似我国南箫选材，故而从鼻笛音色上不听其音，亦可知其音音色悠远清雅，清代钟元棣时任海南知州曾赋诗曰："逸韵时闻吹笛管，闲情常觉付蒲菰"③，从诗句之中可体会其中一二。鼻笛独特的鼻孔演奏方式以及四音孔吹奏音域的限制以至发声上，其笛音很难像传统竹笛一般清亮与婉转，直白式的吹奏表达方式以及低声诉求恰是鼻笛的特点。鼻笛老艺人演奏单管鼻笛，多为斜吹鼻笛，近距离聆听其音柔和，似黎族语言独白，鼻笛至高音区音色音响多有衰减，由于口腔驱动气息及鼻孔吹奏难度，时有乐音似有非有的现象，这是鼻笛的缺点、也是鼻笛的优点，多给人若游丝缥缈之感。

---

① 石竹，禾木科，竹质坚韧而有弹性。
②〔日〕冈田谦，尾高邦雄.黎族三峒调查.金山，等译.北京：民族出版社，2009：186.
③ 蒲菰为"湖泽"意。

(三)持笛及乐曲特点

在持笛手型及方式方法上,除无需像巨型鼻笛要使用脚趾以外,普通鼻笛持笛基本保持最为放松状态,管底使用食指支托,解放了其他持笛按孔手指。由于鼻笛独特的吹奏及持笛方式,演奏只要处理好气息运用,基本较为轻松,与六孔竹笛相比手指负荷较小,演奏较容易完成。

在实际演奏中,由于音孔间距及音孔数量上的制约以及鼻笛的音色要求,鼻笛演奏曲目中过于激扬的乐曲并不多见,类似口语化表达的乐曲较多,有着黎族人特有的语言腔调。

由此可知,鼻笛与大多数的中国传统乐器一样,由于乐器本身的形制,绝大多数的演奏呈现线性音乐,而且腔调性的音乐表达更为突出,这是因为"乐器本身就是音乐的物质化",反映了民族的民性与民情。①

二、鼻笛文化积累

(一)历史源流

海南黎族鼻笛有着独特的文化积淀。明代钱嶪曾赋诗道:"岂独兹黎人,物与非吾同"②。黎族鼻笛的独特演奏形式,与东南亚一带有关"鼻与灵魂通达、用鼻演奏乐器更能表现音乐的纯净"一说有关,但究其根本,海南鼻笛应与民族习俗及生活习惯有关。从相关史料可以获知,海南黎族系"百越"中一族,宋代周去非著,杨

---

① 参见翟志荣.中国拉弦乐器——系列秦胡研制的文化理念与实践.上海:上海音乐学院出版社,2008:47.
② (清)张嶲、邢定纶、赵以濂纂修,郭沫若点校.崖州志.广州:广东人民出版社,1983:460.

武泉校注《岭外代答校注》曾记载"鼻饮"一说:"史称越人相习以鼻饮",《汉书·贾捐之传》也有类似记载:"骆越之人,父子同川而浴,相习以鼻饮"。由此可知以鼻奏笛也在情理之中。再者,黎族自古从事音乐表演亦有记载,宋代范成大《桂海虞衡志》撰述:"黎母之巅(五指山),则虽生黎亦不能至,相传其上有人寿考逸乐",其演出形式与他族有异,"黎人白巾(庶人帽),在岭南尤为突出。南人死亡,邻里集其家,鼓吹穷昼夜,而制服者反于白巾上缀少红线以表之。尝闻昔人有诗云:'箫鼓不分忧喜事,衣冠难辨吉凶人'"[1]。如上,鼻笛其独特演奏方式亦无甚突兀。

(二)乐器社会功能性

德国艺术史家、社会学家格罗塞在《艺术的起源》中提道"艺术不是无谓的游戏,而是一种不可缺少的社会职能,也就是生存竞争中最有效的武器之一"[2],黎人鼻笛除却乐音演奏艺术欣赏外,最为重要的是它的社会职能。清代雍正《续台湾府志》卷十四讲道高山族:"男妇于山间弹口琴,歌唱相合,意投则野合"。《炎徼纪闻》卷四云:瑶族,"踏歌而偶奔者,入空岗,插柳避人"。《苗疆见闻录》讲:"男妇婚娶不须媒妁,女年及笄,行歌于野,遇有年幼男子,互相唱和,彼此心悦则先行野合"……大量文献记载无不说明少数民族音乐具有婚配择偶社会功能,黎族亦不例外。清代李聘《黎峒行》诗云:"婚嫁无媒妁,踏歌以相媒。"现今海南三亚东线一带仍有此类风俗遗存。鼻笛的社会功能显而易见,是黎族青年男女相互逗趣择偶的音乐媒介。清代张庆长著《黎岐纪闻》载:"男

---

[1] (宋)周去非著,杨武泉校注.岭外代答校注.北京:中华书局,2006:257.
[2] 〔德〕格罗塞.艺术的起源.蔡慕晖,译.北京:商务印书馆,1987:287.

女未婚者，每于春夏之交齐集旷野间，男弹嘴琴，女弄鼻箫，交唱黎歌，有情投意合者，男女各渐凑一处，即订耦配，其不合者，不敢强也。"日本学者冈田谦、尾高邦雄著《黎族三峒调查》亦提及鼻笛之功能："黎族有各种乐器，如在庆贺春节时使用的胡琴 Lan-loi、唢呐 vai，恋人之间表达对彼此的爱意时使用的口琴 lai、鼻笛 chop，驱鬼时使用的铜锣 lo……"① 由此可知黎族鼻笛在黎族文化之中不仅只是充当音乐演奏乐器，更多的应当是社交沟通与爱慕情绪的媒介。

（三）演奏群体探究

据现今社会调查以及相关资料，黎人"男弹嘴琴，女弄鼻箫"，吹奏鼻笛者多为女性。随社会的发展与变化，当代吹奏鼻笛者亦有男性，但为少数。究其原因，从历史文献及相关黎族习俗当中可见，其为母系社会母权制之遗存。宋代周去非《岭外代答》卷二《海外黎蛮》条记载："王二娘者，黎之酋也，夫之名不闻，家饶于财，善用其众力，能制服群黎。"此条记载可参阅查看清代黎族风情图，多有生动描绘。清代张庆长《黎岐纪闻》于序言中云"其俗贱男贵女，有事则女为政"，其实为"重男尊女"，而非"贱男"，女性地位之高可见一斑。最有力的实证为"圣母"冼夫人在海南历史发展长河中对黎族社会的深远影响，至今海南各地多有冼夫人纪念祠，每年均有大量朝拜者。明代顾山介《海槎余录》记载："岐乃生黎中不服王化者，岐当作㹧"，其中提及生黎，此处"生"是相对于"熟"而言，生黎与熟黎现今亦有地区划分。但无论是生黎、熟黎，

---

① 〔日〕冈田谦，尾高邦雄. 黎族三峒调查. 金山，等译. 北京：民族出版社，2009：186.

黎人服饰上亦能体现出女性较高的社会地位；女性服饰较为华丽，而男性服饰多为朴实。

现今到海南岛上旅游以及生活的人，亦能知黎族女性勤劳贤惠，是家庭真正的"半边天"。

由此可见，海南黎族鼻笛不仅是黎族独特的演奏乐器，也是黎族社会"重男尊女"的社会反映。

三、结语

我国民族音乐学家高厚永教授曾经说过："我们的理论研究，绝不是唯理论而理论、唯方法而方法、唯创新而创新，其重要目的在于如何更好地搜集、整理、研究我们中国的民族民间音乐。"作为我国以鼻吹奏、少之又少的少数民族乐器，可从演奏形式上对中国传统器乐演奏有所启发，我们更多的是要去保护与继承这样一件独特乐器以及乐器。黎族鼻笛在黎族各种乐器当中，属于黎人自己取材制作的乐器，它在实际生活生产中，其社会功能往往大于纯粹的音乐审美需要。格罗塞在《艺术的起源》中提道，人类早期社会中的艺术大多不是出自纯粹的审美动机而是希望"它在实际目的上有用，而且后者往往是主要的动机"[1]，但无论鼻笛在黎族历史发展的岁月中扮演何种角色，作为中国传统音乐文化的一部分，都应该积极保护、发扬它，使其特性变为优性。

（作者单位：三亚学院）

---

[1] 格罗塞.艺术的起源.蔡慕晖,译.北京：商务印书馆，1987：234.

参考文献：

[1]《黎族简史》编写组、修订本编写组. 黎族简史. 北京：民族出版社，2009.

[2]〔日〕冈田谦、尾高邦雄. 黎族三峒调查. 金山，等译. 北京：民族出版社，2009.

[3]〔德〕格罗塞. 艺术的起源. 蔡慕晖，译. 北京：商务印书馆，1987.

[4]（宋）周去非著，杨武泉校注. 岭外代答校注. 北京：中华书局，2006.

[5] 高厚永. 万古文明的见证——高厚永音乐文集. 上海：上海音乐学院出版社，2009.

[6] 古小彬. 海南客家. 桂林：广西师范大学出版社，2008.

[7] 李建林，苏娜，齐江，等. 河北传统乐器. 北京：科学出版社，2009.

[8] 翟志荣. 中国拉弦乐器——系列秦胡研制的文化理念与实践. 上海：上海音乐学院出版社，2008.

[9]（清）张嶲、邢定纶、赵以濂纂修，郭沫若点校. 崖州志. 广州：广东人民出版社，1983.

黎族传统手工艺的隐性知识与传承[①]

张君

一、手工艺中的隐性知识

有学者将人类的知识总体分为两类,一类是显性知识(explicit knowledge),另一类是隐性知识(tacit knowledge)。[②] 显性知识基于书写系统和文本记载而传播,表现为书本知识;隐性知识则内隐于人的身体和大脑,表现为各类经验、技巧并以口头或示范性方式传播。"在技术传播的过程中,言传身教、'取象比类'成为师徒之间传承技艺和对'道'的理解的最佳途径。我国古代运用'取象比类'来传授隐性知识。"[③] 手工技艺的知识系统就属于隐性知识一类,当然,历史上也不乏一些记载农作与各类工艺技术的文本。对于手工艺知识系统中显性知识与隐性知识的微妙关系,德国学者艾约博(Jacob Eyferth)认为,工艺生产中的地方性知识依存于其所处的自然、社会与符号环境之中,并已形成一套文本之外的传承机制,没有将其转化为书本知识的必要性。所以,我们在诸多历史

[①] 基金项目:国家社科基金项目"新时代黎族传统手工艺保护与技术文化研究"(项目编号:18BMZ065);清华大学艺术与科学研究中心柒牌非物质文化遗产研究与保护基金 2017 年度项目。
[②] 1958 年,英国哲学家迈克尔·波兰尼(Michael Polanyi)首次从哲学领域提出隐性知识的概念,隐性知识也被称为默会知识。
[③] 王前."道""技"之间:中国文化背景的技术哲学.北京:人民出版社,2009:32.

文本中看到的有关工艺技术的记载,并不是为了传承技术,很有可能是基于一种道德价值的宣传目的。① 中国内陆地区手工艺的研究,或多或少会有相关的文本可以参照。绝大多数的文本都是官方主导来编绘,《天工开物》《农政全书》《营造法式》等。美国汉学家白馥兰通过对中国明朝的农业研究后认为,官方或文人地主农书中农业知识与农民的地方性知识形成了很好的参照。但是艾约博则认为,手工艺知识是隐性知识,以实践为主导,技艺的传承多在亲属之间或特定的地缘之间,不像现代学校有系统的教育过程,既不用语言,也少用文字。艾约博依次断定,早期的技术文本与图像是文人写给文人或官员看的,以方便管理和宣传为目的,而且并不适用于指导实践。对于作为"隐性知识"的手工技艺而言,所有的知识与要领都藏于脑、隐于手、感于心、存于器,并内嵌于地方的自然环境、文化风俗与社会结构之中,所有的工序都不需要用语言去表达。这就决定了手工艺知识很少来源于书本,即便是有官方文本对手工艺的生产知识进行记载,但是后来的人在使用时或许还需要请教技艺娴熟的工匠,将书写知识转化为更直观和更易理解的形式。可见,对于手工艺而言,知识的传播与再生产很难用文字描述,"人和物的流动比文字的流动更为重要"②。

黎族手工艺知识很明显属于隐性知识。历史上缺少相关的专门记载黎族手工艺技术知识的文献,尽管在清代出现的多种版本的

---

① 参见〔德〕艾约博.书写与口头文化之间的工艺知识——夹江造纸中的知识关系探讨.胡冬雯,等译.西南民族大学学报(人文社科版),2010,31(07):34-41.
② 参见〔德〕Jacob Eyferth.书写与口头文化之间的工艺知识——夹江造纸中的知识关系探讨.胡冬雯,等译.西南民族大学学报(人文社科版),2010,31(07):34-41.

a 采春　　　　　　b 渔猎　　　　　　c 织锦

图 1 清代"琼黎图"(引自《琼黎风俗图》)

"琼黎图"①中对黎族生产、生活、习俗风貌有比较全面的描绘,但至今没有发现有对工艺技术的完整步骤进行描述的相关文献。(图1)可见黎族的工艺技术并没进入文人的视线,或者说黎族社会由于其自身发展的特殊性,没有出现过文人阶层来做这样的工作。黎族长期处于以"峒"作为最高行政单位的社会结构中,中原的文化很难传入黎族社会。再加之黎族没有文字,没法书写自己的历史,更不用说对工艺技术的记载了。内外两方面的因素注定了黎族传统工艺技术作为一种隐性知识来进行传承。除此之外,也有其工艺技术自身的原因。除了织锦技艺发展程度比较高,黎族多数手工艺技术的知识系统比较简单,甚至被有些学者称为"原始",基本通过观察就能进行模仿,技术要领不多,加之没能进入大范围的市场流

---

① 琼黎图是康熙雍正年间,官方为掌握"黎情"而绘制的风俗画卷,并与"琼州舆图""黎地总说"文字一起组成"黎情汇编"。尚存世的琼黎图有五种:《琼州黎族风俗图说》,现藏于中央民族大学图书馆;《琼州海黎图》,现藏于国家博物馆;《琼黎一览图》,现藏于广东中山图书馆;《黎人风俗图》,现藏于台湾"中央研究院"历史语言研究所;《琼黎风俗图》,现藏于海南省博物馆。

通,没有形成手工业,对农耕生活中的经济贡献比较有限。手工艺技术革新的动力非常微弱,也缺乏文本书写记录的必要性和内在积极性。"传统工艺与地方性知识的关系极为密切,可以说,绝大多数的传统工艺都包含着丰富的地方性知识。"①

二、黎族传统手工艺的传承机制

首先,黎族手工艺传承主要是围绕家庭或宗亲关系展开。在中国传统社会,工艺主要以家庭手工业形式传承,其生活活动镶嵌在以家庭为小单元,以当地村、乡地方为大单元的社会网络中,手工业者聚族而居,正所谓"百工居肆,以成其事。"② 在黎族社会,家庭同样作为手工艺传承的核心,造成黎族手工艺的传承与性别分工联系紧密。但黎族社会没有形成手工业,"师徒传承的模式尚未形成明显的气候。"③ 缺少像中原手工业发达地区的传播环境。

从对黎族手工业所处的社会和经济环境的分析可知,在黎族传统社会,血缘关系、亲缘关系、地缘关系和治理关系四种社会关系相互交织,组成了黎族社会最基本,也最复杂的社会人际网络。④ 血缘关系(父系)和亲缘关系是社会结构的基础,这造就了黎族手工艺基于"家"的传承空间,也是手工艺生产中性别分工与代际传承的基础。事实上,东方的器物总带有极强的亲缘观念,"从宋明

---

① 万辅彬.人类学视野下的传统工艺.北京:人民出版社,2011:21.
② 转引自朱怡芳.传统工艺美术产业发展与政策研究.北京:北京理工大学出版社,2013:196.
③ 黄学魁.黎族民间工艺美术试论.琼州学院学报,2008,15(3):10-13.
④ 参见谢东莉.传统与现代之间:美孚黎祖先崇拜文化研究.桂林:广西师范大学出版社,2014:44.

家具的规仪到青瓷陶件的鼎食盘餐，从成人、婚嫁、丧礼等宗庙祭祀的服礼到茶道生活的纷繁细节，中国器物制造和工艺无不应答着亲缘模式——这种最自然、最原始的社会人群单位的需求。"[1] 亲缘作为中国人群组织的最基本模式，已经深入影响人们日常生活的方方面面；邻里之间或村寨之间的地缘关系是血缘关系的扩大，为手工艺品的简单交换提供了环境，间接促发了黎族手工艺生产者的劳动积极性。同时，为地缘关系生产协作互助与劳务互助创造可能。在黎族诸多的手工生产中，除了建房以外其他技艺基本上都可以由一人独立完成。建房的备料准备通常由户主一人完成，但关键的建造阶段需要多人甚至十多人协作完成。家庭内的劳动已不足以满足需要，村里的劳动力就会提供相应的帮助。这种劳务帮助不会立刻以物质的形式回报，而是在其他劳动力需要劳动协作时予以回报性的帮助。由于需要在短时间内集中大量的劳动力，所以房屋的建造一般选在农闲时节。这种互助机制可看作是一种劳务上的交换，同样也适用于"合亩"生产等集体劳作中；行政关系扩大了社会交际与活动空间，黎族行政关系是基于家庭、氏族、村落和黎峒氏族四级单位组成。黎峒和村落都是部落联盟的一种，只是一种大小从属关系。从生产资料的所有看，峒内除了山地、森林等归全峒共同所有外，耕地、宅地、草地都属私有土地。且黎族的"合亩"生产最大是以村落为单位，简言之黎峒一级不存在生产劳作的组织。因此，峒一级单位对黎族手工艺生产的影响是非常微弱的。但同一峒内有共同的疆界，峒与峒相互独立。较之家庭与氏族，峒内的社会关系网络已有很大变化，扩大了手工艺品的交换与技艺的流动范围。可

---

[1] 许江. 东方，亲缘与自然的织造《设计东方·国美之路》序. 新美术，2016,37（11）:5-7.

以看出，黎族农作的协作范围要比手工艺分工高出一个行政单位。家庭一直是黎族手工艺生产的核心，技艺的传承也是以家庭亲缘关系为主、村落地缘关系为辅的格局。

其次，黎族手工艺传承以言传身教、男女分工传承为特色。中国自古以来的社会观念和生产方式使得传统工艺中一类属于男性、一类属于女性，两者各司其职，互为补充但又互不侵犯。家庭作为黎族女性手工艺技术传承的基本单位，反映出女性所从事的工作具有相对的封闭性。黎族传统社会，没有正式的学校作为知识传授的空间，无论是男孩还是女孩，其生活知识和生产技能的学习都是在家庭中完成的。家庭教育的主要内容则是围绕各类生产、生活技艺和基本的社会礼仪，而技艺的性别身份则在这个过程中逐渐植入孩子的思维。父母不会专门对孩子进行特别的教育，孩子通常是在协助父母劳作的过程中，通过观察和体悟父母的日常言语与行为，自然而然的学会各种生存技能、地方语言以及礼仪习俗等。[1] 由于黎族本无文字，黎族人能接触到的知识都是生产、生活的技能，手把手的言传身教成为手工技艺传承的唯一途径。黎族女孩十三四岁起，就要及笄并文身和住隆闺，作为成年的象征。最晚十五岁时就要和父母分开居住，并开始跟随父母学习相关的谋生技艺，学习的技艺类型也有明确性别分工。一般男孩会学习渔猎、木作等技艺，女孩主要学习黎族服饰的纺、染、织、绣制陶，男孩女孩则都会学习编织和唱歌跳舞等技艺。黎族技艺的传承首先是在亲属关系间"自然"

---

[1]〔日〕冈田谦，尾高邦雄.黎族三峒调查.金山，等译.北京：民族出版社，2009：14.

传承。① 这种言传身教式的自然传承与当今行政主导的"干预式"保护性传承有着本质的区别,后一节将重点讨论。

家庭式男女分工的技艺传承在黎族社会至今还存在。黎族自古有"女制陶,男莫近"的习俗。在石碌镇保突村,国家级代表性传承人羊奶奶表示:"制陶是女人的事情,挑土、和泥、生火都是女人做的,男人可以帮助砍柴,但是制陶是不能碰的"。羊奶奶当时已有89岁,在13岁时就跟其母学会了制陶。19岁时嫁到保突村后随公婆一起制陶,用于自用和换取稻谷、鱼等食物。羊拜亮的女儿和儿媳是其第二代传承人,对技艺的掌握比较娴熟;孙媳作为第三代传承人也从羊拜亮学得制陶技艺,并准备秉承羊拜亮"制陶不能停"的精神,将手艺在家族中传承下去。但重孙女作为年轻一代,对制陶技艺的传承意识却比较淡薄。②

黎族传统工艺中"传女不传男"的技艺比"传男不传女"的技艺要略多。究其原因,这是由于一方面手工艺的劳动强度影响了劳动的性别分工,另一方面是手工艺作为半农半工的家庭副业性质决定农作以男性劳动力为主,手工艺以女性工作为主,因此女性自然而然地成为了手工技艺的主要掌握者。而基于家庭女性成员间代际传承,使得技艺随着联姻关系而加剧传播与流动。

在中国南方很多已经形成业态的传统手工艺中,技术保密问题在技艺传承中比较普遍。手工生产中的性别分工成为家庭手工业出于自身技艺保密的一种手段,例如在四川夹江造纸业中很多工序是限制女性参与的,即便是家庭血亲成员都很少涉及关键性工序,主

---

① 参见谢东莉.传统与现代之间:美孚黎祖先崇拜文化研究.桂林:广西师范大学出版社,2014:44.
② 据2015年7月16日笔者对石碌镇保突村的访谈整理。

要是为了防止女性联姻流动造成自家核心技艺的外传。① 黎族工艺传承的情形却与之不同，在黎族社会中很多的工艺是传女不传男，如制陶技艺、织锦技艺等，联姻关系反而促进了技艺的流动。上述例子中，羊拜亮的制陶技艺首先是小时候从其母亲习得，嫁入婆家后又随公婆学习制陶。而她懂得了技艺之后不但传授给儿媳，还传授给其女儿。制陶技艺的传习首先遵从的是性别，并没有考虑女性因联姻而将技艺外传。白沙润方言地区的黎锦双面绣技艺传承也是类似的情况，从对符珠和符亚代两位的访谈中获知，她们的织锦技艺都是在十多岁时从母亲那里学得。② 而在乐东千家镇哈方言地区，国家级传承人容亚美家里至今还保留有其母亲和外婆传给她的黎锦纹样布片，这些是外婆传给母亲、其母又传给她的。她从8岁开始向其母亲学织锦，外婆的这些黎锦纹样布片成为她的学习参考，嫁入婆家后她又将这些布样带了过来。③ 这种"母传女"的模式成为黎锦技艺延续至今的最主要方式。通过上述几例可以看出，黎族的这些"女性技艺"的流动非常频繁，联姻关系使技艺的传播更加广泛，可以想象在传统的黎族社会中，由黎族妇女的婚姻流动构成的手工艺网络非常之庞大。这也从传承机制层面解释了为什么千百年来，黎族的这些传统技艺一直流传至今并保持原貌。

比较而言，这些技艺之所以能毫无保留地在家庭的女性成员中

---

① 据艾约博对四川夹江手工造纸的社会史研究，夹江造纸的核心技艺主要在宗亲间的男性中传播，除了造纸技术对体能与身体的劳动强度要求较高的原因之外，另一个重要原因是妇女嫁入造纸地区之后，往往会和其娘家保持比较密切的联系。为了防止技术流出宗亲社区之外，妇女往往会被限制参与此项技艺。参见〔德〕Jacob Eyferth. 书写与口头文化之间的工艺知识——夹江造纸中的知识关系探讨. 胡冬雯，等译. 西南民族大学学报（人文社科版），2010, 31（07）：34-41.
② 据笔者在白沙南开乡南开村对符珠、符亚代两位老人的访谈。
③ 据笔者在乐东千家镇永益村对黎锦纺染织绣国家级传承人容亚美的访谈。

传播，首先是由工艺技术的特点决定，尽管技艺的工序和技巧都比较直观，但都需要长时间训练才能掌握，是一种内镶于身体的技艺，其技术要领更多为一种"经验性知识"。不存在像诸如艾约博所调查的夹江造纸那样由于产生化学添加和发酵，每家都有自己的保密配方。简言之，所见未必能所得。对技艺掌握的好与坏，取决于训练的强度，一切技术要领最终要落实到身体的实践。此外，最核心的原因是黎族多数工艺发展程度都比较远古，没能出现规模化的手工业，进入市场流通量化生产的工艺很少。多数黎族工艺都是供自家或地缘内简单交换使用，这也排除了其技术保密的经济动因。可以认为，黎族手工艺的性别分工与性别化传承是由男女体质特点、劳作关系、经济模式和习俗观念等因素综合作用的结果。

三、当代社会中黎族手工艺传承的反思

当代社会，黎族社会结构和生活形态的变化带来了手工艺传承方式的改变。如果说"非遗"传承人制度是从技艺内在的结构中延续传统社会中家庭式的传承，那么传习所的设立则是通过现代知识传授系统，以外在的方式支撑传统工艺技术的发展。吉登斯认为，学校作为现代社会特有的组织和规训的空间，使现代社会的人与传统的"地方知识"相互分离，而与现代社会系统发生关联，对学校的现代性建构具有特别意义。[1] 学校系统的设立，是黎族社会需求地方性知识之外的现代知识系统的一种途径，可看作是黎族社会从封闭社会向现代社会转型的标志之一。而传习所的出现，则试图以

---

[1] 参见〔英〕安东尼·吉登斯. 现代性与自我认同:现代晚期的自我与社会. 赵旭东,方文,译. 北京:生活·读书·新知三联书店, 1998.

现代教育机制与行政手段来延续传统的地方性知识。这似乎有悖于传统手工技艺的传承规律。在这样的一套系统之下，手工艺的传承成为单纯的工艺技术的传承，而文化的传承却很难得以体现。究其原因，手工艺文化系统中的诸多要素在现代知识传授系统中已经被抽离了。传统社会中的手工艺传承往往是以血缘或亲缘关系为纽带。在此条件下，技艺在父与子、师与徒之间延续的同时，人们之间形成了一张以技艺为核心的文化网。在这个网络中，族群、性别、身份甚至阶级等诸多的文化要素围绕着技艺而相互扰动、交织在一起，形成独一无二的文化景观。如果说传习所是传统传承方式与现代教育系统之间的一个折中选择，那么这样的一种选择无疑是把传统的手工艺推向一种变异。手工艺传统的传承方式是延续性的，知识的主体与客体具有相对的稳固性；而现代传承方式则是非延续式的，知识的主客体具有流动性。我们常提到的"活态"传承或许是遵循传统传承规律的相对合适的一种选择。在"活态"传承系统中，人始终是技艺传承中的核心，技艺会围绕着人们的生产、生活而展开，手工艺会基于传统的血缘、亲缘以及地缘关系而传递，技艺也因此成为反映人们关系之间的纽带之一。而在传习所里，技艺的传承成为了纯粹技术性的教与学，手工艺的生活本质和社会文化特性全部被抹掉，这是值得我们反思的现实问题。

结语

在黎族传统工艺的传承系统里面，性别成为除了血缘之外影响技艺传承的首要因素。原始制陶技艺传女不传男，润方言的人形骨簪技艺传男不传女，五个方言区的织锦技艺也只是在女性间传播。这一切如今已经被现代性所重新建构，在昌江的传习所里面，制陶的手工艺人不仅有女性，还有外来的男性手工艺者。[①] 在织锦传习所里，已经有男孩子开始接触织锦技艺。传统的亲缘关系、性别意识在现在的传习所里都已化解。由此可见，如果单纯就技术的传承而言，性别身份不足以成为障碍。但在黎族传统的社会中，性别是影响技术传承很重要的因素。这不仅仅是技术自身对性别适应的因素，更是社会与文化因素的主导，而这些在黎族社会中体现得非常明显。此外，现在的机械和自动化技术使传统手工艺失去了本来特色，现代的教育与传习制度也使其文化性渐失。

（作者单位：海南师范大学）

[①] 据笔者在石禄镇保突村调查所见，已有学院体系走出来的男性参与到保突村陶器制作。

论海南黎族谚语的语言特色

冯广艺　贺逍遥

谚语是民族文化传统及民族的语言心理和语用需求的一种反映和映射，研究谚语，既可以从微观上分析谚语的结构形式、构成要素及其特征，也可以从宏观上研究谚语所蕴含的社会、文化等方面的价值。本文借用语言生态学、汉语修辞学、词汇学等学科的理论和方法，研究海南黎族谚语的语言特色，考察黎族谚语的语音、词汇和语法等特征，挖掘黎族谚语的社会文化价值。文中所采用的语料均来自于文明英、文京编著的《黎语长篇话语材料集》。[①]

一、海南黎族谚语的语音特色

"语言作为一种听觉符号系统，在交际中给人的第一感觉便是听觉，所以利用人们的听觉感知来有效地传递信息是十分重要的。"[②]黎语语音是研究海南黎族谚语语言特色最不可或缺的物质材料和首要环节。海南黎族谚语语音特色主要体现在押韵和不同声调的巧妙配合等方面。

[①] 文明英，文京. 黎语长篇话语材料集. 北京：中央民族大学出版社，2009：438-456.
[②] 冯广艺. 变异修辞学. 武汉：湖北教育出版社，2004：15.

（一）讲究押韵

黎语的韵母十分丰富，如保定话中就有 99 个韵母，其中单韵母 6 个，复合元音韵母 18 个，带辅音尾韵母 75 个[①]，这给黎语在使用过程中采用各种各样的押韵形式创造了条件。押韵能够让谚语在语音形式上具有音乐美，这不仅有利于加深人们的印象、便于记忆，而且能更好地促进谚语的传播和传承。如：

（1）ʔweṇ^{11}naě^{11} gei^{53} fuěŋ^{53} łuět^{55} thau^{53},
toŋ^{53}ra^{11} tsau^{55} tha^{55} dɯ^{11} ʔwaěu^{53}。
没有米下锅，碗里怎有饭。

（2）phai^{11}pheěk^{55}ʔweṇ^{11} ła^{53} hei^{53} phai^{11}thau^{11},
poěk^{55} ta^{53} ʔja^{53} ła^{53} kom^{11} poěk^{55} kaɯ^{55}。
东边无鱼西边走，捉不着鱼捉田鸡。

（3）dɯ^{53} fou^{55}tau^{11} phaěk^{55} hjaěn^{11},
faět^{11} phaěk^{55} hjaěn^{11} faě^{11}t^{11} loŋ^{53}。
用灰火涂伤口，越涂伤口越大。

（4）dɯ^{55} nom^{11}gan^{53} gwaěi^{53} hjaěn^{11},
faět^{11} gwaěi^{53} faět^{11} faŋ^{53} łeṇ^{53}。
用冷水洗伤口，越洗越难以痊愈。

例（1）和例（2）的韵尾分别压的是"u"韵、"ɯ"韵，例（3）和例（4）的韵尾都是"n"韵和"ŋ"韵配对押韵。这样押韵的方式，使整个谚语读起来朗朗上口，具有回环的效果，同时也利于记忆和传播。但是，我们可以从例子中看到，被译过来的汉语并不具有上述效果和美感，这进一步说明，黎族谚语所具有的语言美

[①] 欧阳觉亚，郑怡青．黎语简志．北京：民族出版社，1982：4．

和音乐美需要黎语语音支撑。

（二）不同声调的巧妙配合

从类型学的角度来看，黎语属汉藏语系壮侗语族，是有声调的语言，由声调而产生的声音高低起伏是黎语的语音特色之一。如黎语保定话有3个舒声调和3个促声调，其调值分别为：53、55、11、55、11、53，有高低（55、11）和高半降（53）的变化，另有两种变调情况①，这为黎语在运用中采取不同声调的配合提供了便利。如：

（5）ta^{55} łoěk^{55} nau^{11} uět^{55} kaěu^{53}。

肥沃水田才生长浮萍。

（6）tshok^{55} khaěi^{55} maěi^{11} dom^{53}，

tom^{53} fai^{11} kau^{55} thuěk^{55}，

kom^{11} zuɯn^{11} la^{55} zuěn^{11} la^{55} zuěk^{55}。

病痛冷热，卧床睡觉，应早服药。

（7）nom^{11} roeŋ^{53} ta^{53} daen^{53}，

nom^{11} daen^{53} ta^{53} roeŋ^{53}。

响水不开，开水不响。

例（5）虽然都是平调，但调值不同，"高高低高高"，高低相间，即使同是高平调，韵上也有变化，舒声调和促声调相间，说起来顺口，听起来悦耳。例（6）是"平平平降，降平平平，平平平平平平"，这三句从调形来看，虽然都是平的，看起来毫无波澜，其实它们并不是一样的。第一句的"平平平降"中的"平平平"其

---

① 冯广艺，李庆福. 黎语生态论稿. 海口：南方出版社，2017：64.

实调值是"高高低",且前面的两个高平也不是一样的,一个是促声调,一个是舒声调。第二句的"降平平平"的"平平平"其实调值是"低高高",且后面两个高平也不是一样的,一个是舒声调、一个是促声调。第三句的"平平平平平平"其实调值是"低低高低高高",且后面的两个高平不是一样的,一个是舒声调、一个是低声调。整个读起来高低相间,起伏有序,富于变化。例(7)是"平降降降,平降降降",音调搭配和谐。通过上面的分析,可以发现黎语语句的声调是富有变化的,这种通过在语句中镶嵌同一调形而不同调值,再辅之以舒声调和促声调相间来调节语句起伏的手法,正是汉语普通话所不具备的。

虽然谚语在押韵和声律的要求上不会像汉语律诗那样严苛,但是作为一种口头语言,为了便于记忆和传播,它需要具有音乐的美感。海南黎族谚语通过押韵和不同声调的巧妙配合,形成了高低相间、错落有致、韵尾和谐的语音特征,颇具韵律感和音乐美,十分符合口语的风格特点。

二、海南黎族谚语的词汇特色

词汇是语言的建筑材料,词汇系统越丰富,语言系统也就越发达。海南黎语词汇丰富,特色鲜明,并且蕴含着独特的艺术潜力和美学价值,为海南黎族谚语实现自身语言的形象生动、活泼有力和自身的交际功能提供了重要条件。海南黎族谚语词汇上的特色主要体现在词语的选用和词汇的特殊功能上。

(一)词语的选用

海南黎语词汇丰富,且具有高度的美学价值和艺术潜力。在词语的选用上，主要是通过选用通俗易懂的口语词、反义词（语）、同义词（语）等来挖掘海南黎族谚语语言价值和实现海南黎族谚语的交际功能。

1. 口语词汇

口语词汇，即人们在日常交际中口头所使用的词汇，具有通俗易懂的特点。口语词是海南黎族谚语最重要的建筑材料，为海南黎族谚语形成通俗明快的口语风格奠定了重要的基础。如：

（8）phai^{11}pheěk^{55}ʔwen̨^{11}ła^{53} hei^{53} phai^{11}thaɯ^{11},
　　poěk^{55} ta^{53} ʔja^{53} ła^{53} kom^{11} poěk^{55} kaɯ^{55}。
　　东边无鱼西边走，捉不着鱼捉田鸡。

（9）thaěi^{55} za^{55} ta^{53} łaěɯ^{55}, za^{55} kom^{11} tsaɯ^{55} fu^{11} poɯ^{55} kok^{55}ŋaěn^{53}。
　　打蛇不打死，蛇恨人三年。

（10）pha^{11}maěn^{53} vuěk^{55} ŋwoɯ^{55}, pai^{11}khaɯ^{55} vuěk^{55} tiěn^{53},
　　tsɯ^{55} hom^{53} ploŋ^{11} aěɯ^{11} naɯ^{11} khoět^{55}thoěn^{11} loěŋ^{11}peɯ^{53}。
　　男人当头柱，女人当次柱，一个家庭才能团结和睦。

（11）ai^{11} thoěŋ^{11} ʔjoɯ^{11} łoěi^{53} teěk^{55},
　　hjeěk^{55} thoěŋ^{11} ʔjoɯ^{11} łoěi^{53} pom^{11}。
　　互相不同意就别多说，互相离弃就别多费口舌。

例（8）（9）（10）（11）中的"kaɯ^{55}（田鸡）""kok^{55}ŋaěn^{53}（怄气）""loěŋ^{11}peɯ^{53}（拢回）""teěk^{55}（嚼）"都是口语词汇。

2. 反义词语

反义词语的配对使用，是海南黎族谚语选用词语的一个特点。如：

（12）tsaɯ^{55} hwoěk^{55} rɯěk^{55}thoěn^{11} ta^{53} da^{11} kuěn^{53} lai^{53},
　　ʔwen̨^{11} hwoěk^{55} rɯěk^{55}thoěn^{11} goěm^{53} ploŋ^{11} ŋan^{53} riěn^{53} lai^{53}。
　　有心交情不怕路途遥，无心恋爱隔墙也枉然。

（13）ɬau¹¹guěŋ⁵³ tsa¹¹thoěŋ¹¹,
　　　aěu⁵³reěk⁵⁵ ɬeŋ̣⁵³fat⁵⁵。
　　　兄弟争吵，坏人高兴。

例（12）(13) 是运用反义词对比。例（12）是通过"有心"和"无心"的对比，从而揭示出对爱情而言，距离并不是真正的问题，正所谓"两情若是长久时，又岂在朝朝暮暮"。例（13）则是通过"兄弟"和"坏人"的对比告诫我们，兄弟之间应该和睦、团结，而不应该做亲者痛、仇者快的事情。通过反义词的配对使用，起到了对比突出和反衬的作用。

3. 同义词语

同义词（语）语的配对使用，也是海南黎族谚语选用词语的一个特点。如：

（14）ka¹¹ fei⁵³ kuěn⁵³ lai⁵³ nau¹¹ khuěŋ⁵³ khau⁵⁵,
　　　rɯěk⁵⁵thoěŋ¹¹ taěu¹¹ hwan⁵³ nau¹¹ khuěŋ⁵³ hwoěk⁵⁵。
　　　马走远路才知力，相恋久长才知心。

（15）ʔjou¹¹ luěk⁵⁵ thoěŋ¹¹ man¹¹ za⁵³,
　　　ʔjou¹¹ ŋa⁵³ thoěŋ¹¹ man¹¹ kuěk⁵³。
　　　别互相欺骗省得耽误年华，别互相欺诈省得头发苍白。

（16）ɬom⁵³ ga⁵³ uěŋ⁵⁵thoěŋ¹¹ ɬaěu⁵⁵,
　　　maěu⁵³ ga⁵³ uěŋ⁵⁵thoěŋ¹¹ hɯt⁵⁵,
　　　ɬou⁵³ hɯt⁵⁵ ŋan⁵³ uěŋ⁵⁵ dun⁵³。
　　　水淹大家死，水没大家亡，生死在一起。

例（14）(15)(16) 是同义词语对比运用。一般说来，一种语言中的同义词语越丰富,这种语言就越有表现力。[①]同义词语的使用,主要具有两个方面的作用:一是可以使语言的表达精准、严密,语义丰满;二是可以使文句生动活泼,富于变化。例(14)通过"马走远路"和"相恋长久"两个事情的对比,来说明对于有些事情,时间会告诉我们答案。例(15)通过同义词语"欺骗"和"欺诈"、"耽误年华"和"头发苍白"的配对使用,避免了词语使用的重复,突出了语言的生动活泼和变化性。例(16)和例(15)一样,同样是通过使用同义词语"淹"和"没"、"死"和"亡",避免了词语使用的重复,突出了语言的生动性和变化性,语义丰富。例(16)与例(15)不同的是,例(15)所使用的同义词语,是现阶段对同一个事情的不同说法,而例(16)则是对同一个事情的古今说法。

除了上面所说的,海南黎族谚语在词语选择中,还有选择典雅的古语词,如例(16)中与"死"配对使用的古语词"亡"等。

(二)词汇的特殊功能

附加意义是词汇意义的重要组成部分。海南黎族谚语中丰富多彩的词语,在一定程度上附带了海南黎族人民的经验、体验或感受等,具有特殊的功能。

1. 风格标示功能

谚语风格与语体有着密切的关系。海南黎族谚语口语体特点鲜明,自然体现出通俗易懂、诙谐俏皮的口语风格特征。如:

[①] 魏爽. 汉语俗语修辞探究. 曲阜:曲阜师范大学,2009:25.

（17） that^{55} hwoěk^{55} ka^{55} vuěk^{55} mun^{53}。

　　　短　　心

　　　心胸狭窄的人不能做官。

（18）ʔweŋ^{11}naěi̭^{11}gei^{53} łuět^{55} thau^{53}，doŋ^{53}ra^{11}tsau^{55} tha^{55} dɯ^{11} ʔwaěu^{53}。

　　　　　　米棒

　　　没有米下锅，碗里怎有饭。

（19）raěu^{53} łoěi^{53} ŋaěn^{53} ta^{53} deŋ^{11}，

　　　ła^{53} łoěi^{53} nom^{11} ta^{53} łɯěŋ^{11}；

　　　ʔwaěu^{53}tha^{53} thut^{55} thoěŋ^{11} łoěi^{53} khwei^{11} phoěn^{11}，

　　　thoěŋ^{11}dun^{53} thoěŋ^{11}ploŋ^{11} ta^{53} łeŋ^{53} khwei^{11} hjeěk^{55} thoěŋ^{11}。

　　　　　　　　　　　　　　　　　　　　分　　伴

　　星多月不明，鱼多水不清；饭碗相撞多了要破，夫妻不和要分离。

　　例（17）中，口语词"that^{55} hwoěk^{55}（短心）"也就是"心胸狭窄"的意思，如果在谚语中把前者换成后者，那就失去了谚语原有的滋味，不利于口头表达和流传。例（18）中，口语词"gei^{53} łuět^{55}（米棒）"也就是"大米"的意思。海南黎族人民居住地区，稻谷是主要的粮食产物。黎族人民对稻谷有自己独特的认识，"gei^{53} łuět^{55}（米棒）"也就是对成熟的稻穗的称呼。如果在谚语中，把"gei^{53} łuět^{55}（米棒）"换成"大米"，不仅破坏了谚语原本的韵味，而且也不符合海南黎族人民对稻谷的认识。例（19）中，口语词"hjeěk^{55} thoěŋ^{11}（分伴）"也就是"分离"的意思，如果把前者换成后者，那就会变得文绉绉的，不适合口耳相传的谚语。

　　口语词在海南黎族谚语中的使用促进了口语语体的形成，从而也就形成了适合广大人民群众的通俗易懂、俏皮诙谐的风格特征。

2. 地域文化标示功能

海南黎族谚语中，有一些看起来很普通的词，却具有很高的隐形价值和特殊的表现力。比如"tsɯ^{53}ban^{11}khuěŋ^{55}（龙眼树）"、"khuěŋ^{55} tsɯ^{55}ʔjun^{55}（椰子树）"等，看起来，"龙眼树"和"椰子树"就是很普通的两种植物，没有什么特殊的意义。但是，稍微有点地理常识的人都知道这两种树木只在热带和亚热带生长，特别是"椰子树"，一提到"椰子树"，首先让人们想到的就是有"椰岛"之称的海南岛，这其中的地域标示功能可见一斑。"黎族谚语是黎族人民灵活运用黎语的语言艺术结晶，谚语字里行间充分展示了当地特有的地理环境所孕育的自然风情和民族风情。"[1] 再如：

(20) tsha^{53}hwan^{53} tshau^{53} fou^{11} huěn^{53} aěu łun^{55},
khuěŋ^{55} tsɯ^{55}ʔjun^{55} pheěk^{55} łɛŋ^{53} haŋ^{53} hwan^{55}。
太阳高照暖人心，椰子树高抗台风。

(21) tom^{11} aěn^{55} kɯ^{55} gaěu^{11} doěi^{53}；
tom^{11} goěi^{53} deɯ^{53} vuěk^{55} khɯěp^{55}。
赠浆粉，用来浆纱线；赠生铁，用来制掐刀。

(22) nom^{11} tsɯ^{55} ʔjun^{55} deěŋ^{53} tsha^{11} fa^{11},
khuěn^{55} hjaěu^{53} tsɯ^{55} feěk^{55} kom^{11} khuěn^{53}gweɯ^{53}。
椰子水是甜是酸，先喝一口就知道。

(23) tsoěm^{53}tsɯ^{55}naěm^{53} łɛŋ^{53} la^{55},
thom^{53} tshok^{55}kut^{55} fan^{53}。
芒果好吃但酸牙。

(24) tet^{55}pa^{53} łɛŋ^{53} la^{55},

---

[1] 李亚竹，钟宇. 海南黎族谚语的语言生态学研究. 湖北师范学院学报，2015（3）：16.

thom^{53} khwei^{11} uěn^{55} ŋaěn。

药蔓好吃苦到心。

（25）tshěiŋ^{53} la^{55} bou^{55},

ta^{53} łuěk^{55} doŋ^{53}ra^{11} ʔja^{53}。

想吃螃蟹，不掏洞怎么得。

例（20）中的"khɯěŋ^{55} tsɯ^{55}ʔjun^{55}（椰子树）"被黎族的先民们称为神树，是一种很具有民族特色和地域特色的植物；例（21）中的"khɯěp^{55}（捎刀）"，是一种用来收获谷穗的农用工具，一般只在东南沿海一带才这么称呼，也是很有地域特点的一个词；例（22）、例（23）、例（24）中的"nom^{11} tsɯ^{55} ʔjun^{55}（椰子水）"、"tsoěm^{53}tsɯ^{55}naěm^{53}（芒果）"、"tet^{55}pa^{53}（药蔓）"，这些都是海南的特色产品，是自然生态环境在语言生态上的体现①，从某种程度上讲，可以称之为海南的名片。海南黎族人民之所以会把它们放到谚语中来，是因为这些东西就是他们日常生活中所见到的东西，他们对这些东西的特性了如指掌，并从中揭示一些人生哲理。

三、海南黎语谚语的语句形式特色

（一）外在形式的稳定性

海南黎族谚语外在形式的稳定性主要是在两个方面起作用：一是谚语内在构成成分的稳定性，二是谚语内在构成成分关系的稳定性。由于前者的原因，海南黎族谚语只能说："lai^{55} łoěk^{55} un^{11} vuěk^{55} vuěk^{55} łeŋ^{53}łeŋ^{53}, ŋaěn^{53}ra-ěn^{55} fa^{11}fun^{53}tsau^{55}muěn^{11}maěn^{53}"（深耕细作保质量，荒时暴月有余），"fun^{53}loŋ^{53}gwa^{53}ta^{53}hwou^{11},

---

① 冯广艺. 语言生态学引论. 北京：人民出版社，2013.

fou¹¹kom¹¹gwa⁵³ta⁵⁵hjuěk⁵⁵"（雨季种旱地，旱季种水田），而不能用其他的成分代替。因谚语内在构成成分的关系稳定，所以只能说"thaɯ¹¹ nom¹¹ uěŋ⁵⁵thoěŋ¹¹ʔjai⁵³, pheěk⁵⁵ dai⁵³ uěŋ⁵⁵thoěŋ¹¹ tshaɯ¹¹"（水位低大家灌溉，水位高大家疏通），不可以颠倒着说。如：

（26）tshou⁵³ tiu⁵³ khuěn⁵⁵ tshiěm⁵³ fiu⁵⁵。
挖老鼠先堵塞后穴。

（27）tsou⁵³ muěn⁵³ khuěn⁵⁵ koŋ⁵⁵ beɯ⁵³。
挖山薯先找叶子。

（28）muěŋ⁵³ łeŋ̍⁵³ la⁵⁵, thom⁵³ khwei¹¹ uěn⁵⁵ ŋaěn⁵³。
山薯好吃易恶心。

（29）u⁵⁵aěu⁵³ łeŋ̍⁵³raěi¹¹, thun⁵³ riěn⁵³ ru¹¹ khwaět⁵³ li⁵³；
u⁵⁵aěu⁵³ reěk⁵⁵raěi¹¹, thun⁵³ riěn⁵³ ru¹¹ huět⁵³ li⁵³ vei⁵⁵。
好心肠的人，讲的话都是清白的；坏心肠的人，讲的话都是肮脏的。

（30）pai¹¹un¹¹ tsau⁵⁵ riěn¹¹tsheěŋ⁵³,
pai¹¹laěn¹¹ ʔweŋ¹¹ veěŋ¹¹ tshat⁵⁵。
勤劳的妇女有花筒裙，懒惰的妇女没有衣穿。

（31）la⁵⁵ tsɯ⁵⁵ ʔwaěu⁵³ biěŋ⁵⁵ kom¹¹ tɯěk⁵⁵ daŋ⁵³,
la⁵³ fuět⁵⁵ ʔwaěu⁵³ biěŋ⁵⁵ kom¹¹ reěk⁵⁵ huěn⁵³。
喝一碗糯米甜酒脸红润，喝十碗糯米甜酒病缠身。

（32）łeŋ̍⁵³ pei⁵³tsou⁵³ khau¹¹ meěk⁵⁵,
reěk⁵⁵ pei⁵³tsou⁵³ khau¹¹ nom¹¹。
好嫂子盛给干饭，坏嫂子盛给稀饭。

以上的这些例子，都是不可以颠倒的。从逻辑上看，例（26）、例（27）、例（28）与例（29）、例（30）、例（31）、例（32）相比还是存在差异的。前面三个例子，从逻辑上是不能前后颠倒或置换成分的，但是后面四个例子从逻辑上说是可以颠倒的。其实不然，谚语表意具有"融合性"，即在谚语中，整个谚语的意义不是简单的词的语义加上语法关系的总和，而是各词的语义相互依赖、相互制约，并在其他许多因素的作用下，形成一个统一体，以一个整体的身份去表达一定的意义。除此之外，颠倒使用也不符合黎族同胞的语用习惯，这个问题在我们深入黎村调研中得以证实。

（二）结构形式的紧凑性

从结构上看，海南黎族谚语具有紧凑性的特点，而这一特点，主要是通过省略这一语法手法来实现的。

在交际中出于修辞或者语用层面上的需要，会故意减少一些非核心信息的成分，以使表达更好地符合经济原则。当然，省掉的这些成分必须得能补得上。从信息论的角度来看，这些省掉的成分，并不影响对言语信息的表达和理解。如：

（33）maeǐ^{11} deěŋ^{53}, hjat^{55} thɯen^{53} nom^{11} thaěŋ^{11} ŋab^{53} deěŋ^{53};
　　　甘蔗　　甜　　榨　　出　　糖　　也　甜
　　　riěn^{53} thun^{53} dat^{55}, aěu^{53} ɯ^{11} pleɯ^{53} ŋan^{53} deěŋ^{53} hwoěk^{55}。
　　　话　　说　　真　　人（的）听　　也　甘心

甘蔗是甜的，榨出来的糖也是甜的；说话是真的，听的人也觉得甜蜜。

（34）laěi^{11} bui^{53} kom^{11} tshoěn^{53} vat^{55},
　　　见　　贼　　就　　张　　弓
　　　laěi^{11} lat^{55} kom^{11} hat^{55} tiěp^{55}。
　　　见　　野猪　就　　拔　　箭

见到盗贼就拉弓，见到野猪就拔箭。

(35) thaěi⁵⁵ za⁵⁵ khuěn⁵⁵ thaěi⁵⁵ gwou¹¹。
　　 打　 蛇　 先　 打　 头
　　 打蛇先打头。

(36) van⁵³ łeŋ̊⁵³ muěn¹¹ kom¹¹ łeŋ̊⁵³。
　　 土地 好　 稻子　 就　 好
　　 土地肥沃，稻子就长得好。

(37) khaěi⁵⁵ łaěu⁵⁵ ŋan⁵³ ta⁵³ ɯm⁵⁵ fei⁵³ tsiěu⁵⁵。
　　 冷　 死　也　不　烤　火　灯
　　 宁愿冻死也不烤灯上火。

例（33）省略了谓语动词"是"，"是"是字句的省略。省略之后，上下两句读起来朗朗上口，节奏鲜明，语感强烈。例（34）省略了表对象的介词"到"，省略之后，句子更加简洁，更加符合口语体的风格。例（35）省略了"头"前面的定语成分"它的"，省略之后使句子的结构更加紧凑，更利于表达和记忆。例（36）是一个紧缩句。从形式上看，是一个单句，中间没有语音的停顿，但是从语义和逻辑的角度来看，其组成成分之间是有因果关系的，因为"土地肥沃"，所以"稻子就长得好"。这样紧缩之后，使句子精练明快，言简意赅，用最简单的形式承载了最丰富的内容，更加适合语言运用的经济原则。例（37）是省略了关键词"宁愿"，也可以看作是紧缩句。作为使海南黎族谚语结构变得紧凑的重要手段，省略形式是多种多样的。

　　谚语作为一种口头流行的语言，对于表达结构上的要求，省略这种修辞手段是可以满足的。并且相对而言，谚语对于逻辑性的要求比较低，省略在保证谚语逻辑性的前提下，又对谚语的语义表达效率进行了优化。

（三）语句选择的多样性

思想的表达都得通过一定话语的组合形式来实现，而语句的选择，对于思想表达能否产生较好的效果有很大的影响。海南黎族谚语语句多短小精悍，习惯采用短句、复句和整句来说明一些富有哲理的事情，表意通俗易懂、简洁明快、耐人寻味。

1. 短句。如：

（38）gip^{55} lat^{55} khuěn^{53} khuěn^{55} iěp^{55} thaěn^{53} tet^{55}。
寻找野猪先窥探脚印。

（39）tsoěm^{53} tuěk^{55} khoěŋ^{53} ɫa^{55}。
瓜熟蒂落。

（40）tsok^{53} ɫuět^{55} thuěn^{53} pom^{11}。
病从口入。

（41）aěu^{53} un^{11} o^{53} tsiěp^{55} kom^{11} khuěn^{53} phaěi^{11}。
人勤学习长知识。

例（38）是没有主语的短句，告诉我们做事情要顺藤摸瓜，这样才能事半功倍；例（39）是一个主谓单句，瓜熟了就会断开瓜蒂掉下来，这是一个顺其自然的事情，不可强求；例（40）也是一个主谓单句，劝诫人们注意饮食卫生；例（41）同样是一个主谓单句，告诫人们要好好学习，增长知识。从上面四个例子中，我们可以看到，谚语在选用短句时，常选择读起来简洁明快、干脆有力、活泼自然、口语色彩强的。

2. 复句。如：

（42）ka^{11} ta^{53} ra^{53} tshoěm^{53}，thun^{53} ta^{53} liěn^{53} ta^{53} ta^{53} khwaět^{53}。
刀不磨不快，话不练不精。

（43）dɯ^{11} ploŋ^{11} la^{53} nom^{11} tua^{11}，vuěk^{55} bou^{11} aěu^{53} fik^{55} noěŋ^{53} pou^{53}。

在家吃酸菜，做客扔猪皮。

（44）moěi⁵³zeěŋ⁵³ ta⁵³ la⁵⁵ ɬai⁵³， khai⁵³ ta⁵³ la⁵⁵ pok⁵⁵；
nok⁵⁵ ta⁵³ la⁵⁵ muěn¹¹， ɬuěn¹¹ ta⁵³ la⁵⁵ khai⁵³ la⁵⁵ pou⁵⁵。

国民党若不剥削黎人，鸡就不吃谷子，猴子也不吃稻子，瘟疫也不毒害鸡和猪。

例（42）、例（43）、例（44）都是复句。例（42）是从两件不同的事情来说明实践的重要性；例（43）是对某人在两个场合的行为的描述，与其说是在讽刺那些虚伪的人，还不如是在告诫我们做人做事要表里一致；例（44）是对国民党反动派的讽刺，辛辣、诙谐、有趣。海南黎族谚语中，选用复句的有很多，这样可以使那些需要用长句来表达的谚语变得紧凑、明快，从而取得较好的表达效果。

3. 整句。如：

（45）tat̯⁵⁵ tsau⁵⁵ phiěk⁵⁵ kiěu⁵³ beṇ⁵³，
u⁵⁵aěu⁵³ tsau⁵⁵ phaěi¹¹ kiěu⁵³ vuěk⁵⁵。

鸟有翅膀善飞，人有本领善工。

（46）fei⁵³ ta⁵³ ɬaěu⁵³ kom¹¹ hwoěn⁵³，
u⁵⁵aěu⁵³ ta⁵³ un¹¹ kom¹¹ vaět⁵³。

火不燃则冒烟，人不勤劳则穷。

（47）pa⁵³ vun¹¹ ta⁵³ kaěṇ¹¹ aěu⁵³，
pa⁵³ kaěṇ¹¹ aěu⁵³ ta⁵³ vun¹¹。

吠狗不咬人，咬人狗不吠。

例（45）、例（46）、例（47）中的句子都是整句。通过上面的例子，我们可以看到这些句子在形式上整齐划一、结构一致、语音和谐，具有整齐美的特点，能够给人留下深刻的印象。

四、海南黎族谚语的修辞特色

辞格是为使语言交际的信息更好地传递的一些特殊的表现手法，是修辞领域的一个很重要的方面。修辞格为海南黎族谚语提供了强大的生命力，使其在表意上情趣化，在语言上形象化，在表达方式上陌生化、新颖化。我们对搜集到的海南黎族谚语中修辞格的使用频率统计如下：

辞格	对偶	映衬	通感	拈连	借代	排比	比喻
频次	46	20	3	2	3	5	2

这里选取对偶和排比进行分析。

（一）对偶

对偶是汉语所特有的一种修辞方式，海南黎族谚语里面所讲到的对偶和汉语里面的对偶是有区别的，只能说是一种对偶形式：

（48）vuěk^{55} biěn^{55} ʔwen^{11} hwom^{53} vaěu^{53} vuěk^{55} tsiěn^{55},
　　　gwa^{53} tshai^{53} ʔwen^{11} fun^{53} tshai^{53} vaěu^{53} łou^{53}。
　　　酿酒无药难制成，植树无雨难生长。

（49）biěn^{11} khaěi^{55} kom^{11} zun^{11} za^{53},
　　　tshok^{55} tsh^{53} kom^{11} zun^{11} zuěi^{11}。
　　　发热快看病，眼病赶快治。

（50）tshai^{53} thuěm^{53} ta^{53} zon^{55} naěn^{53},
　　　kaěu^{53} bou^{53} ta^{53} zon^{55} niěn^{11}。
　　　朽木不可攀，浮萍不可踩。

例（48）、例（49）、例（50）都是上下句字数相等，结构相同、词性一致、意义相对、形式整齐，与汉语对偶里面的宽对形式十分相似。这种形式，从语音形式上看，音节整齐匀称，音乐感强；从内容上看，凝练集中，概括能力强。

（二）排比

（51） vuěk^{55} ploŋ^{11}tok^{55} tshěn^{55} koŋ^{53},
　　　vuěk^{55} ploŋ^{11}loŋ^{53} tshoěn^{55} thuěn^{55},
　　　vuěk^{55} tuěn^{55}tui^{11} tshoěŋ^{53} naěu^{53}。
　　　盖小屋放物，盖大屋放香，盖（修）圈关公牛。

（52） ka^{11} khiěm^{55} ra^{53} nau^{11} tshoěm^{53},
　　　pa^{53} khiěm^{55} hun^{53} nau^{11} tsin^{11},
　　　u^{55}aěu^{55} khiěm^{55} tun^{53} nau^{11} khwaět^{53}。
　　　刀应磨才快，狗应带才灵，人应教才精。

（53） ɬip^{55} phai^{11}moěi^{53}, tshiěu^{11} tshoěi^{53}tui^{11};
　　　ɬip^{55} phai^{11}ɬai^{53}, tshiěu^{11} nai^{53}ɬa^{53};
　　　ɬip^{55} phai^{11}ha^{11}, tshiěu^{11} ka^{11} phoěi^{55}。
　　　汉区闪，抓牛唇；黎区闪，带鱼串；倻区闪，用刀劈。

例（51）、例（52）、例（53）中的句子结构基本相同，意思密切关联，都是排比句。通过上面的例子，可以看到，运用了排比修辞格的海南黎族谚语读起来朗朗上口；在语势和内容上，气势都得到了增强。

除了上述分析的两种比较有特色的修辞格之外，其他修辞格对海南黎族谚语也有很大的影响，比如："that^{55} hwoěk^{55} ka^{55} vuěk^{55} mun^{53}（心胸狭窄的人不能当官）"中，用"that^{55} hwoěk^{55}（短心）"来指代具有这类性格特点的人，使谚语在结构上避免了冗沉，并且更加能引起人的联想，更好地教育世人；又比如"nom^{11}tsha^{53}tsaŋ^{53}

eŋ̣^{55}, thom^{53} na^{53} ŋoĕ-ŋ^{11}nom^{11}laĕŋ^{11}（泉水虽小，它是大海的哥哥）"，用比喻的手法，将泉水比作大海的哥哥，将二者之间抽象的关系形象化，更利于人民大众去理解。

  海南黎族谚语的修辞方式丰富，有时候一条谚语里面除了使用了修辞格，还会用其他手法与之配对使用，比如"tsɯ^{55}ban^{11} khuĕŋ^{55} loŋ^{53} thom^{53} tshoĕm^{53} eŋ^{55}, tsɯ^{55}huĕp^{55} hweĕŋ^{11} eŋ^{55} thom^{53} tshoĕm^{53} loŋ^{53}（龙眼树大果子小，冬瓜藤小果子大）"，就同时运用了白描和映衬来对龙眼树和冬瓜藤的植株与果实进行了描绘；又如"tsɯ^{55} tsuĕn^{53} u^{55}aĕu^{53} ka^{55} bou^{55} łou^{55} u^{55}a-ĕu^{53} pai^{11} tsɯ^{55} hom^{53} bou^{11}, u^{55}aĕu^{53} pai^{11} tsɯ^{55} hom^{53} bou^{11} loĕp^{53} bou^{55} łou^{53} tsɯ^{55} tsuĕn^{53} u^{55}aĕu^{53}（一个人不能养活全村人，全村人可以养活一个人）"，就同时运用了对偶和对比两种修辞来阐释集体和个人的关系，呼吁大家要团结。

五、结语

  海南黎族谚语的语音特色，主要体现在通过押韵和不同声调的巧妙配合两种手段，在声响形态上具有高度的音乐美和强烈的节奏感。在词汇上，一方面通过选用口语词、同义词和反义词，彰显海南黎语的语言价值，促进海南黎族谚语交际功能的实现；另一方面通过词汇的特殊附加功能，突出海南黎族谚语的口语风格特征和浓浓的海南地域特征。在语句形式上，海南黎族谚语具有外在形式的稳定性、内在结构的紧凑性和语句选择的多样的特点。修辞格的使用上，海南黎族谚语的表达形式多姿多彩，大大增强了海南黎族谚语的生命力。

（作者单位：中南民族大学）

罗香林黎族研究的问题、方法、材料与理念

郑力乔

研究黎族的神话,首先遇到的是黎族的起源问题;在这个问题上,笔者注意到罗香林这位学者。尽管罗香林不是专门从事黎族研究的学者,他仅仅写过一篇关于黎族族源问题研究的论文,但这篇论文树立了之后长期为学术界承认的主流的观点,其研究黎族的问题、方法、材料和理念值得认真总结。在认真研读罗香林1943年写作、1955年出版的著作《百越源流与文化》一书以及相关文献后,笔者认为应对以下系列问题进行梳理和研究,以洞察其研究的科学性和局限性,阐释其研究的学术史意义,为黎族族源问题研究提供参考。这些问题是:罗香林为什么要研究黎族族源问题?其所持的"黎族源自古代越族的一支"这一观点何以能够成为主流?后来又受到哪些质疑?后人在进行黎族族源问题研究时对罗香林的研究在材料和方法上有哪些借鉴、继承和创新?罗香林的研究进一步开拓的空间何在?

一、为什么要研究民族族源问题

罗香林(1936—1978),广东兴宁人,自幼家学深厚,父亲罗希山著《亚洲史》和《国史概论》,为世所称道。罗香林求学时代

在清华，大学时期曾跟随陆懋德、朱希祖、钱玄同、陈寅恪、梁启超、冯友兰、许地山等名师，为其治学方法和精神所浸染。饶宗颐先生评价他的学问说："罗先生一个人就拥有家学、师学、乡学、外学、内学，这些条件都具备，是他得天独厚之处，所以他能够开拓了许多史学研究的道路。"他的主要研究方向有民族史、中外关系史、唐史、民俗研究等。可以说，罗香林的民族学研究独树一帜；他研究民族问题，提出问题的角度，开展研究的方法、材料及理念，至今仍有其学术方法论意义。首先，罗香林为什么要研究民族的族源问题呢？而黎族族源研究又何以进入罗香林的研究视野？这要从他提出问题的背景说起。他提出问题的角度、思考问题的方法，实际上与其他从事黎族研究的学者（包括与他同时代的刘咸、王兴瑞、史图博以及后来的黎族研究学者）很不相同。

第一，他认为民族的族源问题是历史研究中常常被忽略的。在其所著《百越源流与文化》一书序言中，罗香林指出，中国历史上关于民族的管理和记载，主要集中在两个方面，一是各种族之名号的记录，二是各民族入朝奉贡的经历，其目的是便于统治者"安辑庶姓，和齐民族，郅治常轨"[①]。而对于各民族的源流系统，在漫长的历史长河中其错综分合的轨迹，描述则十分简略。罗香林认为，史书上的这些关于民族问题在记述上之详略，政治上对于国家同化种族之策是多有贡献的，但从学术研究的角度来说，中国少数民族史与种族学大量的可贵资料可能就湮没无闻，没有发挥出其应有的学术研究价值。因此，在民族学问题研究上，罗香林提出民族的源流问题，是综合了历史上对民族管理的史书记载资料，具体提出如

---

① 罗香林.百越源流与文化.台北：国立编译馆中华丛书编审委员会，1955：1.

百越民族的源流系统、黎族的族源问题、客家人的源流问题，这些问题的提出具有极高的学术价值，至今仍有待深入研究。

第二，他在历史研究中大量阅读了古代史书和古代神话传说，认为古代的神话传说以及古代史书都需要辩证地去看待。那么，黎族族源问题的提出究竟是受谁的影响呢？考其研究的缘起，当从他在清华大学学习时说起。"往者余肄业国立清华大学研究院，从诸师专治唐史，并兼习古史，于古代各氏族与种姓之神话传说，颇尝请益。"[1] 这段话可见，罗香林的民族源流研究得益于他在清华大学研究院读书时对唐史、古史的研究，在历史研究中阅读了大量的古代氏族和种姓的神话和传说，有了广阔的学术视野和深厚的学术积淀，产生了开展历史学术研究的问题意识。罗香林认为古代的神话传说是古代生活的反映，古代史书记录的是古代历史的片段，学者在从事研究的时候，对于那些不可信为事实的神话传说，应该寻求其中的"古史质素"，对于那些人们信以为真的古代史书，则要指出其中的"罅漏"。

第三，罗香林是在百越民族史研究框架中触及黎族研究的，其研究的逻辑链条是：越族源出于夏民族考—古代越族分布考—古代越族文化考—古代越族方言考—海南岛黎人源出越族考—疍民源流考—南诏种属考，狼兵狼田考—僰夷种属考—马来人与古代越族之关系。罗香林是从古代越族的历史渊源、地理分布以及文化特征等研究出发，发现海南岛黎族与疍民、南诏（今云南一带）、狼兵（壮族土司武装）、僰夷（西南诸民族）、马来人等都同属于古代越族的孑遗，如何解释这些族群有如此多的文化上的相同特征，只能推断

---

[1] 罗香林.百越源流与文化.台北：国立编译馆中华丛书编审委员会，1955：1.

他们有共同的来源。显然，这一观察是以科学的分析为基础的。值得一提的是，罗香林的黎族研究从一开始就把黎族作为一个整体来研究，这实际上显示了他的创见，因为在他所处的时代里，人们对于黎族种属问题还是比较模糊的。例如1934年王兴瑞在《黎人杂谈——种族、来源及地理分布》一文中指出："琼崖黎人所包含的种族，最重要的有下面三个：（一）黎，（二）岐，（三）苗"。他认为从明代以来，所有的黎议奏章书牍，皆黎岐并称，黎和岐不得混为一种。关于黎族的称谓也比较多，琼崖抚黎专员陈汉光曾把黎人分为七类。直到王学萍《中国黎族》一书出版，将黎族划分为五大方言区，周伟民、唐玲玲在《海南通史》中确定"黎族五个支系有共同的起源"[①]，再次验证了罗香林的结论能够经得起历史的检验。

二、黎族族源研究没有办法绕开罗香林

今天的黎族族源研究已经不可能绕过罗香林，换句话说，罗香林的族源研究奠定了此后黎族族源研究的基本框架，其所援引的语言学、考古学、人类学和民俗学方面的例证在后人的论著中频繁出现。

第一，同时代的刘咸和岑家梧等学者没有完全否定罗香林。刘咸《海南黎族起源之初步探讨》[②]分别从历史文献记载"黎"族称谓变迁，体质上黎族的特征、文化习俗等方面探讨，得出十一条结论，认为黎族的来源从空间上看，一部分由大陆迁入海南岛，一部分是由海上迁入海南岛。从时间上看，一部分是有史以后迁入海南岛，

---

① 周伟民，唐玲玲.海南通史（先秦至五代十国卷）.北京：人民出版社，2017：94.
② 刘咸.海南黎族起源之初步探讨.西南研究（第一卷），1940.

一部分似在有史以前移入，更因后来汉人因素及影响，遂形成今日黎族之状况。刘咸的观点可以称为"多源说"，黎族的来源有多个。岑家梧在《海南黎族人来源考略》中认为从地理空间上看，在史前时期，海南岛与马来群岛、印度支那半岛、雷州半岛、香港附近岛屿是连成一片的，因而在文化上有很多的同质性，生活在这片区域的人被称为亚洲古生人种。此种文化之主持人即为亚洲南部之古生人种——今日南洋群岛之土人，印度支那半岛之泰族及海南岛之黎人，皆其子遗，"海南岛黎人，确属南方系统之民族。""其迁来岛上，不由亚洲北部大陆，而由亚洲南部岛屿"，"进入历史时代，安南、雷州、广州附近之黎人曰俚，政府屡次遣兵讨伐，黎人又反而逐渐南迁，乃形成今日之状况"。[①] 岑家梧坚持"南来说"，同时指出其形成并非一次迁入而繁衍至今，而是有两个阶段，经历了史前和历史时代。

第二，后来的研究大多认同或部分认同罗香林的观点。1962年，王穗琼的《略论黎族的族源问题》主要从族称、语言的系属、地名、考古、物质生活和精神文化等方面寻找证据，认为黎族与壮侗语系有着十分密切的关系，赞同黎族的远古祖先就是骆越。[②] 2008年，高泽强《黎族族源族称探讨综述》发表在《琼州学院学报》第2期，认为从古文献记载、考古学方面（石器、陶器、铜鼓）、语言学、地名学、民族习俗等五个方面的证据可以支持"黎族源于骆越"的观点，而这也是多数学者公认的、最具权威的观点。但笔者同时指出这一观点的局限性——断言黎族源于古代百越民族难以准确指出黎族的来源及其历史文化形成发展的成因，同时笔者

---

① 岑家梧. 岑家梧民族研究文集. 北京：民族出版社，1992.
② 王穗琼. 略论黎族的族源问题. 学术研究，1962（6）.

援引文献，得出新的观点："黎族是南岛语族和壮侗语族进入海南岛后，经过上千年的不断交流、融合与发展才最后形成的，因此可以说南岛语族、壮侗语族是黎族的两大源头。"[1] 2013年，郝思德、黄兆雪《从考古资料探讨黎族族源》收入《百越研究第四辑——中国百越民族史研究会第十六次年会论文集》。文章运用新的考古资料证实了罗香林的观点。认为黎族不仅是由几何印纹陶分布的岭南地区迁徙过来的，而且认定它是从中国南方地区古代越族发展而来，并与以后的"百越"族有密切的文化和族源关系，甚至断言，黎族就是来自百越族中骆越（俚人）的一支，在海南岛上繁衍生息，成为当地最早的世居居民，而骆越人直至唐宋时期才真正演变为黎族。[2]

第三，完全否认"黎族源于骆越"这一观点的理由尚不充分。1985年，华峰的《关于百越民族社会经济形态和黎族族源的讨论》，总结了关于黎族族源的三种主要观点：黎族是海南岛的最早居民（与源于骆越不矛盾）；海南岛上最早居民是壮族（找不到证据）；海南岛上最早的居民是小黑人（这一观点后来被周伟民等学者所否定）。有学者认为黎族源自岭南的古越族，与骆越无关，骆越不是一个族称，是南越到西瓯及骆整个"南蛮"的泛称。[3] 2003年，练铭志在《关于海南黎族族源的研究》援引考古学的资料指出黎族是海南岛最早的世居居民，后来与汉族、壮族、回族、正马来人、矮黑人等多民族有一个民族融合的过程。"一源多流的融合体"，但他

---

[1] 高泽强.黎族族源族称探讨综述.琼州学院学报，2008（2）.
[2] 郝思德，黄兆雪.从考古资料探讨黎族族源.百越研究第四辑——中国百越民族史研究会第十六次年会论文集，2013.
[3] 华峰.关于百越民族社会经济形态和黎族族源的讨论.民族研究，1985（2）.

的观点似乎前后矛盾，因为文末很肯定地说："没有骆越就不可能有今天的黎族"，"黎族的构成是多元的，但非多源。她的源只有一个，那就是骆越"。①

　　黎族作家亚根在其编著的《黎族》中否认黎族源于百越。其理由是"百越指的是浙南、福建一带的东瓯、闽越。秦始皇二十六年（公元前221年）灭六国，分天下为36郡，最南的是长沙郡，南中国的广西、广东还未包括在内，秦始皇三十三年（公元前214年），征服五岭，灭百越，置桂林、南海、象郡。至汉武帝元鼎六年（公元前111年）平定南越时，'自合浦、徐闻入海，得大洲（即今海南岛）'，始在此增置珠崖、儋耳二郡。因此所谓汉以前的'百越'地域并不包括海南岛在内。"得出的结论是"黎族非'百越'，也非'骆越'"。在此，亚根以海南设立行政建置的时间来推算黎族的族源，显然与罗香林的研究不在同一语境中。不过他提到一位杰出的女性——冼夫人，认为正是这位世代为南越"俚"人的首领促进了海南民族融合，她"带领一批又一批家族人深入海南各地平动乱、讨逆贼、抚百姓、安民心，清明朝廷"，先后在海南设置十县，即义伦、感恩、颜卢、毗善、吉安、昌化、延德、宁远、澄迈、武德。"冼氏家族统治海南历经隋、唐、宋、元等几个朝代，拥有500多年的辉煌岁月，'俚'人当中确实有不断转变为'僚'为'黎'的事实，只是由于种种原因，那些先后来海南常住的人们已经无法统计，也不好考证他们之中的哪些人是汉族，哪些人是'俚'族，哪些人变成了汉族，哪些人融入了黎族。也许正因为如此，进入海南的南越'俚'人早已为被忽略被遗忘的历史。"②笔者认为这一段叙

---

① 练铭志.关于海南黎族族源的研究.广东技术师范学院学报，2003（5）.、
② 亚根.黎族.北京：中国人口出版社，2014：11.

述是比较符合各民族在迁徙过程中不断融合的实际的。

2012年8月,海南大学鞠斐在《海南黎族族源及入琼时间研究》中不认为黎族源于骆越,他的理由是黎族的文明程度高于骆越,因此不可能由骆越发展而来。证据是语言中的数词,认为黎族在迁入海南的时候,一到十的计数系统已经形成了,黎族迁出时的文明程度要高于骆越系民族。① 这一理由似乎并不充分。

2017年,周伟民、唐玲玲的《海南通史》认为:"黎族不单是起源于百越族,而是与百越族有共同的起源。"② 指出黎族起源于百越族的一支——骆越这一学术界长期以来的一个主流观点,忽视了历史的层递关系,有片面性。依据是:(1)吕不韦提出百越到现在也不过2000年,而黎族是距今1万多年以前,从广西迁徙到海南的,怎么可以说黎族起源于百越族?(2)百越族的骆越一支,连同罗香林说的其他16个族群,都是后人在文明时期据史书记载而提出的,1万多年前肯定是没有称为"骆越"族的族群的。我们可以这样说,从历史的层递关系来说,在1万年以前,广西有族裔是黎族先民的祖源,黎族迁到海南之前是这个族裔的后裔。因此,在黎族迁徙到海南岛后的七八千年才出现的"百越",与黎族有同源的关系,而不是黎族起源于百越族。周伟民和唐玲玲的研究结论是:第一,冰川期在距今1.2万年左右结束,冰川融化,海平面上升,形成了琼州海峡。距今1万年左右,黎族稳定在海南岛上,形成了一个非常好的隔离群。第二,黎族五个支系有共同的起源。第三,黎族与百越族有共同特征,但两者分离较早,故不能说黎族起源于百越族,而是与百越族有共同的起源。第四,黎族与汉族、苗

---

① 鞠斐.海南黎族族源及入琼时间研究.海南大学学报(人文社会科学版),2012(4).
② 周伟民,唐玲玲.海南通史.北京:人民出版社,2017.

族、瑶族的遗传关系较远，黑矮人 Negrito 没有参与黎族的形成。第五，黎族与代表台湾世居民的泰雅族、阿美族和排湾族的起源极为亲近，有极大的同源性。

综合以上几位学者的观点，后人对"黎人源于骆越"的观点提出质疑主要有以下几个方面：第一，黎族是海南岛世居民，并非后世迁入。第二，黎族在海南岛的考古遗迹显示其生活的时间至少应该在 7000 年以上，并非 3000 年。黎族与骆越族有着共同的起源。第三，黎人与其他壮侗语族的同源关系并不紧密，至少语言上的证据不够充分。第四，断言黎族由雷州半岛之"俚"人转化而来，是汉族对黎族的一种误读。在罗香林以后，通过考古学者的新发现，学者们关于黎族族源的研究，主要观点已经从"黎族源于骆越"过渡到"黎族与骆越有共同的起源"，将黎族在海南岛的居住时间大大地往前移了几千年。尽管如此，"黎族与骆越有共同的起源"这一观点没有否认黎族与骆越有许多共同的特征。将黎族起源的时间上溯至比中华文明还久远的 7000 年以前，甚至 1 万年以前，从历史的分期看（英国摩尔根把族群的历史分为蒙昧时代、野蛮时代和英雄时代），只是把黎族的蒙昧时代无限延长，某种程度上这样的讨论已经脱离了历史的范畴。在得出"黎族源于骆越"这一结论前，罗香林仔细思考过这样一个问题，即"百越"族群究竟起源于何时？"百越"之名见于 2000 多年前的秦代，但不等于其在秦代才形成，其形成的年代当更为久远。罗香林认为越族与夏民族有关，或者说越族由夏民族演进而来，他列出七条证据，第一，《史记·越王勾践世家》："越王勾践，其先禹之苗裔，而夏后帝少康之庶子也。"越族的特点是披发文身，文身有龙蛇之状，"陆事寡，而水事众"。越族与夏民族崇拜龙蛇一类水族为图腾者相似。第二，越族的居住地会稽山其实就是夏民族的崇祀地涂山。第三，据《韩非子》记载，夏越本一体，都与后羿为仇。第四，据《春秋》《左传》等资料，证明越族为夏民族一支演进而来。第五，汉水流域在秦以前为越族居住。第六，越族重心之地在春秋时的越国，当时最盛行关于夏禹的传说。越人称夏禹的陵墓就在越国的会稽（今浙江绍兴）。第七，越族与濮族原为一族，"吴越"在古籍上又称为"吴濮"，而濮族分布甚广，与夏民族有同源关系；地理上南北濮水的发源地，在今河南密县，而密县与新郑相接，又与今河南登封县相接。因此可以推断濮水上游的先民是夏民族一支所繁衍。

梁启超认为，研究民族分类和研究民族起源的方法不同，研究民族分类者当以体质为基准，其次是语言与文化。而研究民族起源的方法是一种史学方法。"一民族之演进，血统以人口移动而混淆，文化以交通传播而变迁。追溯此混淆变迁之迹者为历史，历史之端倪则为起源。"历史的方法是要追寻文化的变迁之迹。七条证据显示了罗香林正是使用了严谨的史学方法（而非文化学的方法）推论越族与夏民族的关系，说明罗香林研究民族起源的整个逻辑框架是把各民族置于华夏民族这个大的源头之下，通过追寻文化变迁之迹来讨论民族的起源，反过来说，如果脱离这一点去追寻民族的起源的年头，实际上已经脱离了历史的范畴。

三、罗香林的研究特点

从民族学的学术史角度来看，罗香林的这篇论文《海南黎人源出越族考》具有以下几个方面的特征，而这些特征于学术研究而言具有多重价值。

第一，罗香林在研究黎族的综合族源问题时综合采用了多学科理论与方法。20世纪30年代，在总结史图博《海南岛黎族》、王兴瑞《海南岛黎人研究》等研究的得失之后，罗香林在其《海南岛黎人源出越族考》中提出黎人的种属问题，他综合运用考古学、民俗学、民族学和人种学等多学科理论和方法，探讨黎族形成的源流及特性。

第二，注重从语言发展的角度求证和比较研究。从语言的同源关系，认为"黎"与"俚"、"俚"与"雷"相通，得出黎族即雷民或俚人音证的结论。他考察海南黎族文身的文化内涵，指出黎族与古代越族的相同点主要有三：第一，黎族文身的纹样有象征龙蛇一类水族之痕迹，与古代越族之文身龙者相关。第二，黎语的句法组织有"虚上而实下"的特征，形容词与副词必在名词或动词之后。第三，重视考古学的证据，结合人种测量等人类学的研究方法。罗香林找到的重要证据是铜锣和铜鼓等。他从考古学的角度探讨黎人源流与雷或雷神的关系、黎族分布与雷州半岛的关系，得出石斧和铜鼓的遗留是黎族为骆越的一部分的明证。因而得出"海南岛黎人源出越族"的结论。罗香林在得出结论后并没有止步于此，他提出两种可以继续进行学术探讨的假设，其一，根据中山大学医学院西雅博士测验黎人骨盆的结果：黎人与马来人与南中国汉人相近，罗香林认为马来人很可能是从中土百越民族分出的一支，提出了远古南中国民族海外移植的假设；其二，黎人称文身为"登"或"打登"，因此提出与汉语之"德"有同源关系，欲进一步撰写论文《释德》深究其底蕴。人种测量是一种人类学的研究方法，"人种测量是当时希望能向自然科学靠拢的人文社会学者非常推崇的一种研究方法，不但人类学家奉为圭臬，就连历史学家、地理学家都跃跃欲试。学生时代身处清华燕京的罗香林，大抵很难不受这样的学术风气影响"。[①] 罗香林注意到了人文社会科研方法与自然科学方法相结合，在黎族族源研究中有效运用人种测量的方法。

总之，学术界对于黎族族源的研究，素有"南来说"和"北来说""多源说"等多种观点，罗香林的《海南岛黎人源出越族考》显然是"北来说"的代表，他认为黎族来源于百越中的一支——骆越成为学术界主流观点。笔者认为，罗香林的这一研究有着深厚的学术根基，是其百越源流考、客家源流考研究中的一环，更是他师承梁启超、陈寅恪等名师历史研究法的有效运用。同时与他谙熟中华民族的构成与演进，通过族谱学研究，熟知中国历代各族姓之迁徙转移、各民族之混合同化有关；他擅长进行语言分析，特别重视族群分布与自然环境的关系。一个以唐史和中西交通史研究为主要学术研究方向的历史学家，运用历史学的方法研究民族问题，从历史上统治者的民族记录中发现有价值的研究课题，创新性地提出被历代史书所忽略的民族的族源问题。方法上，注意到史书记载和神话传说的史料价值及其局限，注重从语言学、考古学、人类学、民俗学等方面寻找材料展开论证。材料上，尤其看重考古器具方面的证据。理论视野不但涉及社会科学，同时涉及自然科学。

四、罗香林的族源研究的学术和现实意义

第一，运用历史研究方法开展黎族族源的研究，将黎族的文化寻根之旅纳入中华文化的变迁和演进轨迹之中。

第二，罗香林的族源研究奠定了此后黎族族源研究的基本框架，

---

① 程美宝．罗香林早年人种学与民族学的理念与实践．中山大学学报（社会科学版），2008（6）．

其所援引的语言学、考古学、人类学和民俗学方面的例证在后人的论著中频繁出现。时至今日,当今学者对黎族族源问题研究即使有不同的观点和结论,也未能脱离他的研究框架。

第三,他的研究不仅对我们今天在"一带一路"背景下考察黎族与东南亚民族的互动关系仍有十分重要的价值和意义,而且从中华民族伟大复兴与民族研究的关系这个视角来看,他的研究对我们辩证理解中华民族文化的差异性、融合性和同质性,从而开展中华民族共同体研究不无裨益。

第四,在罗香林研究的基础上,黎族族源的研究可以在以下方面进行新的开拓:

其一,研究黎族起源的方法可以将考古学和神话学相结合。中外学者其实对这一问题都提出过自己的见解,如梁启超认为:"文化是人类思想的结晶,思想的发表,最初靠语言,次靠神话,又次才靠文字。"① 梁启超不完全排斥神话,他在《神话史、宗教史及其他》一文中认为每个民族都有其口口相传的神话,这些神话反映出这个民族曾经有过的事项、风俗和社会心理,应该大规模地去研究这个民族的一切神话。民族文明与野蛮的分野在于文书的有无,文明民族可以从文书的记载去追寻其起源,而原始民族没有文书记载,只能有求于考古和神话。法国社会人类学家克洛德·列维-斯特劳斯(Claude Levi-Strauss)在谈到神话与历史的关系时指出:"如果我们在研究历史时,将它构想为神话的一种延续而绝非与神话完全分离的历史,那么,在我们心智之中萦回不去的'神话'与'历

---

① 叶舒宪.中国神话学百年文论选(上册).西安:陕西师范大学出版总社有限公司,2013:47.

史'之间的鸿沟，还是有可能被冲破的。"[1] 黎族拥有自己的史诗神话，近年来经过专家学者的重新整理，材料日益丰富，可以和考古学的资料相证，探究黎族起源的具体问题。

其二，研究黎族起源问题应在中华民族共同体的理论框架下深入。中华民族是你中有我，我中有你，谁也离不开谁的"整体"，是一个历经几千年漫长的历史发展形成的自在的民族共同体。这一理论对我们研究考察少数民族的族源问题具有十分重要的指导意义。

（作者单位：海南热带海洋学院）

---

[1]〔法〕克洛德·列维－斯特劳斯.神话与意义.郑州：河南大学出版社，2016：65.

后记

2019年4月7日,第三届黎族文化论坛在陵水黎族自治县成功举办。为了办好本届论坛,承办人员从2018年下半年开始启动筹备工作,重点做好论坛组稿工作。一是组织专家开展田野调查;二是拟定论坛论题,广泛发布论坛征稿消息;三是承办者与拟参会专家密切沟通,引导专家们撰写文章。经过承办者细致认真地工作,一大批学术造诣深厚的专家和学术界青年才俊积极撰写文章并踊跃报名参加论坛。百余名专家出席论坛,各路大咖云集,学术气氛浓厚,论坛演讲精彩。

出席本届论坛的嘉宾,还出席了2019年海南黎族苗族传统节日"三月三"主会场开幕式暨主题晚会,参观并体验了节日期间的各项民俗活动。

本次论坛规格高。论坛由海南省人民政府主办,海南省民族宗教事务委员会、海南省旅游和文化广电体育厅、陵水黎族自治县人民政府、海南省民族学会等单位共同承办。

2019年是黎族传统纺染织绣技艺成功申报联合国急需保护的非物质文化遗产名录10周年,为了纪念黎锦技艺申遗成功,本次论坛特别征集一批黎锦研究文章。省旅游和文化广电体育厅刘实葵等同志部署并指导了黎锦文章的征集工作,省民宗委信息中心黄夏幻、陈福双,省民族研究所陈印娇,省民族学会岑香姑、龙凤,陵

后 记

水黎族自治县民宗局卓明新、吴宇森等同志参加了论坛筹备活动和活动安排等工作。感谢大家的辛苦工作！

本次论坛共收到学术文章65篇，内部编发63篇。根据本书内容、主题要求，综合考虑学术质量等因素，现甄选28篇结集出版。特向未予出版文稿的作者表示歉意。由于编者水平有限，本书错漏之处在所难免，请读者批评指正。

王建成

2019年9月